조성희의
**마인드
파워로
영어**
먹어버리기

EAT! ENGLISH!

조성희의
마인드
파워로
영어
먹어버리기

조성희 지음

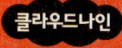

서문

너덜너덜해진 마파영 책을 들고 온 50대 여성의 표정을 잊을 수가 없다!

"마파영 써주셔서 정말 감사드려요! 이 책으로 영어를 정말로 사랑하기 시작했어요!"

"그리고 신기한 것은 제 인생도 피기 시작했어요! 이 나이에 내가 이렇게 변할 수 있다니 너무 신기해요!"라며 소녀처럼 환하게 웃는 그녀를 보며 무엇과도 바꿀 수 없는 보람이 느껴졌다.

처음 마파영(『마인드 파워로 영어 먹어버리기』) 책이 세상에 나온 지 어느덧 4년 반이 흘렀다.

지난 12년간 수많은 사람들이 마인드 파워 교육을 통해서 인생 반전을 이루어냈다.

지금도 과거에 수업을 들었던 사람들이 '가장 힘든 순간 마인드 파워 교육이 자신을 살렸다!'라고 목표를 이룰 때마다 간증을 하러 교육에 불쑥 찾아와 감사인사를 전하고 간다고 한다.

마파영을 개발하고 교육한지 어느덧 6년. 이 책이 나온 이후로도 놀라운 사례들이 나오며 초기에 수료했던 사람들은 지금 해외에서 활동하고 있는 사람들이 상당하다.

2017년 싱가포르에서 마인드 파워 세미나를 영어로 한 적이 있다. 세미나장에 왠 익숙한 얼굴의 여성분이 꽃다발을 한 아름 안고 맨 앞에 앉아 있었는데 자세히 보니, 그녀는 마파영 4기 출신이었다. 30대 후반의 나이에 2015년 처음 마파영 수업에 왔을 때만 해도 영어 프레젠테이션 한 줄 발표도 힘들어하고 자신감 없어했던 그녀가 맞나 싶을 정도로 여유로움 가득한 모습이었다. 싱가포르 회사에서 매니저로써 싱가포르 사람들을 지휘하며 지내고 있다고, 싱가포르에 거주하는 하루하루가 행복하다고 했다. 마파영 수업이 없었다면 자신이 해외에서 이렇게 매니저로 활동할 꿈도 못 꾸었고 도전조차 하지 못했을 것이라고 감사를 전하는 그녀의 모습에서 보람과 행복을 느꼈다.

"어떻게 국내파로 영어를 그렇게 잘할 수가 있어요?"

너무도 많은 사람들이 물었다. 그럴 때마다 나는 이렇게 대답했다.

"마인드 파워로 먹어버리시면 됩니다!"

"어떻게요?"

최근에 유럽 리스본에서 1,500명 앞에서 마인드 파워 강의를 마치고 내려오니, 강연을 들었던 많은 사람들이 나를 찾아와 손을 잡고 강연이 너무 좋았다고 고맙다고 한다. 그런데 그분들의 공통적인 질문도 역시, "어떻게 영어를 그렇게 잘 할 수가 있어요?"라고 물어봐 상당히 놀랐다! 마파영 책에 있는 내용을 다 설명해줄 수는 없었기에 내가 해줄 수 있는 얘기는 마인드셋이 어떻게 영어 실력에 영향을 끼치는지와 영어 사랑 연습법에 대해 간단히 알려주었다.

『코리아 타임스 The Korea Times』 신문사에서도 비슷한 내용으로 인터뷰를 왔다.

"어떻게 마인드로 영어를 먹어버릴 수가 있죠?"

"국내파로 영어를 그렇게 잘할 수 있나요?"

이렇게나 많이도 궁금해 하시는데 그 과정을 개발해보자라고 시작된 마파영!

'조성희 마인드 영어'(처음 마파영 과정의 이름) 1기를 오픈하자마자 이틀 만에 마감되었다. 처음에 기꺼이 자신을 마루타로 활용해달라고 나를 전폭적으로 신뢰해주었던 우리 마파팸(마인드 파워 패밀리) 분들께 감사하다.

사람이 바뀌다! 인생이 바뀌다!

마파영 과정을 거친 사람들은 놀랍도록 변화하기 시작했다. 영어에 대한 트라우마로 영어만 생각하면 소름끼치도록 두려움 가득했던 사람들이 영어 말하기를 즐기다 못해 영어 프레젠테이션 중독자가 생기기도 했다.

영어가 너무 싫어서 국어 선생님이 되셨던 40대 여성 분은 3개월 만에 영어학원을 오픈했다. 우울했고 마음속에 분노가 가득해 "지난 3년간 웃어본 적이 없다."라고 말했던 49세 여성은 토플 스피킹 점수 빵점에서 마파영 3개월 만에 원하는 점수를 취득해 미국으로 떠났다.

  그리고 그녀는 가슴 속에서 뿜어 나오는 삶의 행복이 무엇인지를 느끼기 시작했고 진정 웃기 시작했다. 이 분은 1년간 공무원 연수를 하는 동안 미국에서 영어로 수업하는 게 들리고 내 입에서 영어가 그냥 튀어나오는 게 신기하다며 감사 이메일을 얼마나 많이 보내셨는지 모른다. 그리고 미국에서 얼마나 좋은 친구들을 많이 만났는지 한국으로 데려와 나에게 직접 소개까지 시켜주었다!

  일본식 영어발음 때문에 몇 번의 놀림과 핀잔을 듣고 영어로 말하는 것 자체를 극도로 기피했던 일본어 통역사 여성은 마파영 졸업식에서 자신이 이렇게 영어로 발표하는 게 믿기지 않는다며 눈물을 흘리며 "어메이징!"을 외쳤다.

  마파영이 무엇인지도 모르고 아내에게 끌려 거제도에서 서울까지 5주간 꾸준히 오갔던 부부가 생각난다. 그는 마파영 첫 시간에 한숨 쉬며 다소 지친 모습으로 자기소개를 했다. "영어 수업 듣자고 서울까지 차로 5시간이 넘는 거리를 이렇게 오가야 한다니 솔직히 전혀 이해가 가지 않습니다. 그리고 영어를 좋아하지도 않고요. 제 눈에 아내는 나와 너무나 다른 외계인처럼 보입니다." 모두가 빵 터지며 웃었지만, 그분은 매우 심각하고 진지했다.

  그랬던 그가 마파영 셋째주부터 완전히 얼굴 표정이 바뀌며 밝아지더니 영어로 멋지게 프레젠테이션을 해냈다. 수료식 때는 결혼할 때 청혼조차 못했던 것이 미안했다며 마파영 패밀리 앞에서 영어로 청혼하며 아내에게 반지를 주었다. 거기 있던 모두가 감동의 눈물을 흘렸다. 이 사람이 내 남편 맞냐고 이렇게 짧은 시간 안에 남편이 바뀔 줄 몰랐다며 놀라워했던 부인의 눈에도 눈물이 흐르고 있었다.

'새로운 인생을 꿈꾸게 해주는 동아줄'

마파영을 '새로운 인생을 꿈꾸게 해주는 동아줄'이라는 표현을 쓰신 그 남편 분의 표현이 인상적이었고 독자 분들께도 할 수 있다는 용기를 드릴 수 있는 글이어서, 네이버 카페에 남겨주신 후기를 간단하게 공유한다.

"저처럼 이렇게 영어에 대한 트라우마가 심하신 분들에겐 마파영이 답이란 생각이 듭니다. 두 번째 수업 시간 이후로 영어에 대한 마음이 확 바뀌면서 저는 하루 종일 영어를 귀에 꼽고 다니게 됐고, 세 번째 수업 시간 이후로는 그동안 와이프랑 살면서 도무지 이해가 되질 않아서 정말 심하게 싸웠던 그 모든 것들이 하나둘씩 풀리면서 와이프에게 미안해졌습니다. 그래서 세 번째 시간 이후로는 와이프를 좀 더 존경하는 마음까지 생기게 되더라고요!

그리고 인생에 대해서도 다시 한 번 진지하게 생각해보는 계기가 되었습니다. 아무튼 마파영 수업은 제게 인생에 또 하나의 전환점이 되어준 큰 사건이었습니다. 제게 영어는 단순히 영어가 아니라 나를 다시 깨어나게 하는 삶의 활력소가 되었습니다. 학교 다닐 땐 해도 해도 안 되는 영어가 정말 싫고 정말 쳐다보기도 싫었습니다. 하지만 이제는 저의 새로운 인생을 꿈꾸게 해주는 동아줄이 되었습니다.

아직 수업을 듣지 못하고 망설이거나 열정이 생기지 않아 계획이 없으신 분들도 저처럼 치유가 되고 마인드 변화로 새로운 인생을 사시길 바랍니다."

지금은 마파영 과정도 어느덧 40기까지 진행되었고 여기 책에 나온 사례 말고도 수많은 성공 사례들이 우후죽순 생겨났다.

마파영 11기부터는 5주 과정으로 기간을 줄여서 진행했는데도 역시 효과는 같았다. 잠재의식 속 영어에 대한 생각을 바꾸고 영사(영어 사랑 연습)을 습관화하니 수료를 한 후에도 같은 기수끼리 지속적으로 영사 습관을 이어갔다. 함께하는 마스터마인드 그룹의 힘이다.

그리고 시간이 지날수록 자신의 분야에서 해외로 진출하는 사례들이 자연스럽게 일어났다. 간호사의 경우에는 미국 간호사 시험에 도전해서 합격하고 자신의 사업을 해외로 확장하고 세계 여행을 떠나는 등 자신이 있던 분야에서 글로벌로 확장하며 인생을 펼쳐나가는 사례들이 네이버 카페에 생생 체험담으로 가득하다. 마파영(마인드 파워로 영어 먹어버리기)의 진짜 핵심은 영어가 아닌, '마인드 파워'이기 때문이다. 수많은 사람들이 영어 배우러 왔다가 인생이 바뀌었다고 말하는 이유이다.

청각장애는 장애가 아니었다

청각장애인 최초로 마파영 수업에 도전한 박영지 씨 역시 영어 프레젠테이션에 성공하며 많은 사람들을 놀라게 했다. 영사는 듣고 따라하는 것이 중요하다. 그런데 전혀 들을 수 없기에 매우 힘들 수 있다고 말했음에도 불구하고 그녀는 다른 사람의 입모양을 보고 수없이 따라하며 불굴의 의지로 영어 프레젠테이션을 술술 해냈다! 불가능을 가능으로 만들어낸 그녀의 결과에 모두가 뜨거운 박수를 보냈다. 세계 농아아이들 앞에서 영어로 연설해서 희망을 전해주고 싶다는 그녀는 마파영 수업 후 국제 영어 수화 자격증까지 따냈다. 생애 처음으로 영어로 세상에 발표한 그녀의 모습은 보는 이들 모두 코끝을 찡하게 하는 감동을 주었다.

 나 자신도 사람들의 변화에 놀라웠다. 내가 개발한 자료들이 이렇게 사람들에게 놀라운 영향을 주니 교육자로서 어찌나 기쁘고 보람되던지 어떤 말로도 표현할 수 없을 정도다. 시간이 갈수록 자신의 목표를 이루고 그 성공 결과들을 잊지 않고 알려주시는 우리 마파영 패밀리 여러분들께 감사할 뿐이다.

이 책을 든 당신! 당신도 할 수 있다!
여기에 나온 사람들의 얘기가 남의 얘기가 아니다.
그도 했고 그녀도 해냈다면 바로 당신도 할 수 있다!
YES! You CAN!!

 나 역시 스물두 살에 영어를 처음 시작해서 순수 국내파로 영어를 먹어버리기까지 수많은 시행착오가 있었다. 지금은 유럽, 미국,

다른 아시아 지역들에서 영어로 강의를 한다. 하지만 사실 나는 영어 한마디도 못하는 꿀 먹은 벙어리였다! 그리고 말주변이 없어 한국말조차도 버벅거리고 극내향형에 무대 공포증에 벌벌 떨었다! 가난하고 부정덩어리에 찌질이 중 최고봉이었던 나는 나 자신을 바라보는 자존감도 밑바닥이어서 무언가를 잘 못하면 자신을 자학하고 자괴감에 쉽게 빠져들었다.

스물두 살, 대학 영어 교양 수업에서 외국인이 앞에서 샬라샬라 떠드는데 단 한마디도 들리지 않았던 그때가 생각난다! 하긴 나는 뭘 해도 안 되고 뭘 해도 못났으니까. 나 자신을 질책하며 망연자실 그 강의실을 나와 바로 그 강좌를 드롭시켰다.

충격은 변화를 일으킨다

그리고 여느 때와 같이 술을 마시러 나갔다.

초라한 들러리였던 나는 '역시 뭘 해도 안 되는구나.'라는 생각이 들었다.

어차피 가난하니 유학도 못하고, 영어학원은 비싸고 아르바이트는 해야 하니 학원 다니기도 힘들고, 무엇을 하든 나는 안 되는 거다. 나는 모든 것들이 불만이었다. 아무것도 가진 것 없는 처절한 나의 현실이 싫었다. 나는 나 자신이 너무나 싫었다. 그러던 어느 날 기가 막힌 답을 내려주신다는 왕십리의 도사가 있다는 말에 귀가 번쩍! 어렵게 돈을 마련해서 찾아갔다가 들었던 충격적인 말!

"에효…… 껌껌하고 답답하다. 많이 힘드네 힘들어! 초년운, 중년운 다 아주 꽉 막혀 있으니까 마음을 비우고 그냥 살아. 사막을 걷는 것 같아도 그냥 받아들여야 해. 그러면 마흔일곱 살부터는 그나마 괜찮아질 거야."

내 인생은 앞으로 계속 여기로 가도 막혀 있고 저기로 가도 막혀 있고 답답할 거란다. 아무도 도와주는 이 없을 거란다. 사막을 혼자 걷고 있단다. 나는 머리를 한 대 맞은 기분이었다. 마흔일곱 살이라니! 이제까지 산 것보다 더 많이 지나서 25년 후에나 풀린다니!

나는 정말 지긋지긋한 현실을 바꾸고 싶었다. 이를 꽉 깨물었다.

'그래! 내가 내 인생 바꾸겠어! 반드시 성공한다!'

그 강한 결심을 하고 나 자신을 객관적으로 보니 나는 딱히 잘하는 것도 없었고 그렇다고 예쁜 것도 아니었다. '성공'하고 싶다고 생각하니 '영어를 잘해야겠다!'라는 생각이 들었다. 외국에 대한 갈망이 많았던 나는 영어를 잘하면 외국 쪽으로 나가는 길이 열리지 않을까 하는 기대감으로 영어를 유창하게 구사하기로 마음먹었다.

내가 매달릴 것은 단 하나!

'영어를 먹어버리자! 그냥 영어를 공부하는 것이 아니라 내 세포 속속들이 영어를 흡수해서 교포처럼 말할 때까지 먹어버리자!'

그렇게 결심을 하고 다니던 학교를 바로 휴학해버렸다. 우리 집안 형편상으로 봤을 때도 학교를 다니는 것보다 돈을 버는 것이 나을 것이라고 판단했다. 아르바이트를 하면서 돈도 벌고 영어에만 완전히 몰입할 결심을 하고 나니 그동안 죽어 있던 정신이 조금씩 살아 꿈틀대는 기분이었다. 내 눈빛은 그 어느 때보다도 이글이글거렸다. 그때의 가슴 뜨거운 결심과 어금니 꽉 깨물고 반드시 해내겠다는 선언은 나 자신에게 큰 동력이 되어주었다.

그 당시에 가장 유명한 영어회화 학원이 있었다. 그때는 지금처럼 온라인 신청이 많이 발달해 있지 않아서 인기 많은 학원에 처음 등록하려면 직접 줄을 서서 번호표를 받아야 했다. 나는 새벽 1시에 영어학원에 도착했다. 내가 술 마시고 있을 그 시간에 그 많은 사람들이 번호표 받으려고 줄 서 있는 것을 보고 다소 충격을 받았다. 1시부터 아침 6시까지 기다려서 번호표를 받고 그 순서대로 아침 7시 반에 등록했다.

우리 집에서 학원까지는 1시간 반이나 걸렸다. 그때까지만 해도 거의 매일 밤 술을 마셨던 나는 완전한 '올빼미형 인간'이었다. 간절히 결심했던 만큼 아침반에 등록해서 내 삶의 패턴을 '아침형 인간'으로 완전히 바꿔버리고 싶었다.

처음에는 새벽 5시에 일어나기가 너무나 힘들었다. 알람시계가 울릴 때마다 시계를 던져버리고 싶은 적도 많았다. 특히 겨울에는 깜깜한 새벽에 눈을 떠 칼바람을 맞으며 나가는 것 자체가 고역이었다. 그렇지만 내 목표만 생각하니 시간이 지날수록 새벽 5시에 벌떡 일어나 영어 숙제부터 하는 것이 습관이 되기 시작했다.

나는 영어정복 목표 하나에만 집중했기에 학원에 등록한 후, 1년 동안 단 한 번도 빠지거나 지각하지 않았다. 너무도 간절했던 만큼 완전히 내 모든 에너지를 영어공부에만 집중했다. 아니, 미친 사람처럼 몰입했다고 표현하는 것이 맞을 것이다. 새벽부터 있는 영어 수업, 그리고 중고생 과외, 영어학원, 레스토랑 서빙 등 닥치는 대로 아르바이트를 하며 자투리 시간 틈틈이 배운 표현들을 영어로 외쳤다. 배운 문장을 계속 외치고 따라 하고 배가 고프고 입이 마르도록 반복했다. 내 머릿속에는 단 한 가지밖에 없었다.

'영어를 먹어버린다!'

단무지 정신으로 가혹하게 나 자신을 몰아붙였다. 지치고 힘들 때마다 나보다 더 어렵고 힘든 환경에서도 성공했던 사람들의 스토리들을 보며 다시 나 자신을 위로했다.

그렇게 미친 듯이 몰입해서 1년이 지났을 때 나의 영어 발음과 한국어 발음은 정말 달라져 있었다. 나의 한국어 발음을 사람들이 들으면 "외국에서 살다 오셨어요?"라고 물어볼 정도였다. 사실 일부러 그런 것이 아니었는데 '영어를 먹어버리겠다'라는 결심이 내 혀의 세포들마저 바꿔버린 것이다.

"영어를 먹어버리겠다!"

그 결심 이후 많은 것들이 바뀌었다. 국내파로 영어를 먹어버리고 조지타운 Georgetown 대학교에서 테솔 TESOL 자격증을 따고 대기업에서 100% 영어로 세미나로 진행하고 해외 초청 세미나를 하기까지 나는 안 해본 방법이 없을 정도로 영어에 몰입했다. 가난하고 피폐했던 나의 상황에서 성공해야겠다는 열망이 너무나 간절했기 때문에 영어만이 내가 매달릴 수밖에 없는 것이었다.

나는 영어를 잘하고 싶다는 열정이 누구보다도 강했고 영어를 잘하기 위해서라면 무조건 어디든 가서 배웠다. 통번역학원에서 신처럼 떠오르는 선생님, CNN 강의를 제일 잘한다는 선생님, 회화로 유명한 학원들과 스터디 그룹, 제일 잘한다는 선생님들만 찾아다녔다. 한때 영어공부를 절대로 하지 말고 기존에 하던 영어공부 방식이 아니라, 영어 테이프를 듣기만 하라고 해서 몇 개월간 똑같은 내용을 테이프가 늘어지도록 반복 또 반복하며 듣기만 한 적도 있었다.

그렇게 이골이 날 정도로 많이 찾아다녔는데도 꿈쩍을 않는 영어 실력에 좌절의 쓴맛을 보기도 했고 수많은 시행착오를 거듭했다. 빨리 늘고 싶은데 늘지 않으니 답답했다.

내가 시도했던 별의별 방법 중에 가장 빨리 영어를 잘하게 될 수 있었던 최고의 것들만을 모아 '마파영' 과정을 오픈했다.

전 세계적인 마인드계의 거장으로 통하는 밥 프록터의 국내 유일한 비즈니스 파트너로서 마인드 파워 전문가로 지난 12년간 활동하며 영어를 먹어버릴 수밖에 없는 마인드 파워 과정 또한 개발했다.

그대, 더 넓은 세상에서 나답게 행복하게 날자!

지난 7년간 마파영 40기수 이상이 배출되었고 5주라는 짧은 사이에 90% 이상의 성공률이 나오게 된 것은 기존에 영어학원에서는 찾아볼 수 없었던 '마인드 파워' 파트를 다루었기 때문이다.

단 일주일 한 번 3시간씩 5주간 수업 후 마파영 과정을 졸업한 사람들이 1년이 넘도록 영사(영어 사랑 연습)를 꾸준히 하고 있는 것을 보면, 지속적인 영어 사랑 습관이 형성되었음을 볼 수 있다. 그들은 이제 영어를 해야 하는 공부로 생각하지 않는다. 삶의 즐거운 일부로 바라보기 시작했다!

그렇다면 어디서부터 어떻게 내 마인드를 바꿔야 할까?

이번 마파영(『마인드 파워로 영어 먹어버리기』) 책은 무조건 영어공부를 시작하기 전에 더욱 중요한 마인드 파워를 다룬다. 좀 더 많은 사람들이 마인드 파워로 영어를 먹어버려서 영어에 대한 마인드를 바꾸고 더욱 즐겁게 영어를 바라보기를 바라는 마음에서 썼다.

그리고 생각을 전환하고 변화가 시작될 수 있는 계기가 되어 더 넓은 세상으로 나답게 행복하게 나아가는 데 큰 도움이 되기를 바란다. 똑똑한 우리나라 사람들이 영어를 즐겁게 즐기고 더 나아가 전 세계에서 활약하는 한국인들이 더 많아지는 데 일조할 수 있는 책이 되었으면 좋겠다!

12주 동안 한 가지 액션 Action 을 매일 반복하면 완전한 습관이 된다. 완전한 습관이 될 때까지는 처음 시작 때의 마음처럼 그 마음을 유지하기란 쉽지 않다.

그러나 이 교재를 따라 일주일에 한 번 영어를 먹어버릴 수밖에 없는 마인드 세팅의 시간을 갖고, 매일 액션 플랜 시트 Action Plan sheet

마 인 드
파 워 로
영어 먹어버리기

를 쓰고, 여기에 담겨진 좋은 영어 글과 mp3 파일을 연습하고, 마인드 꿀팁들을 읽기 시작한다면, 어느새 당신은 서서히 자신의 잠재의식 속 영어 파일을 바꾸기 시작할 것이다.

3개월 후, 영어를 즐기다 못해 영어를 사랑하게 된 당신!

영사를 하며 새벽 마파영 패밀리로 마인드 업! 영어 실력 업! 자신감 업되며 업그레이드된 당신께! 뜨거운 응원과 축하를 보낸다!

How AWESOME you are!!

단어 설명

마파영팸: 마파영(마인드 파워로 영어 먹어버리기) 패밀리의 줄임말. 영사를 하지 않으면 잠을 자지 못하는 영사에 빠져 있는 사람들. 마인드 업! 영어로 자신감 있게 말하는 사람들! 내 미래에 대해서 밝은 생각을 가지고 미래의 모습을 명확히 그리고 그곳을 향해서 돌진하는 적극적인 나의 모습을 가진 모든 사람들을 칭한다.

영사: 영어숙제, 영어공부라는 말, 듣기만 해도 하기 싫다. 속이 거북해진다. 피하고만 싶다.

그래서 마파영 과정에서는 영어공부, 영어숙제 대신 '영사'라고 칭한다. '영사'는 '영어 사랑', '영어를 사랑할 수밖에 없는 연습'을 칭한다. 그래서 우리 클래스에서는 "Did you do 영사 yesterday?(어제 영사했니?)"라고 묻는다. 영어숙제가 아닌 '영사'라

> 는 말을 쓰다 보니 자연스럽게 잠재의식에 '나는 영어를 사랑한다'는 개념이 지속 반복적으로 들어가는 것이다. 그래서 마파영 팸의 성과는 매우 높을 수밖에 없다!

2020년 6월
뜨거운 응원을 담아,
조성희

생생 체험기

상상이 현실이 되다! 해외 미팅에서 3시간 동안 영어가 술술~
(김나연, Alice/33세/회사원)

한국에서 자라서 영어를 정규 교과과정과 수많은 학원들에서 입시형 교육을 받았음에도 말이 술술 나오는 건 별개의 문제였습니다. 해외영업을 직무로 삼고 있는 직장에서 미국 대학 졸업생에게만 영어 PT를 맡기는 상황이 많아 서러웠습니다. 서러웠던 경험들을 마파영 과정에서라면 분명 바꿀 수 있을 거라는 기대가 있었습니다.

정말 완전히 다른 사람이 되고 싶다는 생각으로 수업에 임했습니다. 처음에는 '매우 쉬워 보이는 문장으로 연습을 해서 이렇게 해서 영어가 늘까?'라는 생각도 잠시, 매일 30회씩 매 문장을 연습하는 과정을 겪으면서 점점 행복감과 자신감으로 영어를 외치고 있는 자신을 발견했습니다. '무의식 중에도 영어가 튀어나올 것 같다!'라는 생각이 들었습니다.

마파영 수업 마지막에 생애 처음 여러 사람 앞에서 영어 PT를 마쳤을 때는 온몸에 소름이 돋았습니다. PT를 하기 전까지만 해도 매우 떨었고 다음으로 미루거나 피하고 싶을 만큼 두려웠습니다. 상상만 했던 것을 해낸 느낌은 정말 짜릿했습니다.

발표 전과 후 대표님과 같은 기수 17기 수강생 분들의 환호와 응원은 잊지 못할 귀중한 감동의 기억을 심어주었습니다. 그 힘은 지속되어 5주간 충실하게 임했던 수업을 마치고서도 영사를 지속했습니다. '어메이징 마법의 액션 플랜 시트'를 작성하고 영어 문장당 30회씩 외쳤습니다. 5주간의 마파영 수업에서 영사가 완전히 습관이 되어 영사는 저의 일상의 즐거운 한 부분이 되었습니다. 마치 때를 기다리는 사람처럼 꾸준히 영사를 했습니다.

그로부터 약 1년 뒤, 베트남 캄보디아 출장 6박 7일을 가는 기회가 주어졌습니다. 캄보디아에서 중국인 대표님을 미팅하는 자리에서 중국어 PT를 준비해갔습니다. 그런데 중국인 대표님 외에 갑자기 참석하신 네 분의 캄보디아 직원 분들은 모두 영어 외에는 소통할 방법이 없었습니다. 그렇게 갑자기 영어로 미팅을 진행했는데 저 자신도 신기하게 아주 자연스럽게 미팅이 진행됐습니다. 마파영을 만난 이래로 항상 영어로 미팅하는 저를 상상하면서 공부했던 것이 현실화된 것을 깨닫는 순간 소름이 끼쳤습니다.

'바로 지금 그토록 꿈꾸던 상황이 이루어졌구나.'

3시간여 미팅 동안 거침없이 영어가 술술 나오는데…… 미팅 중간 중간에도, 미팅을 마친 뒤에도 믿기지 않는 이 상황이 너무 신기해서 심장이 뛰었습니다.

제품시연과 질의응답 그리고 제안내용을 모두 영어로 진행했습니다. 본 미팅 때 제가 상상했던 그대로 매우 행복한 표정을 지으며 영어로 말하고 있었습니다. 그날 썼던 일기 첫 구절을 공개합니다.

> **2019. 03. 29 금요일 / 캄보디아**
> **내가 꿈을 이루는 장소와 시간이 마련되어 있는 곳에서, 영어로 미팅을 진행했다.**
> 정말 꿈만 같은 하루였다. 소원이 이뤄졌다. 영어로 미팅을 진행했다. 정말 내 인생에 큰 역사가 씌어지는 32세의 멋진 하루였다.

상상과 꿈을 현실로 바꾸는 힘이 마파영 과정에 모두 들어 있었습니다. 영사를 하며 때를 기다리는 동안 결과에 대한 조급함이나 불안함 없이 그저 행복하게 연습했습니다. 영어를 안 하면 오히려 스트레스를 받고 입에 가시가 돋을 정도로 이상했어요.

캄보디아 출장에서 처음 비즈니스 미팅을 진행했던 때를 시작으로 다음 인도네시아 출장, 해외 바이어 대상 제품 전시회, 동남아시아 출판인 대상 설명회에서도 제품시연 영어 PT를 맡았습니다. 그 외 각종 해외 바이어 1 : 1 제품 상담 미팅에서 통역사 없이도 하고 싶은 말을 영어로 전달하는 데 자신감을 가지고 임했습니다.

특히 2019년 말 리투아니아, 키르기스스탄 8일간 회사 대표님과 선임상사와 해외출장을 갔을 때는, 제품시연 PT가 아닌 현지 업체들과 일반 비즈니스 상담을 영어로 진행했습니다. 통역까진 어려울 거라고 생각했지만 하고자 하는 말을 다 전달하고 소통해서 결국 출장 목적의 200%를 달성했다고 선임상사와 대표님께 큰 칭찬을 받았습니다.

모두 불과 1년 전만 해도 5분 이상 영어로 말하지 못하고 자신감 없이 쭈뼛거렸던 사람이 변한 것입니다. 잘하고 싶어도 방법을 몰라 두려움과 서러움이 많던 슬픈 영어였는데 마파영 수업 이래로 긍정적으로 영어를 사랑하게 되니 자연스럽게 꾸준히 영사를 하게 되었고, 제가 원하는 인생을 향해 엄청나게 성장하고 있는 요즘입니다.

저의 꿈은 전세계를 여행하는 글로벌 사업가가 되는 것입니다. 그동안 기존에는 못하던 것을 하나씩 이루어가면서 앞으로는 어떤 멋진 일을 해낼지 기대가 되어 설렙니다. 당장 직장에서 사용하는 실전 영어가 무의식중에도 자신감 있게 나올 수 있도록 현재도 계속해서 영사를 합니다.

꿈을 이뤄가는 과정에서 원하는 일을 하나씩 현실화시킬 수 있게 곁에서 온 마음을 다해 도와주신 저의 존경하고 사랑하는 롤 모델이시자, 진정한 스승이신 조성희 대표님께 깊은 감사를 드립니다.

또한 제 인생 영어의 시작을 함께 해주신 마파영 17기분들에게도 감사를 드립니다.

Contents

서문 • 4
생생 체험기 상상이 현실이 되다! 해외 미팅에서 3시간 동안 영어가 술술~ • 19

마파영 1주 차! >>>

마인드 세팅 **영어 스피킹은 즐겁다!** • 29
Q&A 영어가 재미있어지는 방법은 없나요? • 37
어메이징 PT 중독의 비밀 The Secret of Addiction • 41
어메이징 PT Positive Affirmation • 44
10년 고생을 1년으로! 어학연수 1년 이상의 효과를 단 3개월 안에! • 48
마파영의 영사(영어 사랑)하는 방법은 따로 있다! • 53
영어를 먹어버리는 마파영팸의 어메이징 마파영 플랜 • 58
생생 체험기 외국인들에게 영어로 대화하고 따뜻한 도움을 주는
코리안 폴리스 • 64

마파영 2주 차! >>>

마인드 세팅 **영어를 먹어버리는 마법의 6원칙** • 71
Q&A 영어공부, 꼭 해야 하나요? • 83
어메이징 PT I AM…… • 91
생생 체험기 마파영은 올바른 길로 인도해주는 가이딩 스타! • 98

마파영 3주 차! >>>

마인드 세팅 **당신 잘못이 아니다** • 107
Q&A 원어민처럼 발음하려면 어떻게 해야 할까요? • 114
어메이징 PT Ten Ways to Nurture Your Spirit • 122
생생 체험기 마파영을 통해
48개월 딸에게 찾아온 어메이징 변화! • 128

마 파 영 4주 차! >>>

- 마인드 세팅 **마인드의 놀라운 비밀** • 133
- Q&A 일주일에 한 번 해서 5개월 만에 어학연수 효과가 가능한가요? • 143
- 어메이징 PT You are Getting Off First or I am Going to Die. • 148
- 생생 체험기 영어 씹어 먹는 방법 배우러 갔다가 인생도 송두리째 바뀌다! • 154

마 파 영 5주 차! >>>

- 마인드 세팅 **'해야 한다'를 '너무나 하고 싶어 미치겠다'로!** • 161
- Q&A 제 친구는 영어를 바로 시작해서 목표 달성하는데 저는 왜 안 되는 걸까요? • 168
- 어메이징 PT Clear the Past • 174
- 생생 체험기 1년이 지난 지금도 영어가 즐겁게 술술~ • 179

마 파 영 6주 차! >>>

- 마인드 세팅 **영사를 하지 않으면 나한테 손해 아닌가?** • 187
- Q&A 나이가 많은데 저도 할 수 있을까요? • 195
- 어메이징 PT Get Rid of It! • 201
- 생생 체험기 기적처럼 원하는 토플점수를 얻다! • 207

마파영 7주 차!

- 마인드 세팅 **영어, 생각만 해도 심장 바운스 바운스!** • 215
- Q&A 어학연수 꼭 가야 하나요? • 222
- 생생 체험기 영포자라면 마파영입니다!! • 226
- 어메이징 PT Ten Powerful Phrases for Positive People • 231
- 생생 체험기 고성 사람, 영어 PT 중독에 걸리다 • 238

마파영 8주 차!

- 마인드 세팅 **억지로 안달복달하지 마라** • 245
- Q&A 못 알아들어도 매일 영어방송 들으면 귀가 뚫리나요? • 252
- 어메이징 PT What is This Here to Teach Me? • 257
- 생생 체험기 12년 이상 나를 괴롭혔던 트라우마에서 벗어나다! • 261

마파영 9주 차!

- 마인드 세팅 **목표는 미래를 바꾸는 것이 아니다** • 269
- Q&A 어떤 교재로 공부해야 영어를 빨리 먹어버릴 수 있을까요? • 276
- 어메이징 PT One and Only You • 282
- 생생 체험기 스티브 잡스보다 더 파워풀한 영어 PT를 하다 • 287

마 파 영 10주 차!

- 마인드 세팅 **이 목표는 내가 행동할 가치가 있는가?** • 295
- Q&A 너무 쉬워서 시시하게 느껴지는 문장도 반복해야 하나요? • 302
- 어메이징 PT Everyone is So Fortunate. • 307
- 생생 체험기 영어 시낭송 대회에서 우수상을 받다! • 311

마 파 영 11주 차!

- 마인드 세팅 **몰입의 기적** • 317
- Q&A 두 달 만에 '다' 될까요? • 324
- 어메이징 PT Successful People are Optimists. • 329
- 생생 체험기 시도하지 않은 자에게 변명은 필요 없다 • 336

마 파 영 12주 차!

- 마인드 세팅 **왜 계속 실행하지 못할까?** • 341
- Q&A 영어 PT 공포증이 심한데 저도 극복할 수 있을까요? • 349
- 어메이징 PT LOVE • 355
- 생생 체험기 영어 PT 열 줄 발표도 힘들었던 내가 몇 페이지도 술술! • 361

에필로그 • 366
부록 • 370

영어 스피킹은 즐겁다!

Eat! English!

SPEAKING ENGLISH IS FUN!

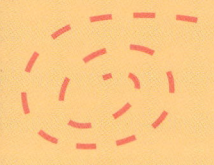

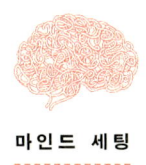

마인드 세팅

마인드 파워로 영어를 먹어버리겠다고 결심한 당신!

이 책으로 큰 결심을 하고 시작한 당신의 용기에 박수를 보낸다!

마파영에서는 기존의 영어교실에서 진행되었던 방식과는 전혀 다르게 영어 수업이 진행된다. 일단 마파영팸은 영어를 시작하기 전에 마인드 세팅부터 한다!

마인드 세팅을 하고 시작한 사람과 무조건 아무 생각 없이 영어 공부를 시작하는 사람들은 종이 한 장 차이 같지만 3개월이 지나고 6개월이 지나고 1년이 지났을 때 엄청나게 다른 결과를 보여준다.

이 책을 잡은 당신은 이제부터 특별한 마파영팸으로 거듭날 것이다. 마인드 파워로 잠재의식을 자극해서 영어 스피킹 훈련을 하는 동안 엄청난 파워를 경험하게 될 것이기 때문이다. 그러나 반드시 이 책에서 하라는 대로 해야 최대의 효과를 끌어낼 수 있다. 이 책을 완전히 먹어버려라! 여러분의 마인드는 재탄생하게 될 것이고 영어를 사랑할 수밖에 없을 것이다!

우리나라 사람들 대부분이 영어공부를 시작할 때 공통으로 생각하는 것이 있다. '영어 스피킹은 어렵다'는 것이다. 아무리 해도 잘 늘지 않고 어렵다고 생각하기 때문에 어렵게만 느껴지는 것이다! 내가 어렵다고 생각한 상태에서 시작하면 뭘 해도 어렵게만 느껴지고 성공할 가망이 없다.

"수학은 어려워. 나는 수학은 젬병이야."

그렇게 말하는 사람치고 수학 잘하는 사람 못 봤을 것이다. 알고 있는가? 우리는 진정 내가 말한 대로 된다는 것을! 내가 나를 바라본 그대로 된다는 것을! 자, 이제부터 마음을 바꾸자! 영어 스피킹은 즐겁다! 나는 편안한 마음으로 즐겁고 쉽게 목표를 달성한다!

그러기 위해서 우리는 이제부터 매우 명확하게 내가 이룬 미래 나의 모습을 그릴 것이다. 미래의 나의 모습을 이제부터 '앞으로 나(미래 나)'로 표현하도록 하자.

새해가 되면 가장 사람들이 붐비는 공간이 있다. 이미 여러분 또한 경험해서 알 것이다. 맞다! 바로 영어학원과 헬스클럽이다. 새해 첫날이 되면 영어를 정복하겠다고 굳은 결심을 하고 1년 치 아니면 3개

월 치를 끊어 일단 시작하지만 시간이 지날수록 처음만큼의 힘이 나
지 않는다. '올해는 작년과는 다를 거야.'라는 결심은 온데간데없이
사라지고 결국 작심삼일에 그치고 마는 경우가 허다하다. 이렇게 목
표는 세웠지만 과거에 영어공부에서 실패했던 경험을 떠올리고 의욕
을 상실하는 사람은 과거 나의 모습에 머물러 있는 사람이다. 대부
분의 사람들이 '지나간 나(과거 나)'를 떠올리며 힘들다고 생각하며 시
작해서 작심삼일로 돌아가버리는 이유이다.

　이렇게 많은 사람들이 목표를 세우고도 과거의 내 모습 속에서
괴로워한다. 과거에 영어공부를 했다가 실패한 경험, 외국인과의 만
남에서 큰 창피를 당했던 기억, 늘지도 않는 영어공부를 하느라 괴
로웠던 때와 같은 과거 나의 모습이 '어차피 해도 안 돼! 또 쓰라린
경험만 할 뿐이야!'라며 새로운 행동을 할 때마다 다가와 브레이크
를 거는 것이다. 그러면 부릉부릉 시동을 걸고 목표를 향해 멋지게
나가다가도 끽~ 끽~ 서게 된다.

항상 목표 달성하는 사람들은?
'지나간 나(과거 나)'가 아닌 '앞으로 나(미래 나)'에 집중한다.

　미래의 나를 명확하게 그리고 떠올리며 그것에만 집중한다. 영어
를 잘했을 때 펼쳐질 미래의 내 모습을 미리 머릿속에 그려 넣는다.
그 그림을 가슴 속에서 느끼고 행복해하며 영어를 한다.

　나도 그랬다. 스물두 살, 인생 처음으로 목표가 생겼을 때, 나는

너무나 간절했다. "나는 성공한다!" "영어를 먹어버리겠다!" "나는 교포다!"를 얼마나 외쳤는지 모른다. 단순히 "I will try to study English(영어를 공부해보겠다)"가 아니었다.

I am going to EAT UP English!
영어를 먹어버리겠다!
I am a Kyopo!
나는 교포다!

어디서 어떻게 그런 말이 나왔는지 모르겠다. 그저 간절했다. 너무나 변화하고 싶었다. 성공하고 싶었다. 그랬더니 내 행동은 자연스럽게 바뀌기 시작했다.

이와 같이 '앞으로 나(미래 나)'에 집중하면 모든 행동에 억지로 해야만 하는 힘든 노력은 사라진다. 그저 거기에 맞는 자연스러운 행동이 이어지고 결국 자신이 바라던 꿈을 쉽게 이룰 수 있게 된다.

Let's think!

당신의 '앞으로 나(미래 나)' 모습은 무엇인가? 영어를 잘하게 되었을 때 당신은 어디서 무엇을 하고 있는가? 그 모습을 가능한 자세히 현재시제로 표현하자.

예시) 나는 지금 외국인들과 미국에 있는 큰 컨퍼런스 룸에서 자유자재로 소통하고 있다. 그들은 내 이야기를 진중하게 듣고 박장대소로 웃기도 하며 성공적인 회의가 이루어지는 이 순간! 날아갈 것 같다. 이런 내 모습이 미치도록 좋다!! 감사하다!!

나는 이미 목표를 이루었다!
내가 이미 이룬 모습을 마음속에 품는 것은 매우 중요하다.

'앞으로 나'의 모습

_____
_____

나는 '앞으로 나(미래 나)'의 모습을 반드시 만난다.
행복해하는 나의 모습을 반드시 만난다.

이름 _____
날짜 _____

Decide what you want. Decide what you are willing to exchange for it. Establish your priorities and go to work.

당신이 원하는 것을 결정하라.
그리고 그것을 얻기 위해
당신이 포기할 용의가 있는 것을 결정하라.
그것에 마음을 집중하라.
그리고 행동으로 옮겨라.

- H. L. 헌트-

Q&A

영어를 먹어버릴 수밖에 없는 마인드 꿀팁!

왜 이리 '영어'라는 말만 들으면 힘들게만 느껴지는 걸까요? 재미없어 죽겠어요. 영어가 재미있어지는 방법은 없나요?

새해 첫날마다 가장 붐비는 곳, 영어학원. 그러나 시간이 갈수록 의욕은 시들해지고 학원에 남아 있는 사람들은 별로 많지 않다. 영어학원에 죽어라고 다니며 영어를 공부한 시간만 따져도 몇 년은 되는 것 같은데 영어시험 성적은 매번 그 모양이고 열심히 해도 외국인 앞에만 서면 말 한마디 입 밖으로 나오지 않는다. 재미도 없다. 스트레스만 받는다.

왜 그럴까? 보이지 않는 마인드를 바꾸지 않으면 결심을 하고 다시 시작하더라도 예전 포기했던 패턴으로 돌아가기 때문이다. 그럴수록 마음속에서는 '역시, 나는 안 돼.'라는 믿음만 더욱 굳어지게 되는 것이다. 잠재의식 속의 영어에 대한 기억 파일을 바꾸지 않으면 결국 지속적인 행동으로 이어지지 못한다.

행동의 근원이 되는 보이지 않는 마인드를 바꿔서 영어를 즐기기 시작하면, 누가 하라고 강요하지 않아도 저절로 신이 나서 하게 된다. 중독이라는 것이 그렇지 않은가? 그것이 좋아서 자신도 모르게 계속 그 행동을 반복하게 되는 것이다. 영어는 충분히 즐겁게 할 수 있다. 일단 웃으면서 거울을 보고 외치자!

"I enjoy speaking English!"
"나는 영어로 말하는 게 정말 즐겁다!"
"I love English!"
"나는 영어를 사랑한다!"
"I am confident when I speak English!"
"나는 영어를 말할 때 자신감이 넘친다!"

자기암시는 잠재의식에 영향을 주는 가장 강력한 도구다. 자기암시란 우리가 오감을 통해 스스로 자기 마음에 주는 암시나 자극을 말한다. 자신의 생각이나 소원을 의식적으로 잠재의식에 반복해서 주입함으로써 인생에 엄청난 결과들을 낳게 하는 멋진 도구라고 할 수 있다. 성공한 모든 사람은 이 자기암시의 놀라운 힘을 믿고 언제나 실천하고 있다. 그리고 그들이 믿고 실천한 대로 자신이 원하는 주체적인 삶을 살고 있다.

우리 각자 모두 내면 깊은 곳에 무한한 가능성을 가지고 있다. 모든 성공한 사람은 비옥한 밭과 같은 잠재의식의 힘을 이해하고 언제나 그들의 삶에 그것을 활용하고 있다. 가장 강력한 도구인 자기암시는 24시간 언제나 불이 켜져 가동하면서 긍정적이든 부정적이든 우리의 잠재의식에 지속적으로 영향을 준다. 자기암시에서 꼭 기억해야 할 것이 있다. 감정과 확신이 차지 않은 형식적인 말만으로는 잠재의식을 움직이지 못한다는 것이다. 그래서 현재 시제로 표현하고 그것을 읽을 때 마치 지금 이루어진 것처럼 느껴야 한다.

  반드시 실현시키겠다는 결심과 함께 마음속에 의식적으로 고정된 명확한 말은 결국 그 사람의 잠재의식 속으로 스며들게 된다. 그때부터 우리의 행동은 자동적으로 영향을 받게 된다. 그래서 독자 여러분의 소망이 완전히 자신의 것으로 흡수될 때까지 아침저녁으로 반복해서 읽어야 한다. 벽, 천장, 침대 옆, 책상 앞 등 내가 자주 가는 장소에 소망을 붙여두고 마음을 자극한다.

  처음에 사람들이 시도할 때는 어색해하고 마치 자신이 바보같이 느껴진다는 사람도 있다. 우리 마인드스쿨에서 진행되는 수업에 오는 사람들 모두 처음에는 왜 저런 걸 시키나 하면서 어색한 웃음을 짓는다. 그러나 한 번도 해보지 않은 것이기 때문에 그렇게 느껴지는 것일 뿐이다. 이것을 자주 반복함으로써 습관화시키면 내 삶에 큰 변화를 보기 시작할 것이다. 해보지도 않고 이러쿵저러쿵 말이 많은 사람이 있다. 그 사람은 아직 자신이 진심으로 원하는 진실한 소망이 없거나, 자신이 해보지 않은 것을 열린 마음으로 바라보지 않기 때문에 그렇게 반응한다.

준비되었는가? 가능한 크게 외치자!
혼을 담아서 웃으며 크게 외치자!

"I enjoy speaking English!"
"나는 영어로 말하는 게 정말 즐겁다!"
"I love English!"
"나는 영어를 사랑한다!"
"I am confident when I speak English!"
"나는 영어를 말할 때 자신감이 넘친다!"

영사를 시작하기 전에 외치자. 중간 중간 기운이 빠질 때마다 외치자. 어느덧 영어를 사랑하고 있는 당신을 발견할 것이다!

마인드
파워로
영어 먹어버리기

어메이징 PT 중독의 비밀
The Secret of Addiction

조성희 마인드스쿨에서 진행되는 마파영 수업에서는 일상회화 교재 외에 매주 영어 프레젠테이션을 한다. 마파영 과정을 듣는 사람들에게 동기부여를 주기 위해서 좋은 문장들을 나 또한 영사하고 녹음해서 수강생들에게 보내주었다.

그런데 수강생들의 반응이 폭발적으로 좋았다. 내 녹음 목소리와 그 내용이 아주 좋아서 매일 출근길과 잠자기 전에 듣는 이들이 많이 생겨났고 너무 많이 듣고 따라 하다 보니 저절로 외워졌다며 나와서 발표하는 사람들이 많아지기 시작했다.

수강생들이 힘을 얻고 좋아하니 나도 즐거워 좋은 문장들을 찾아 매주 녹음해서 마파영팸들에게 보내기 시작했다. 그래서 마인드 수업, 영어 수업 이외에도 마파영 과정에는 매주 영어 PT도 돌아가면서 진행한다. 독자 여러분께 역시 힘을 드리고 싶은 마음에 우리 책에 나올 12개의 영어 PT 자료를 내 목소리로 녹음해서 함께 제공한다. 물론 나도 영사하는 방식으로 연습했다.

난생처음 영어로 발표하는 사람들은 잔뜩 긴장해서 앞에 나와서 손발을 부들부들 떨며 식은땀을 흘리며 발표한다. 교재에 나온 많은 문장들을 매일 영사하는 데 익숙치 않은데다가 영어 PT 준비까지 준비하려니 처음에는 다들 버거워한다.

그러나 시간이 지날수록 달라진다. 처음에는 1분 영어 PT도 힘들어하던 그들이 5분~10분을 훌쩍 넘기고 목소리도 커지고 발음도 월등히 좋아지고 자신감이 펄펄 넘친다. 어떤 이들은 영어 PT 중독에 걸려 자진해서 매주 영어 PT를 한다. 시간이 갈수록 발표 내용의 수준 또한 급상승한다. 스티브 잡스, 오프라 윈프리, 조앤 K. 롤링의 스피치, 대통령 연설문, 유명인의 세미나 스피치뿐 아니라 테드에 나온 스피치들을 자기 것으로 만들어서 발표하는 그들을 보고 있노라면 입이 쩍 벌어진다.

수업 시간에 교재를 영사하며 늘은 실력이 영어 PT에도 역시 그대로 반영되는 것이다. 같은 기수 동기들도 처음에 버벅거렸던 사람들이 월등히 실력 향상되는 것을 보며 서로 감동받고 동기부여를 받아 더욱 열심히 영사를 한다. 좋은 문장을 많이 말하고 많이 듣고 많이 쓰고 많이 반복하다 보면 영어가 내 마음속에 체화되어 완전히 자기 것이 된다.

영어 실력 향상뿐만 아니라 내 마음도 변화하게 되고 매일을 맞이하는 마음도 달라지게 된다. 그래서 마파영 과정에서 영사를 하는 방법으로 영어 PT 문장을 어떻게 먹어버릴 수 있는지 이 책에 담으려고 한다. 독자 여러분 모두 같은 방법으로 연습하며 여러분의 마음도, 영어 실력도, 자신감도, 인생도 깨울 수 있는 일석사조 이상의 효과를 누리기를 바란다.

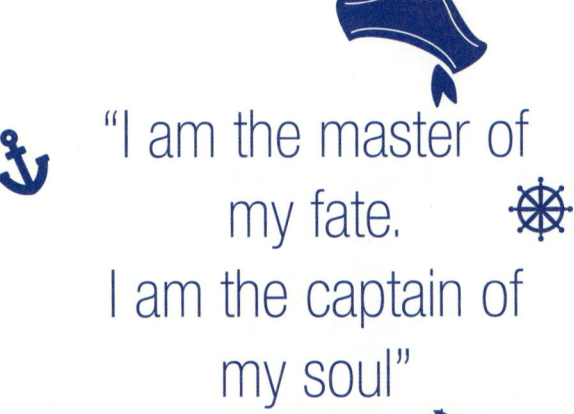

"I am the master of my fate.
I am the captain of my soul"

나는 내 운명의 주인이며 내 영혼의 선장이다.

- W. E. 헨리

어메이징 PT

Positive Affirmation

긍정적 단언

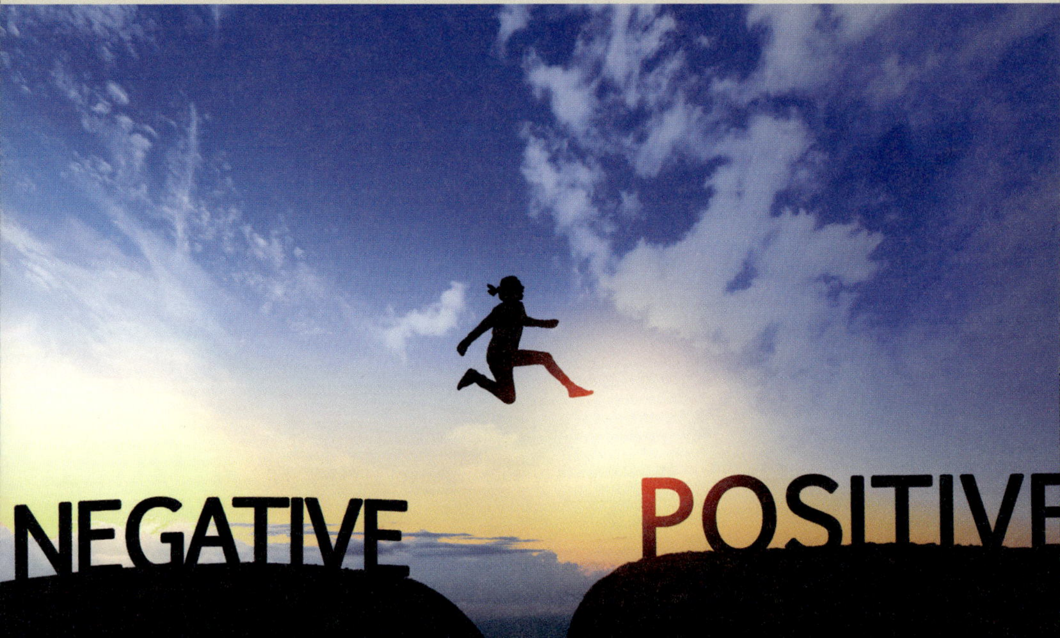

　Positive Affirmation은 '긍정적 단언'이라는 의미이다. '나는 ~ 이다.'라는 현재형으로 표현하면 내 삶이 그렇게 전환된다. 어느 날 기자가 빌 게이츠에게 물었다.

　"세계 제1의 갑부가 된 비결은 무엇입니까?" 그의 대답은 간단하고 명료했다.

　"저는 날마다 스스로에게 두 가지 최면을 겁니다. 하나는 '오늘은 왠지 큰 행운이 나에게 있을 것 같다.' 그리고 또 하나는 '나는 뭐든지 할 수 있어.'라고 상상합니다."

　빌 게이츠는 집을 나서기 전 거울 속의 자신의 눈을 똑바로 보면서 이야기했다고 한다. 선장이 이렇게 계속 얘기하면 잠재의식인 선원은 "Yes, Sir!"로 받아들이고 말한 대로 되는 것이다.

　좋은 문장들을 내 마음에 저축하자. 지속해서 반복적으로 좋은 문장을 외치면 내 인생 또한 그렇게 흘러간다. 마파영팸은 좋은 문장들만으로 내 세포를 속속들이 채운다!

　1주 차 어메이징한 문장을 맛있게 먹을 준비되었는가?

Today is the beginning of my new life
I am *starting over today
All good things are coming to me today
I am *grateful to be alive
I see beauty all around me
I live with passion and *purpose
I take time to laugh and play every day
I am awake, energized and alive
I focus on all the good things in life
And give thanks for them
I am at peace and one with everything
I feel the love, the joy, the abundance
I am free to be myself
I am *magnificence in human form
I am the perfection of life
I am grateful to be...... ME
Today is the best day of my life

오늘 나의 새로운 삶이 시작됩니다

나는 오늘을 다시 시작합니다

모든 좋은 일들이 오늘 나에게 펼쳐집니다

나는 살아 있음에 감사합니다

나는 나를 둘러싼 모든 것들의 아름다움을 보고 느낍니다

나는 열정과 목표를 가지고 살아갑니다

나는 매일매일 웃고 즐기는 시간을 마련합니다

나는 깨어 있고 에너지가 충만하며 생기 넘칩니다

나는 인생에서 모든 좋은 것에 집중합니다

그리고 그것에 감사합니다

나는 평화롭습니다. 그리고 모든 것과 하나입니다

나는 사랑, 기쁨, 풍요를 느낍니다

나는 스스로 자유롭습니다

나는 인간의 모습을 한 위대한 존재입니다

나는 생의 완전체입니다

나는 나인 것에 감사합니다

오늘은 내 삶에 있어서 최고의 날입니다

start over 새롭게 시작하다, 다시 시작하다 | grateful 감사하는, 고마워하는 | purpose 목적, 목표 | magnificence 위대함, 훌륭함

10년 고생을 1년으로!
어학연수 1년 이상의
효과를 단 3개월 안에!

문장 먹어버리는 방법! 목이 터져라 큰소리로 외쳐라!
  각각의 문장을 한 문장씩 듣고 크게 따라해야 한다. 최소 한 문장당 하루에 30회를 반복해야 한다. 단, 규칙은 읽을 때 웅얼거리지 않는다. 조용히 속삭이지 않는다. 눈으로만 읽지 않는다. 내 목소리를 나 자신이 크게 들을 수 있도록, 옆 사람이 혐오감을 느낄 정도로 목이 터져라 크게 읽는다.
  내가 외치면서 나의 청각을 자극하도록 하면 리스닝 실력 향상에도 큰 도움을 준다. 그냥 듣기만 할 때는 10번 이상 들어도 무슨 말인지 감을 잡지 못하는데 5번만 큰소리로 읽은 다음 들으면 훨씬 더 또렷하게 잘 들린다. 30회 반복할 때는 다음과 같이 반복한다.

마인드
파워로
영어 먹어버리기

1. 처음 5회: 또박또박 정직하게 천천히 읽기

듣고 가능한 한 또박또박 천천히 정직하게 5회 읽는다. 거울을 보고 입을 크게 벌리면서 따라하는 것에 집중한다.

2. 5회: 좀 더 빠르게 읽기

처음 5회보다는 약간의 속도를 늘려서 빠르게 읽는다.

3. 5회: 리듬감을 느끼며 읽기

문장에서 어떤 단어가 중요한지 보면서 그 단어를 좀 더 크게 읽는다. 예를 들어 I am free to be myself. 문장에서 중요한 단어는 I, free, myself이다.

그러면 중요한 단어는 좀 더 크게 그리고 좀 더 오래 머물러서 읽는다. 읽으면서 박수를 치면서 읽는다. 박수를 치면 am과 to be는 자연스럽게 빠르게 지나가게 되면서 문장 전체에 리듬감이 생기게 된다. 그 리듬감을 느끼며 박수를 치면서 5번 반복한다.

우리 마파영 수업에서는 박수 소리가 매번 크게 들린다. 박수 치면서 영어를 크게 외쳐보지 못한 사람들은 처음에는 모두 어리둥절해 하지만 모두가 즐거워한다. 건강에도 좋은 박수 크게 쳐보자!

4. 5회: 숨소리까지 완벽하게 복사해서 네이티브처럼 읽기!

자, 이제는 이 문장 자체에 조금 더 편해졌을 것이다. 이제는 mp3

파일을 듣고 억양과 강세 등을 똑같이 복사해서 따라한다고 생각하며 5번을 반복한다. 숨소리까지 복사한다는 생각으로 한 문장씩 반복하도록 한다. 숨소리까지 복사한다고 생각하다 보면 어느새 성대모사까지 하게 된다. 우리 마파영팸은 나중에는 성대모사해서 녹음파일을 파트너에게 보내는데 남자 수강생이 할머니 목소리, 여자 목소리를 흉내내며 녹음한 파일을 들어보면 배꼽 빠질 정도로 웃기다.

5. 5회: 감정을 실어서 읽기

우리나라 사람들은 영어로 말할 때 감정을 잘 섞지 않는 편이다. 워낙 한국어로 말할 때 단조로운 톤으로 up and down 없이 말을 해왔던 습관도 있지만 감정을 매우 잘 표현하는 외국인에 비해 우리나라 사람들은 감정표현을 너무 절제하는 경향이 있다. 그래서 외국인들이 한국 사람들과 말할 때 화난 사람처럼 보이는 것으로 오해하는 경향이 있다. 가능한 한 나의 모든 혼을 담아서 크게 외친다.

"I am happy."이면 행복한 표정을 지으며 상대방을 바라보며 말하는 것이다. 파트너가 없으면 곰 인형을 바라보면서 연습한다.

"I am so happy!!" 너무 행복한 듯이 혼을 담아서 손을 맞잡고 연습하면 처음에는 어색하고 심하게 오버하는 듯한 생각이 들지만 이렇게 연습하다 보면 말할 때 입가에 미소를 띠고 말하는 습관을 들일 수 있다. 우리 마인드스쿨에서는 감정을 최대한 표현할 수 있는 연습을 한다. 처음에는 전혀 웃지 않았던 사람들도 시간이 지날수록 영어를 하는 내내 많이 웃고 표정이 밝아진다.

배운 표현들을 중간에 영어로 일어서서 파트너와 연습하는 Standing Study 시간에도 웃음이 끊이지 않는다. 그렇기에 우리 마인드스쿨은 매번 떠나가랴 마파영팸의 함성과 웃음소리로 가득하다. 영어를 이렇게 즐겁게 하기는 난생처음이라며 행복해하는 마파영팸!

6. 5회: 상상하면서 읽기

이 연습 파트가 정말 중요한 부분이다. 아인슈타인은 "상상이 지식보다 훨씬 중요하다."라고 말했다. 똑같은 문장을 반복하더라도 상상 속에서 연습을 한 사람과 안 한 사람은 실제 외국인과 만나는 현장에서 다르게 반응한다.

"I am so happy."를 넣어서 상상 속에서 어떤 누구와도 대화할 수 있다. 길에서 만난 잘생긴 훈남 스티브를 내 마음속에서 상상해 본다. 우연히 만난 스티브에게 말한다.

"Hi! Steve, How's it going?"

"Awesome! You look great. Anything good happened?"

"I am so happy these days because I got a new boyfriend!"

"Really? Congratulations! What's he like?"

"He's tall and handsome."

이렇게 상상 속에서 연습하다 보면 어느새 그 상태를 느끼게 되고 외국인과 실제로 만났을 때 자연스럽게 영어를 할 수가 있다.

나는 배웠던 표현들을 어디에서든 큰소리로 외쳤다. 한 문장을 가지고 하루 종일 상상 속에서 연습한 적도 있다. 하루에 한 문장을 수백 번 외친 적도 있다.

그야말로 영어 회화는 입으로 외쳐야 한다. 아무리 머리로 백날 봐야 입으로 한마디 못하는 현실을 수없이 경험해보지 않았던가. 영사를 하면 입이 아프고 턱이 아프고 입이 마르고 배가 고파야 한다. 영사를 마치고도 이런 증상이 나타나지 않았다면 영사를 제대로 하지 않은 것이다. 많이 말하고 많이 듣고 많이 쓰고 많이 반복해서 영어가 자기 것이 되도록 해야 한다.

영어 스피킹은 얼마나 많이 자신의 입과 귀와 눈과 손을 사용했느냐에 달려 있다. 또 다른 교재를 사려고 서점을 어슬렁거리지 마라. 이미 당신의 책꽂이에는 앞부분만 보다 만 책들이 수두룩할 것이다. 지금 당신 책꽂이에 있는 골동품 영어책을 가지고 바로 시작하라.

가능한 한 쉬운 것으로 시작해야 한다. 온몸으로 영어를 하라. 그러면 몸이 움직일 때마다 영어가 튀어나올 것이다.

하나하나 배운 것을 완전히 세포에 체화되도록
내 혀가 인식하도록 내 것으로 만들어야 한다.
-조성희

마 인 드
파 워 로
영어 먹어버리기

마파영의 영사(영어 사랑)하는 방법은 따로 있다!

1. 한 문장당 최소 30번씩 크게 외친다!(문장 먹어버리는 방법으로 30회)

앞으로 일주일간 매일 Positive Affirmation을 30번씩 크게 외친다. 문장 먹어버리는 영사 방식으로! 그러면 210번 외친 것이 된다. 사실 210번도 부족하다. 적어도 1,000번 이상, 1만 번은 반복해야 내 잠재의식 속에 녹아들어서 '툭' 치면 '톡' 하고 나온다.

기억하자! 쉬운 문장 하나도 입 밖으로 내뱉지 못하는 것은 입으로 연습이 부족하기 때문이다! 영어는 머리로 하는 것이 아니다! 입으로 하는 것이다! 머리가 아닌 내 혀가 기억하게 하라!

2. 한글 보고 바로 영어로 전환해서 크게 말한다!

한국어를 보고 영어로 전환하는 과정을 거친다. 이 방법은 사실 쉬운 문장으로 연습하기 시작하면 매우 효과적이다. 예를 들어 "나는 소녀이다."를 영어로 전환하면 "I am a girl."이다. 여기서 대부분의 한국 사람들은 a를 빼는 경향이 있다. 한글에는 관사가 없기 때문이다.

영어는 우리에게 제2외국어이므로 말할 때 한국 사람들은 한국어로 먼저 생각하고 영어로 전환한다. 짧은 문장으로 전환하는 연습을 하다 보면 긴 문장도 나중에 쉽게 연결할 수 있다. 처음 영어를 시작하는데 CNN 뉴스내용을 열심히 해봤자 소용없다.

내가 다녔던 유명한 통번역 학원에서 가장 유명했던 선생님께서 이 방법으로 수많은 국내파 통번역사들을 배출시키는 것을 보았다. 외국생활을 오래 한 사람들도 이 선생님을 찾았다. 이 선생님은 외국생활을 한 적이 있을까? 전혀! 순수 국내파라는 사실!

한글을 보고 영어로 전환하는 방법은 다음 장에 따로 좀 더 자세히 써두었으니 그 부분을 참조한다.

3. 녹음한다.

영사하는 방식으로 30번씩 연습한 후에 녹음한다. 다음 날도 30번씩 연습한 후 녹음한다. 매일 똑같이 연습한 후 녹음한다. 요즘은 스마트폰으로 손쉽게 녹음할 수 있지만 예전에는 공테이프를 넣어서 찍찍이를 돌려가며 녹음해야 했다. 우리는 시간이 지날수록 엄청난 속도로 발전하는 얼마나 멋진 시대에 살고 있는가! 문득 문득 감사함을 느낀다.

녹음하고 자신의 목소리를 듣는 것이 얼마나 손발이 오그라드는 일인지 안다. 게다가 한국어도 아니고 영어로! 그러나 이것은 당신의 발음을 빠른 시간 내 한층 더 업그레이드시킬 수 있는 최상의 방법이다. 듣고 따라 한 것을 녹음해서 들으면 내가 부족한 발음이 어느 것인지를 파악하게 된다.

그리고 다음날 크게 연습할 때도 그 부분을 더 신경써서 발음하고 원어민 발음을 다시 한 번 더 집중해서 들으려고 하게 된다. 그러다 보면 자연스럽게 연음의 발음, 강세, 인토네이션을 체화시키며 내 입으로 그 문장을 먹어버리게 되는 것이다.

4. 녹음파일을 파트너에게 보낸다.

파트너는 함께 영사하는 사람, 영사하는 사람이 없다면 가족일 수도 있고 친구일 수도 있다. 마인드스쿨에서 진행되는 '마파영' 과정에서는 파트너십으로 진행되어서 녹음파일을 매일 서로에게 보내야 한다. 녹음파일을 파트너에게 보내려면 그냥 보내지는 못할 것이다. 다시 한 번 들어보고 자신의 목소리와 발음을 다시 한 번 점검해보고 만족했을 때 보내게 된다.

이렇게 매일 파트너에게 같은 내용을 일주일간 보내면 자기 스스로도 또 파트너도 느끼게 된다. 처음 보냈던 녹음 파일과 마지막 7번째 보낸 녹음파일이 확연히 달라져 있다. 스스로 발음이 좋아지는 것을 느끼며 신기해하고 자신감을 가지게 되는 것은 당연한 현상이다! 그동안 당신이 이런 방식으로 해보지 않았기 때문에 몰랐던 것일 뿐이다. 발음에 자신감이 생기면 자연스럽게 사람들 앞에서 영어로 말하고 싶어진다. 그래서 우리 마파영팸은 시간이 지날수록 사람들이 있든 없든 영어로 크게 외치는 것에 대한 거부감이 없어진다. 어디서든 외치는 영어를 즐기게 되는 것이다!

5. 액션 플랜 시트를 매일 손으로 쓴다.

나와의 예외 없는 규칙을 지킨다! 첨부된 마파영팸의 어메이징 액션 플랜 시트를 매일 작성한다. 우리 마인드스쿨에서 진행되는 마파영 과정을 통해 인생 전체가 변했던 사람들은 이것을 쓰는 힘에 대해서 입을 모아 "어메이징!"이라고 외쳤다.

매일 자신이 원하는 목표를 쓰고 구체적인 행동에 대해서 기록해나가며 달라진 것은 하루를 허투루 보내지 않게 되었다는 사실! 그리고 엄청나게 긍정적으로 변화하며 무엇보다 자기 자신을 좋아하고 사랑하기 시작했다는 사실이다!

'적자생존'이다. 적어야 산다! 아무리 좋은 아이디어나 계획도 쓰지 않으면 거기서 끝난다. 이 세상에 명확한 목표를 가지고 있지만 실제로 쓰고 자주 보는 사람은 3% 정도라고 한다. 그런데 이 3%가 자신의 목표를 90% 이상 이룬다고 하니 쓰고 자주 보는 것이 얼마나 중요한지를 알 수 있다.

목표는 명확하게 종이에 써야 내 마음속에서 구체적으로 활동하기 시작한다. 영어를 즐겁게 정말 잘하고 싶은가? 이 글을 읽고 있는 바로 지금 당장 펜을 들고 어메이징 액션 플랜 시트를 쓰자. '적자생존'이다!

6. 위의 것을 다 했을 때 맨 밑 마지막에 한 줄 쓰는 것으로 마무리한다.

"(자신의 영어이름), 영사 completed."

그리고 나 자신을 칭찬해주자. 나를 안아주면서 "난 해냈어! 난 정말 멋져!" 거울 속 내 눈을 보고 외친다. "이런 내가 너무 좋다!!"

영사를 처음 하기가 만만치 않음에도 목표를 향해 열심히 한 자신에게 토닥토닥 칭찬해주는 것이다. 하루를 돌아보며 내가 이룬 것과 열심히 한 것에 대해서 칭찬해주는 습관! 필수적이다. 나 자신을 가혹하게 대하지 마라.

나는 충분히 사랑받을 존재이고 아껴줄 존재이다. 내가 자신을 그렇게 대하지 않으면 아무도 나를 그렇게 대하지 않는다.

영어를 먹어버리는 마파영팸의
어메이징 마파영 플랜
– I am going to EAT UP ENGLISH!

Amazing Action Plan Sheet 사용법은 P. 370의 부록을 참고하세요.

날짜			
나의 목표			
이달의 목표			
나는 왜 영어를 먹어버리려고하는가?			
어메이징 마법의 액션	항목	유무	비고 (특이사항, 느낌, 기록)
	_____ 시 기상	Y/N	
	릴랙스와 영어 목표 상상	Y/N	
	자기암시, 목표 크게 선포	Y/N	
	오늘 감사한 일 3가지	Y/N	1
			2
			3
	문장당 최소 30회 크게 외치기	Y/N	
	한글▷영어로 크게 말하기	Y/N	
	녹음하기	Y/N	
	녹음파일 파트너에게 보내기	Y/N	
	액션 플랜 완성하고 사진 찍어 파트너에게 보내기	Y/N	
금일 점검	평가 및 결론		
내일의 결심			

마 인 드
파 워 로
영어 먹어버리기

1주 차 열심히 한 당신! 수고 많았다. 1주 차 매일 성공한 당신! 첫 관문을 무사히 통과한 것을 축하한다! 2주 차 새로운 마음 세팅을 하며 다음 문장을 반복할 것에 설레지 않은가? 자신의 앞으로 나(미래 나)의 모습을 그리며 2주 차로 즐겁게 넘어가자!

'세상에 공짜는 없다.'라는 것을 기억하자! 투자한 것만큼 나온다. 어제와 같이 똑같이 TV 보면서 똑같이 친구 만나면서 영어를 잘할 수 없다. 여러분이 영사하는 시간에 투자한 만큼 반드시 그만큼의 결과를 보게 될 것이다!

먼저 영사하고 나중에 논다.
먼저 놀고 나중에 영사하면 놀 때 즐겁지도 않고
괜히 정신적으로 피곤하다.
–조성희

한글에서 영어로 전환하는 어메이징 비밀!

1. 처음 공책에 한글 보고 소리 내서 영작한다.

우리 마인드스쿨에서 영어 스피킹 수업이 진행될 때는 영어 파일과 한글 파일이 따로 있다. 왼쪽 페이지에는 영어 문장들을 쓰고 오른쪽 페이지에는 우리말 해석을 적어놓자. 각 문장에 번호를 적으면서 한다.

우리말 해석을 보고 공책에 영작한다. 영작할 때 손만 움직이지 말고 꼭 입도 같이 움직이면서 영작한다. 반드시 크게 말하는 연습을 하면서 영작한다. 물론 틀리는 부분도 있겠지만 괜찮다. 이렇게 하면 독해, 영작, 말하기, 듣기 실력이 동시에 향상되는 1석 4조의 효과를 볼 수 있다.

"듣기도 향상된다고?" 하는 사람들이 있다. 그렇다. 외국인과 대화를 나눌 때 자신이 읽고 이해하고 말할 수 있는 영어는 99% 거의 다 들린다. 외국인이 너무 빠르게 말해서 알아들을 수 있을지는 나중에 걱정할 부분이다. 다시 한 번 강조한다.

번역하지 않고 마음속으로 주욱 한번 훑어보고 '이만 하면 됐다' 라고 생각하고 답을 보는 사람이 있을 텐데 그런 사람들은 절대로 영어를 먹어버릴 수 없다. 이런 사람은 명강사를 만나서도 가만히 듣고만 있으면 저절로 실력이 늘기를 바라는 사람과 같다.

2. 정답과 대조한다.

다 썼으면 정답과 대조해서 틀린 부분들을 동그라미 친다. a, an, the, of 등 놓치기 쉬운 것들을 꼼꼼히 살펴서 대조한다.

3. 틀린 것은 수정한다.

다른 색깔의 펜으로 어느 부분이 틀렸는지 자세히 표시한다. 틀린 부분을 밑줄만 긋는다든가 동그라미만 쳐두지 않는다. 대강 수정하지 말고 정확하게 수정하라!

4. 수정한 넘버는 다시 영작한다.

끝났으면 다른 종이에 그 수정한 것의 번호만 적는다. 다 적었으면 그 번호 적힌 문장을 다시 한글을 보고 영작한다. 매우 중요하다! 그런 다음 다시 정답과 대조하고 수정한다. 이번에도 틀린 것이 있으면 그 번호를 또 다른 종이에 적어서 다시 영작한다.

5. 수정하면서 크게 외친다.

수정하는 과정에서 쓰면서 크게 말하는 과정을 꼭 기억해야 한다. 영어를 쓰는 동시에 입 밖으로 크게 외치는 것. 영어를 눈으로 보는 동시에 입 밖으로 외치는 습관이 자동으로 스며들 때까지는 의식적으로 크게 외치는 것을 잊지 말자!

6. 한글을 보고 자연스럽게 틀리지 않고 외칠 때까지 완성한다!

이제 한글을 보면 자연스럽게 틀리지 않고 툭 치면 톡 하고 나올 때까지 지속적으로 반복한다. 외대 통역대학원의 최정화 교수님은 "어학은 여우처럼 머리로 하는 것이 아니라 다소 덜 떨어진 곰처럼 끈기 있게 해야 한다."라고 말씀하셨다. 무식할 정도로 반복하는 것, 물론 사람들이 쉽게 싫증내는 방법이다.

그러나 우리 마파영팸은 매주 마인드 세팅을 이 책을 통해서 하지 않는가? 이 책을 매주 따라오면 싫증나지 않게 즐겁게 영사를 할 수 있을 것이다. 영사를 하며 희열을 느낄 것이다. 그런 나 자신이 좋아질 것이다.

　위의 방법은 좀 더 쉬운 문장들을 연습할 때 추천한다. 처음에는 영어권 국가의 대여섯 살 어린이의 듣기 말하기 능력을 목표로 연습하는 것이 좋다. 즉 쉬운 단어로 된 단순한 문장을 자유자재로 구사하는 능력을 먼저 마스터하는 것이다. 일단 쉬운 단어로 된 단순한 문장을 자유자재로 구사할 수 있게 된 후에 쉬운 단어 대신 자신이 알고 있는 어려운 단어를 대입시키는 것은 그다지 어려운 일이 아니다. 그리고 접속사 등으로 연결시키면 단순한 문장이 복잡해지는데 이것도 크게 어려운 일이 아니다.
　기초과정을 쌓을 때는 처음에는 제대로 천천히 하고 완전히 숙달되면 그때 빨리 한다. 나중에 이 시간들이 쌓여서 정말로 잘하게 되면 내 입에서 교포처럼 영어가 나오는 유창한 수준까지 올라가게 된다. 처음 기초공사를 제대로 해야 그 위에 100층 이상의 고층 빌딩을 세울 수 있다. 대충대충 날림 공사는 결국 무너지게 되어 있다. 처음에 시간이 걸리더라도 나중에 내 입에서 영어가 술술 나올 그 날을 떠올리며 즐겁게 하자!

내 말대로 영사하면
10년 고생을 1년으로
단축시킬 수 있다.
내 말대로 영사하면
어학연수 1년 이상의 효과를
단 3개월 안에 볼 수 있다.

아는 것과 깨닫는 것에는 엄청난 차이가 있다고 한다. 단순히 이 책을 본다고 해서 영어 실력이 저절로 늘어나는 것은 아니다. 이 글에 나온 방법대로 직접 실행해보고 그 방법이 진짜 효과가 있다고 느꼈을 때 그토록 바라던 영어의 말문이 터질 수 있다.

생생 체험기

외국인들에게 영어로 대화하고 따뜻한 도움을 주는 코리안 폴리스
(최인복, Rachael/39세/경찰공무원)

"Excuse me……."

 몇 년 전 지구대에서 근무하고 있던 어느 날 외국인 한 명이 지구대 안으로 들어오며 했던 말이다. 나는 씩 웃기만 했고 외국인도 한국말을 전혀 몰라 외국인이 가져온 실시간 통역기로 대화를 했던 기억이 머릿속을 두드린다. 그때의 답답함과 알 수 없는 부끄러움이 나를 '영어를 공부해야겠다.'라고 마음먹게 한 계기가 되었다. 그러고도 명확한 목표도 없이 막연한 영어에 대한 마음만을 간직한 채 몇 년이 흘러 올해 초 우연히 〈아침마당〉에 출연한 조성희 대표님을 보게 되었다.

 "영어를 먹어버렸다……!"라는 말이 귀에 쏙 들어왔다.
 "아니, 영어를 먹다니? 이게 무슨 소리지?"

 잠시 스치듯 보고 지난 대표님의 모습이었지만 내 뇌리에 강력히 파고들어 인터넷을 검색하여 '조성희 마인드스쿨'을 찾게 되었고 뭐에 이끌리듯 마스터마인드 강의를 신청하고 평생 서울에 몇 번 가보지도 않았던 내가 주말마다 서울을 올라오게 되었다. 마스터마인드 강

의를 수료하고 내가 생애 처음으로 영어를, 그것도 영어 말하기를 공부해야겠다는 결심을 실행해 옮길 기회가 생겼다.

'마파영 5기 개강' 공고가 바로 그것이었다. 하지만 망설여졌다. 평생 영어 공부를, 특히 영어 말하기는 나와는 상관없는 일이고 전혀 관심을 가져본 적도 필요성도 느껴보지 못한 일이어서 '무

모한 도전이 아닐까? 영어를 좀 잘해야 들을 수 있는 거 아닐까?'라는 두려움으로 망설여졌다.

하지만 나는 조성희 대표님의 마스터마인드 강의를 통해 마음의 근육을 쫀득쫀득하게 만들어놓은 상태였기에 모든 이유를 불문하고 '마파영' 수업에 도전하기로 결심했다.

7월 5일 첫 개강부터 시작하여 4개월 가까이 흐른 지금까지 나는 매주 일요일 KTX를 동네 지하철인 양 타고 올라갔다 내려오기를 반복하기 시작하였다. 사실 왔다 갔다 차비만 200만 원이 넘게 들었지만 전혀 아깝지 않았다.

20여 명이 채 되지 않는 사람들이 전국각지에서 모여 시작된 마파영! 모두들 마음이 따뜻하고 영어에 대한 열정이 뜨거운 사람들이었다. 조성희 대표님의 영어 수업은 시작부터 달랐다. 매주 일주일 3시간 수업 중 첫 번째 1시간은 꼭 마인드 수업을 하시며 우리의

마음이 지치고 때로는 용기가 필요할 때 격려해주는 시간을 우선시 했다. 무엇보다 명확한 목표를 항상 상기시켜 주시고 이 시간이 영어공부를 해나감에 기본바탕이 되므로 마인드 수업에 많은 정성을 들이고 있음을 느꼈다.

생각해보면 그 마인드 수업 시간이 없었다면 나는 '역시 영어는 안 되나 보다.'라고 중도에 포기했을 것 같다. 그리고 '역시 나는 안 되는구나.'라고 두 번 다시 영어를 공부하지 않았을 것 같다. 생각만 해도 아찔하다.

그리고 시작된 본격적인 영어 수업! 교재를 통해 영어회화 문장을 하나당 30회씩 반복하여 듣고 크게 말하는 방법을 배웠고 영사를 매일 반복하여 마치고 매주 다르게 정해진 파트너들에게 자신의 목소리를 녹음하여 들려주는 방법으로 공부하게 되었다. 영어를 입 밖으로 그것도 큰소리로 말하는 것이 집에서조차 왠지 쑥스러워 처음엔 모기 목소리로 말하곤 했는데 어느 날부터는 온 집안이 떠나가도록 혼자서 큰 목소리로 영어를 말하고 있는 나를 발견하곤 종종 놀란다.

그리고 내가 내 목소리를 녹음해서 한국어도 아니고 영어로 말해야 한다는 게 힘들었는데 이제는 혼자서 영사할 때가 아니어도 녹음을 해서 들어보거나 가족들에게 내 발음이 어떠냐며 들려주곤 하니 참 많이도 변했다. 처음에 영사를 할 때는 하루 4시간 이상씩 걸려서 많이 힘들었다. 그런데 이제는 그 시간이 반 이상으로 줄어

들었고 내 생활에서 영어를 빼놓고는 생각할 수가 없게 되었다.

어느 날은 밖에서 길을 걷다가도 영어로 크게 말하고 싶어 입이 간질간질하기도 하고 예전엔 아예 보지도 않고 관심도 안 가졌던 영어방송도 유심히 들어보고 뉴스에서도 영어가 들리기만 하면 귀를 쫑긋 세우고 있는 나를 발견하기도 했다. 또 내가 원어민이 된 것 같은 착각도 하며 그동안 평소에 전혀 쓰지 않았던 입 근육이 이젠 많이 유연해졌음을 느낀다.

예전엔 외국인만 보면 피하고 말을 하지 않았던 내가 이젠 길을 찾는 외국인을 보면 먼저 다가가서 영어로 대화하고 길도 가르쳐준다. 예전엔 잘 보이지 않던 외국인이 지금은 그렇게 내 눈에 잘 띄는 건 왜일까? 그럴 땐 가슴이 쿵쾅쿵쾅 뛰는 소리가 내 귓가까지 들린다. 무슨 말을 할지 어떻게 말해야 할지 온갖 생각들을 하게 되지만 정말 행복하다. 이젠 근무일 때나 길을 다닐 때도 항상 외국인들만 보면 말을 걸어보고 싶은 병(?)이 생겼을 정도이다.

얼마 전 지구대에서 야간근무를 하던 어느 날, 외국인이 가정폭력을 당해 오게 되었다. 예전 같으면 직접 말을 걸지 않고 통역을 연결해주었겠지만 이젠 내가 마파영을 배우고 있지 않은가? 망설임 없이 두근거리는 마음으로 외국인에게 다가가 이런저런 이야기들을 묻고 그에 따른 조치를 해주었다. 물론 영어로! 어메이징!!!!!!! "내가 영어로 일을 처리하다니."

경찰에서 지구대는 꽃 중의 꽃, 핵심부서라고 자부한다. 우리 국민들이 경찰이라고 기억하고 느끼고 말하는 사람들이 대다수 지구대에 근무하는 경찰이라고 생각한다. 그런 곳에 속해 있는 내가 지구대를 찾는 도움이 필요한 외국인들에게 유창하진 않지만 영어로 대화하고 도움을 줄 수 있다면 외국인이 기억하는 'Korean police'는 좀 더 따뜻하지 않을까 생각해본다.

몇 달 사이 나는 정말 많이 변해 있었다. 이젠 습관이 되어 매일 영어를 말하지 않으면 밥을 안 먹은 것처럼 허전하고 견딜 수 없다면 지나친 말일까? 처음 수업을 시작할 때는 "내가 정말 영어로 말을 할 수 있게 될까? 에이, 설마?" 이런 반신반의하는 마음이 한구석에 있었던 것도 사실이다. 하지만 난 지금은 말한다.

조성희 대표님의 마파영을 배우면 정말 영어를 아예 말하지 못했던 나도 자신감 있게 말하게 된 것처럼 누구든 영어로 말하고 영어를 사랑하게 된다고 확신한다. 우리나라에서 이런 교육을 내가 받을 수 있게 되어 정말 감사하고 행복하다.

7월 마파영 수업을 시작하고부터 매주 일요일 대구에서 서울까지 KTX를 타고 와서 지하철을 2번 환승하여 마인드스쿨까지 오가고 있다. 예전 같으면 상상할 수 없는 일이다. 이제껏 살면서 서울에 가본 게 손꼽을 정도인데 이제는 내가 서울사람인 것 같은 생각이 들 정도이니.

나는 교대근무를 하여 야간근무를 마치고 졸린 눈을 비비면서 올라가 수업을 듣기도 하고, 수업을 마치고 야간근무 출근을 하기도 하고……. 정말 어떤 힘이 아니고서는 도저히 할 수 없는 일을 하고 있다. 주변에서도 미치지 않고서야 어떻게 그렇게 할 수 있느냐고, 왜 굳이 서울까지 영어를 배우러 가느냐고 하지만 난 조성희 대표님의 수업이기 때문에 서울까지 찾아가는 수고도 당연히 받아들이고 감사한 마음이다.

이젠 난 영어를 말하는 내가 너무 좋다. 앞으로 마파영을 졸업해도 계속 영사를 하며 영어를 사랑해줄 생각이다. 마파영은 단순히 영어란 지식만을 배우는 게 아니라 마음 근육도 탄탄히 단련시키고 힘을 길러주어 무슨 일이든 할 수 있는 힘을 주었다고 생각한다.

영어공부의 필요성은 다 안다. 그리고 수없이 학원에 다니고 강의를 듣고 한다. 하지만 영어를 말하지는 못한다. '마파영'에서는 그 고질적인 한국인의 영어공부에 신선한 충격으로 다가온다. "내 삶에서 영어라는 큰 선물을 주신 대표님께 감사한 마음 전합니다. 고맙고 또 고맙습니다."

영어를 먹어버리는 마법의 6원칙

EAT!
ENGLISH!

마인드 세팅

영어를 먹어버리고픈
독자 여러분께서

   이 책을 들면서 '나도 이번에는 영어를 먹어버리고야 말겠다!'라고 결심하셨다면, 원하는 어떤 것이든 이루어주는 마법의 6원칙을 바로 오늘부터 적용해보시라고 강력 추천하겠다. 사실 우리 책의 부록으로 있는 어메이징 마파영 플랜 AMAZING Mind English Plan 을 따라 매일 기록하신다면 자연스럽게 이 원칙을 따라 하실 수밖에 없다.

   이 원칙은 아주 심플하지만 강력하다. 나폴레온 힐이 전 세계적으로 성공한 500명 이상의 사람들을 인터뷰했을 때 역사상 모든 성공한 사람들이 자신의 삶에 적용하고 있었던 원칙이다.

학창 시절 학교를 그만두고 하루에 10시간이 넘는 노동을 하면서 몇 센트를 받으며 힘겹게 살았지만 1904년에 지금 가치로 3,100억 달러를 가지며 세계에서 가장 부자가 됐던 철강왕 앤드류 카네기. 그 역시 이 원칙을 적용했고 토마스 에디슨뿐 아니라 '시크릿'의 주인공으로 출연했던 나의 비즈니스 파트너 밥 프록터 등 모든 성공한 사람들이 적용했던 원칙이다. 그러니 마법의 어메이징 6원칙이라고 할 수 있다.

나는 어떤 목표를 정하고 이룰 때 이 간단한 원칙을 늘 적용한다. 가장 중요한 것은 이 원칙을 읽고 "어, 좋은 내용이네." 하면서 읽고 책을 덮는 것이 아니다. 그동안 제3자의 입장에서 바라보기만 한 적이 얼마나 많았던가?

이 책을 집은 독자 여러분은 반드시 작은 것이라도 적용해보시길 바란다. 읽고 아는 것은 의식적으로 아는 것 Knowing 에서 그친다. 실제로 작은 것이라도 적용했을 때 Doing 여러분은 그 결과를 얻을 것이다. 나는 이 책에서 독자 여러분께서 반드시 가치를 찾으시길 바란다.

더 이상 엑스트라의 입장에서 책을 읽는 것은 그만하기로 하자. 주인공의 입장에서 모든 것을 바라보기를 바란다. 적극적으로 실행해서 그 이상의 가치를 얻으시기를 바란다. 내 삶에 적용해서 실질적인 가치를 만들어냈을 때 이 책을 제대로 읽은 것이라고 할 수 있다.

그러니 오늘 당장부터 이 원칙을 실천하도록 하자.

우리 마인드스쿨에서 진행하는 마스터마인드 코스에서 강조하는 것 중 하나가 이 원칙이다. 이것대로 실천한 사람은 모두 자신이 원하는 것을 이루었다. 불가능할 것이라고 생각하고 포기했던 이상형과의 결혼, 대학 4년 등록금을 2주 만에 해결, 불가능할 것이라고 생각했던 집으로의 이사, 시험 합격 등 무수한 사례들이 있다.

물론 '마파영' 과정을 통해서 매일 썼던 것들이 이루어진 경우는 말도 못할 정도로 많다. 가끔 수료식에 선배 기수들이 찾아오기도 하는데 마파영 5기 수료식에 마파영 3기를 졸업한 레스토랑 사장님께서 영어로 말 한마디 못할 때부터 목표에 쓰신 것이 얼마 전에 이루어졌다며 후배 졸업생들에게 자신이 겪은 놀라운 일에 대해서 흥분을 감추지 못하며 얘기해주셨다.

자신이 언제나 동경했던 뉴욕에 있는 최고의 레스토랑 오너와 매니저와 음식에 대해서 영어로 이야기를 나누는 것을 어메이징 마파영 플랜 시트에 매일 썼는데 불가능하다고 생각했던 그 목표가 얼마 전 정말로 뉴욕에서 이루어졌다고 했다. 매일 쓰면서 영사를 했었는데 이렇게 이루어질 줄은 꿈에도 생각 못했다고 놀람을 금치 못하셨다. 그리고 자신이 영어로 그렇게 대화를 나눴다는 것이 어메이징하다고 하시며 어찌나 좋아하시던지 그 모습에 내 마음도 울컥했다.

다시 한 번 강조하고자 한다. 이 원칙을 읽고 좋은 내용으로 머릿속에서만 아는 것에서 그치지 마라! 다른 사람은 가능하지만 나는 안 된다는 생각 자체를 버려라! 일단 작은 것이라도 실천해봐야 그

진가를 안다. 나폴레온 힐의 책『생각하라! 그러면 부자가 되리라』
에 소개된 이 원칙을 마파영팸의 영어 먹어버리기에도 적용해보자.

1. 첫째, 당신이 바라는 영어를 먹어버렸을 때의 목표를 명확히 하자.

모든 성취의 가장 첫 번째는 목표를 세우고 그 목표에 항상 눈 떼지 않는 것이다. 목표는 하나의 주문과 같은 것이다. 그런데 그것은 명확해야 한다. 흐리멍덩한 주문은 당연히 흐리멍덩한 결과만을 가져온다.

많은 사람들은 단순히 '나는 좀 더 많은 돈을 원해. 좀 더 좋은 직장을 가지고 싶어. 살을 뺐으면 좋겠어. 예뻐졌으면 좋겠어. 건강해졌으면 좋겠어. 영어를 잘했으면 좋겠어.' 등의 불분명한 바람은 가지고 있으나 명확하게 정확히 얼마를 원하는지, 어떤 집을 원하는지, 어떤 일을 원하는지, 어떤 건강한 몸을 원하는지를 명확히 말할 수 있는 사람은 극히 드물다.

목표를 외칠 때 내가 원하는 목표를 현재시제로 나의 감정을 자극하는 단어들을 쓰는 것이 좋다. 나는 영어를 먹어버리겠다고 결심했을 때 '나는 지금 외국인들과 큰 회의실에서 자유롭게 내 생각을 이야기하고 있다. 야호!'라고 생각하며 그 이미지를 마음속에 명확하게 그렸다. 잠재의식은 현재와 미래를 구별하지 못하고 감정에 반응하기 때문에 이렇게 외쳤을 때 잠재의식을 가장 자극할 수 있다.

2. 둘째, 당신이 원하는 영어 실력을 얻기 위해 당신은 '무엇을 할 것인가'를 결정한다.

이 세상에는 대가 없는 보답이란 존재하지 않는다. 내가 원하는 상태, 예를 들어 영어를 먹어버린 그 상태가 되기 위해 그것보다 가치가 낮은 것들은 포기할 용의가 기꺼이 있어야 한다. 내가 진정 원하는 큰 가치를 위해 무엇을 포기할 것인가를 결정한다. 내가 영어를 마스터하려고 하는데 기존과 똑같이 TV 앞에 앉아서 시간을 보내거나 예전과 같이 매일 친구들과 술을 마신다면 영어를 당연히 마스터할 수 없다. 내가 진정 원하는 가치를 위해 가치가 낮은 기존의 습관들은 기꺼이 제거해야 한다. 사실 내가 진정으로 원하는 소망에 온 마음을 집중하면 가치가 낮은 것들은 자연스럽게 사라진다.

우리 마파영팸은 마파영 수업을 시작하면서부터 시간을 매우 소중하게 생각한다. 영사할 시간을 틈틈이 만들어야 하기 때문에 시간을 허투루 보내지 않기 시작한다. 밤에 친구 만나는 대신 영사를 선택한다. 그러면서 자신이 그동안 어떻게 시간을 보내왔는지를 깨닫고 새벽 마파영팸이 늘어나기 시작한다. 새벽에 영사를 해야 그날 하루가 편하다는 것이다. 그러니 당연히 영어 실력이 엄청나게 오르지 않겠는가? 시간을 이렇게 소중히 여기며 지내면 당연히 인생이 바뀌지 않겠는가?

3. 셋째, 당신이 목표를 이룬 명확한 날짜를 정하라.

기한을 정하는 이유는 하나의 절박감을 나의 마인드에 심어주고 잠재의식에 명령을 내리는 것이다. 그 날짜에 집착하기 위한 것이 아니다. 기한을 정하면 마음속에 그것이 프로그램화되어 잠재의식에 '강제시스템'이 작동한다. 그래서 기한을 정한 사람과 정하지 않은 사람의 결과는 나중에 크게 차이가 나게 된다. 나는 7주 몸짱 프로젝트와 6주 몸짱 프로젝트를 하며 그것을 더욱 절실히 느꼈다. 그 날짜가 다가올수록 내 안의 온 세포들이 반응하며 하루가 다르게 내 몸이 변하는 것을 보고 나도 깜짝 놀랄 정도였다.

어떤 사람들은 '혹시나 내가 정한 날짜까지 목표를 달성하지 못하면 어떡하지?'라는 걱정과 두려움 때문에 기한 정하는 일을 하지 않는다. 만약 기한 내에 목표를 달성하지 못했다면 기한을 다시 정하면 될 뿐이다. 아직 준비가 덜 되었다는 의미일 뿐이다. 날짜 계산을 다시 해서 목표를 이룰 때까지 계속 새로운 기한을 정해서 나아가면 된다.

보통 마파영을 듣는 마파영팸은 5주 안에 날짜를 정하고 마지막 수료식의 모습을 그리며 첫 수업을 시작한다.

4. 넷째, 준비가 되어 있든 그렇지 않든 간에, 당신의 목표를 실천에 옮기기 위한 지금 당장 할 수 있는 명확한 계획을 세우고 즉각 행동에 옮긴다.

마 인 드
파 워 로
영어 먹어버리기

대부분의 사람들은 명확한 계획을 세우는 데 시간을 보내지 않으려고 한다. 이제 결심을 했다면 나의 원하는 목표를 위해 내가 해야 할 액션들이 무엇인가를 생각해보는 것이다. 정말 중요한 것은 내가 지금 당장 할 수 있는 것부터 쓰고 바로 오늘 시작하는 것이 중요하다! 대다수의 사람들은 영어 정복을 목표로 세운 후 하루 단어 100개씩 또는 그 이상의 무리한 계획을 한꺼번에 갑자기 세우고 시작하려 한다. 그런 계획은 웬만한 의지 아니면 작심삼일에서 그치기 쉽다. 어차피 재미도 없고 실력도 늘지 않는 똑같은 패턴을 걷고 있기도 하기 때문이다.

내가 목표한 것에 조금이라도 다가갈 수 있는 지금 당장 할 수 있는 것부터 먼저 시작하면 그다음 길은 그다음에 보이기 시작한다. 우리 마파영 과정을 듣는 마파영팸은 매일 자연스럽게 액션 플랜이 생길 수밖에 없다. 영사를 하고 액션 플랜 시트를 완성해서 파트너에게 보내야 그날의 미션 '영사 completed'가 되기 때문이다. 처음에 길을 내는 것이 힘들지 계속 그 길을 오가다 보면 다져지듯이 그 이후에는 시간도 점점 빨라지면서 익숙해지게 된다.

그냥 시작하라! 그러고 나서 그다음 단계라고 느껴지는 것들이 있다면 그다음 단계의 액션 플랜을 적고 그 행동을 매일 하는 것이다. 그러면 그 행동은 결국 당신이 원하는 곳으로, 아니면 그보다 더 좋은 생각지도 못했던 어딘가로 당신을 데려다줄 것이다. 우리는 미래를 알 수 없다. 그러나 현재의 생각과 현재 내가 찍는 일련의 '점'

들이 미래의 결과와 연결된다는 것을 알아야 한다. 바로 지금 당신이 품고 있는 생각과 행동이 바로 내일을 결정한다.

5. 다섯째, 지금까지의 위의 네 가지 내용, 명확한 목표, 그러기 위해 할 일, 명확한 날짜, 명확한 계획을 종이에 상세히 적는다.

1주 차에서 쓰는 것이 중요하다고 말했던 것을 기억하는가? 아무리 좋은 아이디어나 계획도 쓰지 않으면 거기서 끝난다.

이 세상에 명확한 목표를 가지고 있지만 실제로 쓰고 자주 보는 사람은 3% 정도밖에 되지 않는다. 이 3%가 자신의 목표의 90% 이상을 이룬다고 하니 쓰고 자주 보는 것이 얼마나 중요한지를 다시 한 번 기억하자. 그러기에 마파영팸의 성공률은 자연스럽게 높을 수밖에 없다. 의식에 지속적으로 각인된 같은 메시지는 잠재의식에 스며들 수밖에 없고 그것은 자연스럽게 결과로 나타날 수밖에 없다.

그런데 왜 대부분의 사람들은 목표를 기록하지 않는 것일까? 그것은 가슴속 깊은 곳에서는 자신이 목표를 달성할 거라고 믿지 않기 때문이다. 또 목표를 쓰는 것이 목표달성에 별로 도움이 되지 않는다고 생각한다. 혹시라도 이루어지지 않았을 때 만나게 될 실망감에서 스스로를 보호하려고 기록하지 않는 것이다.

내 마음속에서 구체적으로 활동하기 시작하려면 적어야 한다. 이 글을 읽고 있는 바로 지금 당장 펜을 들고 매일 어메이징 마파영 플랜을 쓰자! '적자생존'이다!

6. 여섯째, 이 종이에 적은 선언을 1일 2회, 잠자리에 들기 직전과 아침에 일어난 즉시 되도록 큰소리로 읽는다.

이때 당신은 이미 그 목표를 이루었다고 생각하여 그렇게 믿어버리는 것이 중요하다. 이 여섯째 원칙을 지키는 것이 정말 중요하다. 목표를 큰소리로 외치는 것이 바보 같고 어색하고 내가 뭐 하고 있나 싶은 느낌마저 드는가? 바보 같은 느낌이 들더라도 하고 내가 원하는 삶대로 사는 것이 나은가? 아니면 안 하고 바보처럼 사는 것이 나은가? 직접 해보고 이 파워를 느껴보면 달라질 것이다.

왜 시간대가 잠자리에 들기 직전과 아침에 일어난 즉시일까? 그것은 그 시간대가 잠재의식에 가장 맞닿을 수 있는 시간대이기 때문이다. 이 시간대에 이미 내가 뜨겁게 소망하는 것이 지금 이루어졌다고 완전히 느끼는 것이 무엇보다도 중요하다. 잠재의식은 현재와 미래를 구분하지 못하기 때문에 우리가 미래를 현재처럼 느껴버리면 그것을 이루기 위해 필요한 모든 것들을 끌어오기 때문이다.

지금까지 마파영 과정을 30기까지, 그리고 청소년 마파영 과정들을 진행하며 이 원칙을 써보고 실제로 적용하도록 했고 그 많은 기적적인 성공사례가 나올 수 있었던 이유 중 하나이기도 하다. 매일 쓰고 영사를 지킨 사람들은 자신이 말한 것을 꼭 이루었다.

이 원칙은 매우 간단해 보이지만 이것을 실제로 이해하고 실천하는 사람은 극히 드물다. 이 여섯 가지 원칙을 실천하면서, 여러분의 명확한 목표가 반드시 이루어진다는 것을 굳게 믿고 생생하게 상상하며 끊임없이 나아간다면 그것이 무엇이든 반드시 이루어질 수밖에 없다. 내 주위의 다른 누군가가 내 목표에 대해서 어떻게 생각하는지는 중요치 않다. 정말 중요한 것은 내가 원하는 것이 무엇인지 명확히 결정하고 내가 그것을 믿는 것임을 꼭 기억하자.

Let's Think!

영어를 먹어버릴 수밖에 없는 마법의 6가지 원칙을 직접 써보자.

- 내가 진정 원하는 목표:
  _____

- 기한: _____

- 원하는 목표를 위해 당장 할 수 있는 액션 플랜 3:
  1. _____
  2. _____
  3. _____

영어를 먹어버릴 수밖에 없는 마인드 꿀팁

영어공부, 꼭 해야 하나요?

이 세상에 꼭 해야 하는 것은 없다. 그것 또한 내가 결정하는 것이다. 가장 중요한 것은 '내가 그것을 원하느냐, 원하지 않느냐'이다. 안타깝게도 우리나라 대다수의 사람들은 다른 사람들이 원하는 니즈Needs에 자신을 맞추어 살다 보니 자신이 원하는 것이 무엇인지를 모르는 채 살아가는 사람들이 많다.

영어공부 역시 많은 사람들이 '해야 한다'고 하고, 영어를 해야 취업 기회도 많아지고 회사에서도 인정받고 승진 기회도 더 많아지다 보니 어쩔 수 없이 뛰어든다. 영어를 해야겠다고 새해 초에 또 결심하고, 무조건 영어학원에 가지만 그전에 가장 중요한 마음속의 세팅과 왜 영어를 먹어버리기를 원하는지를 진지하게 생각해봐야 한다. 그렇지 않으면 당연히 예전의 패턴으로 돌아갈 수밖에 없다. 또 다시 '역시 나는 안 되는 거였어.'라고 좌절하게 된다.

"우리 모두 영어공부를 해야 하나요?"라고 묻는다면 그것은 아니다. 남들이 하니까 막연한 부담감에 영어를 시작하면 당연히 하다가 말 수밖에 없다. 그러나 나는 모두가 영어를 하고 싶은 말을 할 정도의 수준은 되었으면 좋겠다.

나는 영어를 먹어버리면서 내가 만나는 세상이 달라졌다. 내가 바라보는 세계가 더욱 넓어졌다. 상상의 폭이 더욱 증대되었다. 당연히 그 상상대로 내 인생은 180도 바뀌게 되었다.

오래전에 스쿠버다이빙을 배우러 필리핀의 아름다운 섬 말라파스쿠아를 다녀온 적이 있다. 그곳은 2009년부터 전기가 보급된 곳이고 물도 펌프질해야 물이 나오는 곳이었다. 때가 묻지 않은 자연 자체를 바로 느낄 수 있는 아주 작은 섬. 그곳 해변에 앉아 있으면 꼬마 아이들이 슬금슬금 다가온다. 캄보디아 오지로 봉사활동을 갔을 때 만났던 아이들이 생각났다.

아이들에게 꿈이 뭐냐고 물어보니 자신의 아빠처럼 사는 것이라고 말한다. 그들의 부모는 가난하고 아이들을 맡길 곳이 없어 5~9세 정도의 아이들은 보통 15세 정도 되는 큰 언니가 동생들을 돌보고 있었다. 어디가 다치거나 아파도 병원에 가려면 배를 타고 1시간 이상을 나가서 차를 타고 몇 시간을 가야 하는 실정의 아이들은 다른 더 큰 세상을 못 보며 살았다. 그 아이들의 눈에는 아버지의 삶이 전부인 것이고 그 이상의 삶을 상상할 수도 없는 현실이었다.

내가 만약에 영어를 먹어버리지 않았다면 나도 역시 훨씬 더 작은 세상 속에서 나를 보았을 것이다. 그러나 영어로 말하기 시작하면서 나는 시야가 넓어졌다. 그 훨씬 이전부터 존재하고 있었지만 보지 못했던 세상이 보이기 시작했다. 그리고 영어를 자유자재로 구사하기 시작했을 때 미국, 캐나다, 호주, 싱가포르, 필리핀, 태국, 캄보디아, 인도 등지에서 새로운 친구들을 만나며 그들의 삶을 배우고 느끼며 내가 이제까지 얼마나 내 프레임 안에 갇혀서 작게 생각하며 살아왔는지를 깨달았다.

나중에 미국 회사를 다니며 이탈리아, 홍콩, 인도, 미국 등지의 사람들과 일하며 더 큰 세상에서 내가 나아갈 방향들을 더 크게 상상할 수 있게 되었다. 만약 영어를 먹어버리지 않았다면 그 세상 속에 나를 볼 수 없었을 것이다. 더 큰 그림을 그릴 수 없었을 것이고 마인드계의 마스터인 밥 프록터를 만날 생각은 꿈에도 생각하지 못했을 것이다.

미국에서 밥 프록터와 함께

물론 지금의 나의 모습은 아예 생각조차 못했을 것이고, 언제나처럼 초라한 들러리 같은 마음으로 나 자신을 낮추어 남의 애기일 뿐이라고 생각했을 것이다. 모든 변화는 상상의 힘이었다. 그러나 그 상상을 더 크게 할 수 있었던 것은 내가 '영어를 먹어버리겠다'는 결심과 행동이 있었기 때문이다. 그렇기에 '영어'는 내가 더 큰 세상으로 뻗어나갈 수 있는 엄청난 도구가 된다.

　실제로 마파영 수업을 하며 자신의 한계를 깨고 세상을 바라보는 관점이 변화하는 사례는 너무도 많다. 내 마음속에 나 자신을 더욱 확장시키고 자신이 원하는 목표를 적어나가며 매일 자신의 영어실력이 급상승하며 3개월이 지나면 입이 근질근질해진다. 자신감이 솟구쳐오르기 시작한다.

　전에는 생각조차 하지 못했던 해외 여행을 가서 실전연습을 해보고 싶어 한다. 외국에만 나가면 영어를 잘하는 남편 뒤만 졸졸 따라다니던 여자 분은 마파영 3개월 후, 해외 여행에서 처음으로 남편과 따로 다니며 자신이 하고 싶은 것들을 했다. 해외 여행에서 으레 남편 담당이었던 호텔 체크인과 체크아웃을 자기가 했다며 기뻐하며 인천공항에 도착하자마자 한걸음에 마인드스쿨로 달려와 마파영 수업에 참석했다.

　고등학교 2학년이었던 학생은 마파영 수업을 듣는 도중에 3주간 첫 해외 가족여행을 떠났다. 그리고 해외 여행에서 엄마, 아빠, 동생을 대표해서 레스토랑과 호텔 등에서 모든 것을 영어로 안내했다. 그

학생은 가족 해외 여행 중에도 영사를 단 한 번도 빼먹지 않고 파트너에게 녹음 파일을 매일 보냈다는 사실!

마파영 5개월 과정이 끝나면 혼자 해외 여행은 꿈도 꿔보지 못한 사람들이 해외로 떠난다. 짧게는 1주에서 길게는 석 달까지. 자신이 상상도 못했던 도전을 해보는 것이다. 영어를 실전에서 적용해보는 이유뿐 아니라 그들의 첫 도전 자체인 것이 대단하고 그들의 시야가 넓어진다는 의미에서 보면 어메이징한 발전이 아닐 수 없다.

스물두 살 때 영어를 먹어버리겠다고 결심한 이후부터 지금까지 20년 이상 나는 손에서 영어를 뗀 적이 단 한 번도 없다. 대학 3학년 복학 후에는 영문학과 수업을 듣고 공강 시간에 외국인 회화 수업을 듣고 자투리 시간에는 이어폰으로 영어 리스닝을 하며 한국에 있지만 계속 나 자신을 영어에 노출시켰다.

그리고 영어공부를 시작한 그 다음 해 여름방학 때 미국에 처음 방문하게 되었다. 친할머니, 고모, 고모부, 친척 동생들이 미국에서 오랫동안 살고 있었기 때문에 가족들을 방문한 것이다. 영어 스피킹 공부에 한참 빠져 있을 때 갔던 터라 나는 영어를 쓰고 싶어서 입이 근질거렸다. 미국에 도착한 그날부터 새로운 세상에 너무 좋아서 신이 났다. 물고기가 물 만난 듯이 나는 혼자서 뉴욕의 맨해튼 거리를 돌아다녔다. 난 그곳에서 자유를 느꼈고 마치 진짜 내 집에 온 것 같은 느낌마저 들었다.

얼마 안 있으면 한국에 돌아가야 했기 때문에 하루라도 집 안에 있는 시간이 아까웠다. 그래서 할머니께서 계신 뉴저지에서 매일 버스를 타고 뉴욕으로 나갔다. 그 순간순간들이 너무나 행복했다. 영어로 말하고 싶은 욕구와 뉴욕의 문화를 알고 싶은 욕구가 너무 커서 아침 일찍부터 움직였다. 박물관 가는 방법을 물어볼 때도 길에서 만난 각각의 사람들에게 똑같은 질문을 반복해서 물어보며 실전 영어 연습을 했다.

처음 만난 동양 여자에게 너무나도 친절하게 아주 자세히 대답해주는 그들의 매너에 놀랐고 고마웠다. 주말에는 고모와 고모부 덕분에 좋은 레스토랑과 유명한 장소들을 방문했고 맨해튼에 있는 명소를 3개월 동안 다 돌아다녔다. 그러면서 친구들도 생겼고 그 문화를 온전히 느낄 수 있는 시간이었다. 내가 그동안 얼마나 우물 안 개구리처럼 살아왔는지, 세상에는 얼마나 사람도 많고 할 일이 많은지를 제대로 느낀 시간이었다.

나는 미국이라는 나라가 너무 좋았다. 그들의 문화도 그들의 겉치레 없는 소박한 모습들도 그들의 매너도 그때는 모두 다 좋아 보였다. 그곳을 여행하며 나는 졸업하면 반드시 미국 회사에 들어가리라고 결심했다. 그때의 경험 덕분에 미국이라는 나라를 제대로 볼 수 있었고 미국 회사를 마음속에서 그릴 수 있었고, 그 이후 영어를 완전히 먹어버려야겠다는 생각이 더욱 불타오르는 큰 계기가 되었다.

영어공부!
어디까지나 당신의 선택이다.
그러나 영어를 단순한 학습이 아닌,
앞으로 내가 더 큰 세상으로 뻗어나
갈 수 있는 멋진 도구로 바라본다면
니즈Needs가 아닌 당신의 원츠Wants
가 될 것이다!

마파영 문장 먹어버리는 방법!
한 문장당 최소 30회씩 반복

1. 처음 5회: 또박또박 정직하게 천천히 읽기
2. 5회: 좀 더 빠르게 읽기
3. 5회: 리듬감을 느끼며 읽기
4. 5회: 숨소리까지 완벽히 복사해서 네이티브처럼 읽기
5. 5회: 감정을 실어서 읽기
6. 5회: 상상하면서 읽기

배운 것 하나하나가 완전히 내 몸 세포에 체화되고
내 혀가 인식하도록 내 것으로 만들어야 한다.

마파영 영사하는 방법!

1. 한 문장당 최소 30번씩 크게 외친다!
(문장 먹어버리는 방법으로 30회)
2. 한글 보고 바로 영어로 전환해서 크게 말한다!
3. 녹음한다.
4. 녹음파일을 파트너에게 보낸다.
5. 액션 플랜 시트를 매일 손으로 쓴다.
6. 위의 것을 다 했을 때, 맨 밑 마지막에 한 줄 쓰는 것으로 마무리한다. "(자신의 영어이름), 영사 completed."
먼저 영사하고 나중에 논다.

먼저 놀고 나중에 영사하면 놀 때 즐겁지도 않고
괜히 정신적으로 피곤하다.

마인드
파워로
영어 먹어버리기

I AM……
나는……

잠재의식은 'I am…'이라는 말을 제일 잘 흡수한다. 데일 카네기는 자신에게 늘 세 가지를 외쳤다고 한다. "나는 건강하다. 나는 행복하다. 나는 부자다." 내가 자신에게 무엇을 말해주느냐는 정말 중요하다.

매일매일 나 자신에게 외치자.

"I like myself!"
"나는 내가 좋다!"

우리 마인드스쿨의 마인드 파워 수업을 듣는 사람들은 새벽 5시에 기상해서 거울을 보고 외친다. "나는 내가 좋다!" 독자 여러분도 실천해보신다면 시간이 갈수록 그 파워를 체험하게 될 것이다.

Did you know that the words I am... are very powerful *metaphysical words?

Whenever you say "I am," you *proclaim who you are and want to be to the Universe, to others, and to yourself, and the Universe agrees and makes it so.

That's why it's so damaging to make *proclamations such as: "I am unhappy," "I am broke," "I am sick," "I am fat," or "I am unlovable."

These statements absolutely attract such unpleasant conditions.

This week, use the power *mantra "I am..." to create the exact conditions you want in your life.

Try these affirmations:
"I am healthy."
"I am balanced."
"I am happily employed."
"I am loved and lovable."
"I am beautiful."
"I am a *prosperous, creative being."
"I am joyful, lighthearted, and blessed in every way."

"나는 …이다." 라는 말이 아주 강력하고 초자연적이라는 말이라는 걸 알고 있었나요?

"나는 …이다."라는 말을 할 때마다 당신은 우주와 타인과 그리고 스스로에게 당신이 어떤 사람이며 어떻게 되고 싶은지 선언해서 우주가 동조해 그렇게 실현되도록 합니다.

그래서 "난 불행해." "난 빈털터리야." "난 아파." "난 뚱뚱해." 또는 "난 애교가 없어." 같은 말은 파괴적입니다.

이런 말은 반드시 그와 같은 불쾌한 상황을 불러옵니다.

이번 주에는 "나는 …이다."라는 강력한 마법의 주문을 써서 당신의 삶에서 원하는 환경을 만들어보세요.

이런 긍정적인 말을 해보세요.

"난 건강해."

"난 조화로워."

"난 행복하게 일해."

"난 사랑받고 있고 사랑스러워."

"난 아름다워."

"난 부유하고 독창적인 존재야."

"난 기쁨에 넘치고 명랑하며 모든 면에서 축복받았어."

metaphysical 형이상학적인, 철학적인, 초자연적인 | proclaim 선언하다, 선포하다 | proclamation 선언하기, 선포하기 | mantra 주문 | prosperous 번창하는, 부유한

2주 차의 영어 PT 연습이다.
좋은 내용의 문장들을
내 마음속에 저축하자.

30번씩 영어 문장을 먹어버리는 방식으로 반복한다. 1주 차에서 했던 Positive Affirmation부터 다시 30번 반복한다. 이른바 중첩 반복을 하는 셈이다. 이렇게 하다 보면 모든 내용이 눈을 감아도 내 앞에서 춤추게 된다. 머리가 좋고 나쁘고가 문제 되지 않는다. 어디서든 반복한 영어가 저절로 떠오르게 되는 것이다. 이 원리에 대해서는 나중에 뒤에 설명하겠다. 1주 차, 2주 차 내용을 다시 앞에 설명한 방법으로 30번 연습한다. 자기 목소리가 자기 귀에 들릴 정도로 과격하게 크게 연습해야 한다. 영어는 머리로 하는 것이 아니라 입으로 하는 것임을 다시 한 번 기억하자!

한글에서 영어로 전환할 때는 대충대충 하지 말고 앞에 설명했던 부분을 펴서 그대로 영작한다. 손만 움직이지 말고 꼭 입도 같이 움직이면서 하는 것을 잊지 말자. 반드시 크게 말하는 연습을 하면서 영작한다. 한글을 보고 자연스럽게 틀리지 않고 외칠 때까지 완성한다! 매일 30번씩 연습하고 녹음한다. 그리고 액션 플랜 시트를 작성한다.

  독자 여러분들을 위해 녹음한 mp3 파일을 매일 들으시기를 강력 추천한다. 특히 잠들기 전과 아침에 들으면 편안하게 들으며 잠들 수 있다. 잠들기 전에 지속 반복적으로 좋은 내용을 의식적으로 들으면 잠재의식 속에 스며들게 된다. 잠재의식은 24시간 온(ON)이 되어 있기 때문에 잠재의식에 가장 맞닿을 수 있는 시간대, 즉 잠들기 직전과 아침에 일어난 즉시 어떤 정보를 넣어주든 그것을 바로 받아들인다. 수면 심리요법의 권위자로 알려진 브라운 박사는 다음과 같이 말하고 있다.

  "막 잠들려고 할 때나 아침잠이 깨기 전의 깜빡깜빡하는 상태를 반수면 상태라고 한다. 이와 같은 자연스러운 반수면 상태의 잠재의식에 작용을 가함으로써 일종의 암시 효과를 낳는 것이다. 이 반수면 상태에서 들은 암시어는 본인의 의사와 상관없이 효과를 발휘한다. 즉 반수면 상태에서는 잠재의식이 활발하게 작용하여 무엇을 외우거나 기억하는 데 가장 이상적이므로 이 상태를 이용하여 어학, 역사의 연대, 공식 등을 암기하면 많은 효과를 올릴 수 있다."

문장 먹어버리는 방법!

한 문장당 30회씩 기본 반복

1. 처음 5회: 또박 또박 정직하게 천천히 읽기
2. 5회: 좀 더 빠르게 읽기

3. 5회: 리듬감을 느끼며 읽기

4. 5회: 숨소리까지 완벽하게 복사해서 네이티브처럼 읽기

5. 5회: 감정을 실어서 읽기

6. 5회: 상상하면서 읽기

마파영 영사하는 방법!

1. 한 문장당 최소 30번씩 크게 외친다! (문장 먹어버리는 방법으로 30회)
2. 한글 보고 바로 영어로 전환해서 크게 말한다!
3. 녹음한다.
4. 녹음파일을 파트너에게 보낸다.
5. 액션 플랜 시트를 매일 손으로 쓴다.
6. 위의 것을 다 했을 때, 맨 밑 마지막에 한 줄 쓰는 것으로 마무리한다.

"(자신의 영어이름), 영사 completed."

2주 차까지 열심히 한 당신! 정말 수고 많았다. 지금까지 성공했다면 당신은 1주 차의 영어 PT를 420번, 2주 차의 영어 PT를 210번 반복한 것이다! 어메이징! 두 번째 관문을 무사히 통과한 것을 축하한다! 영어를 먹어버릴 수밖에 없는 6가지 원칙을 기억하며 앞으로 나(미래 나)의 모습을 그리며 3주 차로 즐겁게 넘어가자!

피할 수 없다면 즐겨라!
성공한 사람은 두려워도 행동한다.
실패한 사람은 두려워서 행동하지 않는다.
모험을 하지 않으면 얻는 것도 없다.
잘되지 않더라도 착오를 통해 배워야
다음 단계를 볼 수 있게 된다.
두려워도, 의심스럽더라도, 걱정이 되더라도,
불안해도, 불편하더라도, 내키지 않더라도
행동하는 훈련이 필요하다.

-조성희

생생 체험기

마파영은 올바른 길로 인도해주는 가이딩 스타!
(Monica, 40대 후반, 개원의)

저는 곧 49세가 되는 시골 개원의입니다. 먼저 부족한 저에게도 이런 기회를 주신 조성희 선생님에게 깊이 감사드립니다. 덕분에 마파영과 함께했던 시간의 흔적들을 다시 찾아보면서 그때가 제 인생에서 정말 행복했던, 반짝이는 시간들이었음을 새삼 다시 느끼며 타임머신을 타고 소중했던 추억의 시간 속으로 돌아가봅니다.

제가 고등학교에 다니던 시절에는 과외는 물론이고 방과후 학원에 다니는 것도 법으로 금지되었습니다. 그저 야간 자습시간에 남아서 공부하는 것이 다였고 성적이 아주 뛰어난 학생들의 일순위가 의대가 아니어서 커트라인이 지금처럼 높지 않았던 터라 그 덕에 전교는 고사하고 반 1등 근처에 가본 적도 없는 저도 의대에 들어갈 수 있었습니다. 영어공부래야 중학교 입학해서 선데이Sunday, 먼데이Monday로 시작하는 노래를 처음 배우고 교과서 외에는 그 당시 유명했던 『맨투맨』과 『성문종합영어』를 처음부터 끝까지 한두 번 자습했던 게 다였지요.

물론 저와 달리 의대 친구들 중에는 워킹 딕셔너리, 워킹 텍스트북, 암기의 달인 등의 별명을 지닌 뛰어난 친구들도 있었지만 전 성적도 노력도 평범한 학생이었습니다. 취직 준비를 위해 따로 공부할 필요가 없어서 따로 영어학원에 다니지도 않았고 의대 과목 원서들은 전문 의학용어를 제외하고
는 중학생도 해석할 수 있을 정도의 쉬운 구문으로 되어 있어 굳이 영어를 공부할 필요성을 전혀 느끼지 못했습니다. 눈앞에 닥친 일만 하는 근시안, 발등에 불이 떨어져야 하는 발동이 걸리는 미루기 대장이었기 때문에 그저 많은 과목들, 긴 시험기간이 끝나면 푹 퍼져서 아무 생각 없이 쉬고 시험 보고 하는 날들의 반복이었습니다.

졸업 후에는 눈코 뜰 새 없이 바쁜 전공의, 전공의 끝나고서는 결혼, 육아, 개원의로서의 직장생활을 하다 보니 무심한 세월은 훌쩍 흘러가 버렸습니다. 대학생들이 흔히 공부하는 토익, 토플, 영단어 숙어집 한 권 사보지 않고 영어학원에 다녀본 적도 없이 말입니다. 타 직장처럼 자기계발과 승진을 위해 영어공부를 타의에 의해 해야만 하는 환경도 아니었기에 나이 사십이 넘도록 말하기 수준이 "하와유? 아임 파인, 땡큐" 수준에 머물러 있었습니다.

그런데 아이들이 자라면서 원어민 선생님에게 전화 왔을 때 난감

했던 일, 다문화 가정이 늘어나면서 한국말을 못하는 외국인 엄마들이 아이들을 데리고 진찰하러 왔을 때 등등 영어를 공부해야겠다는 필요를 점차 피부로 느끼게 되었습니다. 문제는 제가 졸업하고 얼마 지나지 않아서부터 의대에 들어가기가 정말 어려워졌고 따라서 사람들의 인식이 직업이 의사면 영어를 기본적으로 잘하겠지 하는 선입견과 제 영어의 수준 차이가 너무 크다는 것이었습니다.

어릴 때부터 집에 손님들이 오시면 부끄러워 숨기 바쁠 정도로 내성적인 성향의 저로서는 그 차이에서 오는 괴리감이 크게 느껴졌고 감추고 싶은 일이 되었습니다. 한 번은 전화영어 업체에서 온 전화를 받았는데 sky를 발음해보라 해서 그냥 "스카이" 했더니 스카이가 아니고 "스까이"라면서 핀잔받았던 기억, 기내에서 음료를 나누어주는 시간에 주스를 달라고 말했는데 못 알아듣는 외국 승무원 등 하나둘씩 영어에 대한 트라우마가 커졌습니다.

그때부터 서점에 가면 영어 섹션에 꼭 들러 영어 방법서들을 사서 읽는 게 취미가 되었습니다. 하지만 영어공부가 방법서 많이 본다고 느는 것도 아니고 사다 놓은 영어 책들도 몇 페이지만 보다 말아 먼지만 쌓여가고 있었습니다. 새해 결심처럼 사십대를 시작하면서 '영어공부를 해야겠다.'라고 결심하고 일단 온라인 학원에 등록하여 트라우마였던 발음 공부를 시작한 게 고등학교 졸업 후 생애 첫 영어 수업이었습니다. 발음할 때 혀의 위치와 틀리기 쉬운 발음 등을 배우면서 즐거워한 것도 잠시. 작심삼일의 대가인 제가 오프라인도 아닌 온라인을 지속할 리가 만무. 이런저런 핑계를 대며 그만두게 되었습니다.

원어민 선생님에게 오는 전화는 남편에게 미루고 가끔 진찰할 때 만나는 외국인 엄마들은 손짓 발짓 다 동원해서 어찌어찌 넘어가고 하는 세월을 보내다 이러면 안 되겠다 싶어 가까운 시내 영어 회화 학원에 등록하고 수업을 들어갔습니다. 고등학교 졸업 후 처음으로 다니게 된 영어학원, 쭈뼛거리며 들어간 첫 수업에서 선생님의 질문은 "What do you do?"였습니다. 창피하지만 그땐 그 질문이 직업을 묻는 것인지를 몰라서 함께 수업받고 있는 걸 보고 있으면서 '왜 내게 무엇 하고 있느냐고 물어보실까?'라고 고개를 갸우뚱할 정도로 말하는 영어에 대한 인풋이 바닥이었습니다. 그것도 잠시. 여름 휴가를 가게 되면서 잠깐 쉰다는 게 그만 쭉 쉬어버리게 되었고 그 이후 개인적인 집안일이 겹치면서 영어에 대해 다시 완전히 손놓게 되어버렸습니다.

벼락치기와 작심삼일의 대가여서 책을 읽으며 감동받고 결심했다가 실천하지 못하고 금방 그만두는 내 모습에 실망하기를 반복했습니다. 거기에 직업에서 받는 스트레스까지 합쳐지다 보니 셀프 이미지가 상당히 어두웠습니다. 그런 와중에 지난 몇 년 사이 크나큰 시련들이 연이어 일어나면서 정말 힘들었던 시기에 조성희 선생님과의 인연이 시작되었습니다.

2014년 7월경 온라인으로 책을 구매하다 함께 보면 좋은 책으로 추천되는 책이 바로 『어둠의 딸, 태양 앞에 서다』였습니다. 처음엔 별 기대 없이 집어들었는데 가면 갈수록 진국인 책에 빠져 졸린 눈을 비비며 읽었던 기억이 새롭습니다. 이후 카페에 가입했지만 진행하는 프로그램들이 전부 제 스케줄과 맞지 않아 그림의 떡처럼 아쉬운 마음만 가득했습니다.

그러던 어느 날 한동안 잊고 있었던 카페에 불현듯 접속하고 싶은 마음이 들었고 드디어 내가 갈 수 있는 일요일에 수업하는 프로그램이 하나 신설되었는데 그게 바로 마파영 2기였습니다. 돌이켜보면 책을 읽으면서 선생님을 직접 만나보고 싶다고 무심코 했던 말과 바람이 이런 인연을 끌어당긴 게 아닌가 생각됩니다.

전 지금도 제가 5개월 동안 하루도 영사를 빼먹지 않고 했다는 사실이 믿어지지가 않습니다. 출퇴근 시간에도 이어폰을 끼고 다니면서 듣고 따라하기는 기본이고, 일하다가 잠깐 1, 2분씩 나는 자투리 시간에도 영사하고 그 당시 버스 종점 근처에 살았었는데 일요일 마파영 수업이 끝나고 집에 돌아오는 버스 속에서 맨 뒤에 앉아 종점이 가까워지면 사람들이 거의 내리고 없는 틈에 영사를 녹음하곤 했습니다.

나중에 들어보니 "이번 정류장은 OOO입니다."까지 녹음이 되어서 웃었던 일, 첫 프레젠테이션 준비할 때 강아지를 청중 삼아 연습했던 일, 아이와 남편과 함께 뒷산을 올라 가을 단풍비를 맞으며 하늘 천 따지 서당 공부하듯이 내가 선창해서 한 문장 말하면 아이가 따라 읊곤 했던 추억, 나무마다 배역을 정해 산에서 연습하던 일, 눈 온 겨울 산에서 손가락 호호 불어가며 졸업 프레젠테이션 연습하고 남편이 동영상 촬영해주었던 추억들! 한 번은 검진을 받을 증상이 생겨 좀 긴장되는 상황이었는데도 대기시간에 습관처럼 영사를 중얼거리고 있는 내 모습에 혼자 웃었던 일도 있었습니다.

사랑에 빠진 듯 몰입하면서 영사를 할 수 있었던 것은 영어 수업 전에 하는 마인드 수업의 특별함과 마약처럼 강력한 선생님의 밝은 에너지와 화통한 웃음과 동기들의 격려 덕분이었습니다. 무엇보다 아픈 채찍이 없이도 긍정적인 말과 웃음만으로 우리를 이끌 수 있었던 것은 자는 시간을 줄여가며 촌음을 아껴 생활하면서 끓임없이 새로운 목표에 도전해 성취를 이루어내고 주말도 없이 일하시는 선생님 모습 자체가 강력한 동기부여가 되었습니다. 또 중간중간에 올려주시는 긍정 확언들과 삶의 정수가 담긴 연설문들을 프레젠테이션을 통해 반복해서 외우고 외치다 보면 보이지 않는 말의 힘, 파동을 피부로 느끼고 체험하게 됩니다. 그것은 말로 표현하기엔 모자란 가슴 벅찬 시간들이었습니다. 제게 있어 영사를 매일 꾸준히 하면서 얻은 가장 소중한 것은 실행력 제로의 일그러진 자아상을 가진 과거로부터 자유로워질 수 있었다는 것입니다.

중요한 또 한 가지는 영사에도 마인드의 중요성이 접목되어 있다는 것입니다. 처음에 천천히 어순을 생각하면서 읽고 발음하고 점점 빠르게 원어민 파일을 들으면서 따라 하고 나중에는 감정을 넣어 원어민이 앞에 있다고 생각하고 대화하듯 액션을 취하며 말하기까지 합하여 30번을 합니다. 특히 감정을 이입하여 연기하듯이 말하는 것이 무의식을 터치하는 부분이고 또 어떤 상황에서 외운 표현은 잘 생각나지 않지만 무의식에 연결되어 감정과 연결된 부분들은 툭 치면 톡 하고 나오는 것이기에 중요하다고 강조하셨습니다. 가끔 영사 녹음파일을 들어보고 조언해주시는 가장 큰 부분이 좀 더 감정을 섞어서 하라는 말씀이셨습니다. 지금 와서 생각해보면 마인드 수업의 대가다운 가장 핵심적인 조언이 아닌가 합니다.

마파영은 5개월이라는 짧은 기간에 마인드 수업을 통해 영어에 대한 트라우마를 씻어내고 매일 액션 플랜을 쓰면서 목이 쉬도록 입으로 익히고 감정이라는 무의식에 저장하는 수업입니다. 노트에 쓰고 그냥 외우는 방식이 아니지요. 또 항상 앞에 배운 것부터 누적되어 녹음하는 방식이라 에빙하우스의 망각의 법칙에서 자유로운 것도 빼놓을 수 없는 장점입니다. 나중엔 앞과는 하도 해서 안 보고도 할 정도가 되니까요. 그러다 보면 문법을 따로 배우지 않아도 자연스럽게 구문을 통해서 알게 되고 중간중간 선생님이 체크해주시는 발음과 원어민 파일을 듣고 따라하다 보면 부수적으로 발음도 좋아지게 됩니다.

개인적으로는 첫 프레젠테이션 때의 떨림과 마쳤을 때의 성취감을 잊지 못합니다. Clear the Past와 Ten Powerful Phrases for Positive People의 감동적인 내용과 너무나 손이 떨려서 두 손을 꽉 잡고 해야만 했던 그 순간이 지금도 생생하게 기억납니다. 보너스 같은 선물인 동기들과의 서로 격려해주고 사랑을 주고받던 행복했던 순간들도 잊히지 않습니다. 조 선생님과 지낸 시간을 통해 음으로 양으로 만난 인연들 속에서 저는 지금 지난 시련의 시간들 속에 내게 왔던 고통들이 실은 선물이었고 나를 성장시키기 위한 은혜였음을 깨닫는 감사한 시간들이 되었습니다. 아이러니하게도 그토록 그만두고 싶었던 제 직업은 이제 제게 웃음을 선사하는 또 다른 선물이 되었습니다.

> 영어의 산은 단기간에 정복되지도 않고 어느 하나의 길만 있지도 않겠지요. 또 각자의 지금까지 해온 영어 인풋의 크기에 따라 정복 기간도 제각기 다르겠지만 마파영은 올바른 길로 인도해주는 가이딩 스타임을 확신하며 마파영 졸업 후에도 배운 방법을 적용하여 꾸준히 공부해 나간다면 정상에서 여러분을 함께 만날 날이 앞당겨질 것을 믿습니다. 고맙습니다.

당신 잘못이 아니다

Eat! English!

it's kind of **FUN** →→ TO DO THE ←← *impossible*

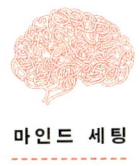

마인드 세팅

성공하는 사람들의
탁월한 점은 무조건 힘을 쏟는
노력이나 행동력이 아니다.

바로 성공하기까지 행동이나 노력을 '즐기는 능력'이다. 싫은 일이나 고생스러운 일을 감내하며 억지로 힘을 쏟는 것이 노력이 아니다. 씨를 뿌리고 꽃이 필 때까지 그 과정에서 어떤 행위를 계속하는 것을 노력이라 한다.

이제 안 되는 행동을 억지로 바꾸기 전에 그 전단계부터 생각하자. 행동을 바꾸지 말고 행동의 원인인 '감정'을 바꿔라! 대부분의 사람들은 영어정복을 목표로 새해가 되면 무조건 학원부터 가거나 서점에 가서 두꺼운 2만 2,000단어가 들어간 감당도 못할 어휘집을 산다. 물론 그 당시에는 감당할 수 있다고 생각하지만 말이다! 그 다음 날부터 이글이글 불타는 마음으로 영어공부를 바로 실천해야 한다고 생각하지만 약 3일이 지나면 귀찮다거나 내키지 않는다는 이유로 아침에 일어났다가 다시 자버리고 어떤 핑계든 갖다 붙여서 게으름을 피우며 뒤로 미룬다. 이럴 때 사람들은 보통 자학하기 시작한다.

"나는 참 어쩔 수 없는 놈이다! 그래 그럼 내가 그렇지! 나라는 놈은 진짜 한심하다!!"

그러나 이것은 당신 잘못이 아니다!! 귀찮아서 행동으로 옮기지 못했다고 해도 자신을 꾸짖거나 나무랄 필요가 없다. '감정'이 동하지 않는데 행동으로 옮기기 힘든 것이 당연하기 때문이다! 누구나 하기 싫은 것을 억지로 하는 것에는 한계를 만나게 되어 있다. 이것은 게으른 것이 아니라 인간으로서 자연스러운 일이다! 정말로 바꾸어야 할 것은 행동이 아니라 행동의 원인이 되는 '감정'이다!

잠시 생각해보자. 영어공부! 하면 당신의 생각은 어느 쪽인가? 영어공부! 생각하면 기분이 좋아지는가? 아니면 영어공부! 하면 해도 소용없다! 질색이다! 작심삼일이다!인가? 원래 영어공부라는 행동 자체에는 귀찮다는 의미도 즐겁다는 의미도 없다! 거기에 '귀찮다' '질색이다'는 부정적인 의미를 부여한 것은 다름 아닌 나 자신이다!

"영어 연습하기 귀찮다!"고 하면서도 많은 사람들은 영어를 행동으로 실천하기 위해 귀찮은 감정을 억누르고 텔레비전을 보고 싶은 마음도 쫓아내며 영어를 시작한다. 그러나 여기에 큰 함정이 숨어 있다. 귀찮은 감정을 억누르고 영어를 시작한다 해도 일시적으로 내가 정한 약속을 지킬지는 모르겠지만 당신의 마음은 편하지 않다.

물론 몇 번 정도는 그러한 방법으로 영어를 할 수 있다. 하지만 며칠 만에 당신은 영어 연습하기가 귀찮아서 차일피일 미루고 있다가 그 책은 책꽂이 어딘가로 사라질 것이다. 나중에 라면 받침대로 쓰이지만 않아도 다행이다. 결국 '올해는 다를 거야.'라는 결심으로 시작했지만 당신은 똑같은 문제에 봉착하게 된다. 근본적인 문제를 풀지 않으면 결국 매번 똑같은 문제가 눈앞에 펼쳐진다. 당신은 책상 앞에 앉아 이렇게 생각할 것이다.

"자! 오늘은 이 지긋지긋한 영어숙제를 어떻게 시작하지?"

당신은 그때마다 자신을 속이고 억눌러가며 간신히 숙제해나간다. 영어숙제를 하는 시간보다 자기 감정을 적당히 얼버무리는 데 시간을 소비하기도 한다. 하지만 아무리 자기 자신을 속이고 얼버무려도 영어공부를 할 때는 항상 귀찮은 마음이 지속되기 때문에 언젠가는 한계에 도달하게 된다. "너무 귀찮고 성가신데, 어느 정도 적당히만 하고 넘어가도 괜찮지 않을까!" 이런 생각이 들 때가 분명히 찾아온다.

해야 하지만 마음이 내키지 않아 못하고 있는 일이 눈앞에 닥쳤을 때 "싫지만 어쩔 수 없다! 그냥 하자!"며 행동으로 옮긴다면 그것은 그다지 의미 있는 일이 아니다. 그 마음 상태에서는 어떤 행동을 해도 강력한 힘을 발휘하지 않기 때문이다.

마파영 수업에 참석한 사람들은 매주 영어를 시작하기 전에 1시간 동안 가장 중요한 마인드 세팅부터 한다. 지난 한 주 영사를 하면서 어떤 감정 상태로 영사를 했는지 자세히 돌아보게 하고 파트너와 그것에 대해서 대화를 나눈다.

그러다 보면 지난 한 주 동안 자신이 왜 그런 감정을 느끼게 되었는지를 이해하게 되고 다시 마음속에서 마인드를 재세팅한다. 그리고 그 결심을 다시 발표하고 나눈다. 그러다 보면 얼굴이 무너질 것 같은 썩은 표정으로 수업에 왔던 사람이 한 시간도 되지 않아 표정이 환해진다. 그 상태로 영어를 시작하면 어떻겠는가? 다시 힘이 날 수밖에 없다! 자신을 자책하기 이전에 자신이 왜 그런 감정을 느꼈었는지를 돌아보고 그것을 고치면 감정은 다시 살아난다. 아주 심플하다.

그런데 대부분의 영어 학습자들은 행동을 억지로 하려고 아등바등하다가 보니 점점 하기 싫은 행동이 싫어지는 것이다. 원인을 바꾸지 않으면 결과는 절대로 바뀌지 않는다. 우리는 원인과 결과의 세상에서 살고 있다. 대부분의 사람들은 결과를 바꾸기 위해서는 내가 하는 행동을 바꾸어야 한다고 생각하지만 이 행동의 진짜 원인을 생각하지 않는다. 중요한 것은 당신의 '감정'이다. 3주 차에 들어선 당신, 일주일간 영사를 하기 전 나의 감정에 집중해보자.

Let's think!

영어를 매일 하게 될 경우 당신은 어떤 모습이 되어 있을까? 누구와 함께 있는가? 당신은 어떤 기분을 느끼고 있을까? 온전히 그 상태가 되어 있는 모습을 오감으로 느껴보자. 어떤 것을 보고 느끼고 듣고 있는가? 당신의 표정은 어떤가? 그 모습을 자세히 쓰자! 쓰는 동안 당신의 감정이 어떻게 변하는지 자세히 느껴보자!

마 파 영
3주 채!
>>>

매일매일의 내가 영어를 하는 행동을 즐긴다!
나는 영어를 하고 있는 나의 모습이 좋다!
나는 영어를 즐기고 있다!

Q&A

영어를 먹어버릴 수밖에 없는 마인드 꿀팁!
원어민처럼 발음하려면 어떻게 해야 할까요?

넬슨 만델라, 코피 아난, 반기문. 이 세 사람 모두 비영어권 출신의 세계 지도자이다. 세 사람 모두 영어 발음이 유창하진 않지만, 세계무대에서 활약하는 데 아무런 문제가 없다. 세계적인 포럼과 세미나에서 능숙한 영어로 연설을 한다. 세계 각국의 리더들에게도 '매우 수준 높은 고급 영어를 구사한다.'라는 평을 받는다. 반기문 총장님 발음에 대해서 낮게 평가하는 사람은 한국인밖에 없다.

어느 모 프로그램에서 반기문 UN 사무총장 수락 연설을 듣고 한국인과 외국인의 평가를 보여준 적이 있었다. 그들의 평가는 극과 극으로 달랐다. 얼굴을 보지 않고 연설만 듣고 평가한 한국 사람들은 촌스럽기도 하고 발음이 너무 딱딱 끊어져서 TV에까지 나올 정도의 실력은 아닌 것 같다고 이야기했고 40~50점 사이의 낮은 점수를 줬다. 그러나 그 연설을 들은 외국인은 아주 높은 수준의 단어를 사용했고 문장 구조도 좋았고 의사도 잘 전달했으며 내용이 분명하다며 당연히 90점대 후반으로 평가했다.

넬슨 만델라　　　코피 아난　　　반기문

글로벌 시대에 영어 능력이란 '얼마나 원어민에 가까운 수준으로 유창한 영어를 하느냐'가 아니라 '얼마나 자신의 의사를 잘 전달하고 다른 사람의 말을 잘 이해하느냐'다. 즉 상대방이 알아듣기 쉽도록 말해야 한다는 것.

실제로 영어권 사람들은 영어가 한국인의 언어가 아니란 걸 이해하기 때문에 한국 사람들의 발음에 매우 관대한 편이다. TV 프로그램 〈미녀들의 수다〉를 보더라도 거기 출연하는 외국인들도 각자 자기 나라 고유의 액센트를 갖고 발음한다. 그래도 전혀 이상하거나 거북함이 느껴지지 않는다. 마찬가지로 우리의 영어 발음을 듣는 원어민들도 자기네와 똑같이 발음하지 않는다고 해서 이상하게 생각하지 않을 것이다.

많은 한국 사람들이 영어로 회의할 때 가장 신경쓰일 때가 한국인 동료가 있을 때라고 한다. 외국인은 내가 완벽한 문장으로 말하지 않아도 알아듣고 이해해줄 거로 생각하지만, 한국 사람들은 내 문장을 듣고 문법에 맞지 않는 영어를 한다고 판단할 것 같다는 생각이 든다는 것이다. 오히려 한국 사람 신경 쓰느라 말을 제대로 못한다. 본질이 아닌, 너무나 겉포장에 신경쓰고 있는 것이다.

특히 우리나라 사람들은 미국식 영어 발음에 집착한다. 그래서 안 되는 혀를 자꾸 굴리려고 한다. 입으로 영어를 많이 내뱉어보지 않다가 갑자기 혀를 굴리려고 하면 안 되는 것은 당연하다. 가장 중요한 것은 굴리는 버터 발음에 집착하는 것이 아니라 억양과 강세를 제대로 넣어서 제대로 의사를 전달하는 것이다.

발음연습을 열심히 하면 누구라도 발음은 상당히 좋아지지만, 어릴 때(11세 이전에) 외국에서 살지 않은 이상 원어민과 발음이 똑같아질 수는 없다. TESOL 자격증을 따면서 생전 처음 보는 두꺼운 언어학 쪽 원서들과 씨름했는데 그 책에서도 증명된 사실이었다. 가장 중요한 것은 미국 사람처럼 발음했느냐가 아니라 미국 사람이 얼마나 잘 알아듣도록 발음했느냐이다. 많은 사람들이 나에게 물었던 부분은 어떻게 국내파로 발음이 그렇게 좋을 수 있느냐는 것이었다. 스물두 살에 처음으로 영어를 시작했는데 어떻게 교포 같은 발음이 나올 수 있느냐고 묻는다.

나는 영어를 먹어버리겠다고 결심한 후, 1년 동안 입에 침이 마르도록 영어로 중얼거렸다. 영어학원 새벽반을 마치면 밤늦게까지 아르바이트를 했는데 아르바이트를 하면서도 하루 종일 중얼거렸다. 중학생들에게 영어 과외지도를 할 때도 학원에서 아이들을 가르칠 때도 아이들보다 내가 더 크게 영어 문장을 말하며 가르쳤다. 그러다 보니 발음이 정말 눈에 띄게 빠르게 달라지기 시작했다.

영어는 발음할 때 쓰는 혀의 위치가 다르다. 알파벳 처음부터 발음을 다 뜯어고치며 연습했다. 나중에 다른 발음들은 다 되었는데 'l'과 'r' 사운드가 맨 앞에 위치했을 때가 제대로 구분이 되지 않았다. 'Light'와 'Right'의 구분이 시원하게 되지 않아서 될 때까지 연습하다 보니 1,000번 이상을 입에 침이 마를 정도로 연습했다. 그리고 학원에 있는 외국인 선생님에게 가서 내 발음이 맞는지를 다시 점검받았다. 그러다 보니 신기했던 것은 한국어 발음도 바뀌기 시작했다는 것이다.

그다음 해에 미국에 잠깐 갔을 때도 교포인 내 친척 여동생을 엄청나게 괴롭혔다. 친척 여동생이 나에게 한국어로 얘기하면 나는 영어로 말하고 대답했다. 몇백 번을 연습해도 내가 안 되는 발음들은 친척 동생을 붙들고 원어민 발음으로 계속해보라고 시키고 '내 발음과 너의 발음의 차이가 뭐냐?'를 계속 물어보고 내 발음을 다시 확인해달라고 앉혀서 하루에 시도 때도 없이 질문해댔다. 의대를 다니던 친척 동생은 공부 때문에 바빴는데도 불구하고 나의 영어에 대한 열정에 혀를 내두르며 열심히 가르쳐주었다.

그렇게 몇천 번을 시도 때도 없이 연습하니까 어느 순간 안 되던 발음이 자유자재로 되기 시작했다! 그때의 성취감이란! 그렇다!

Practice, Practice, Practice! 오로지 반복 연습뿐이다. 잠재의식의 힘을 사용한 몰입 영사 방식! 그때 당시에는 내가 다른 사람들과 무엇을 다르게 하고 있는지 몰랐다. 나중에 마인드 공부를 깊이 하면서 내가 영어를 국내파로 빠르게 먹어버릴 수밖에 없었던 원리를 이해하게 되었다.

우리 마파영 수업에 참가하는 마파영팸의 발음은 시간이 갈수록 매우 좋아진다. 스물두 살의 어떤 여학생은 영어 프레젠테이션을 학교에서 했는데 외국에서 살다 왔느냐는 질문을 많이 받았다고 좋아했다. 마파영 4기 졸업생인 샤론은 마파영 졸업 프레젠테이션에서 발음이 원어민처럼 바뀌어 거기 있었던 동기들 모두가 입이 쩍 벌어지며 감동했다. 졸업식에 왔던 외국인은 그가 외국에서 오래 살다 왔다고 당연히 생각했는데 그는 외국에 나가본 적이 한 번도 없었다!

20세 이후 발음의 변화가 가능한가?

나는 나의 경우와 마파영 수업을 들었던 여러 성공사례를 보며 충분히 가능하다고 생각한다. 잠재의식의 힘을 사용한 몰입과 영사 방식으로 듣고 따라하기를 수 없이 반복하다 보면 자신이 원하는 수준까지 발음을 충분히 끌어 올릴 수 있다. 처음에는 거울을 보며 th 발음을 하려고 하지만 혀가 내 맘대로 움직이지 않아서 얼굴에 경련이 일어나며 화가 치밀어 오르기도 한다. 어떤 마파영팸은 처음에 th 발음이 하다하다 안 되니까 녹음하다가 급기야는 휴대폰을 던져버렸다고 고백하기도 했다. 처음에 명확하게 듣고 천천히 발음하며 질리도록 반복하다 보면 어느 날 갑자기 안 되던 발음이 술술 나오기 시작한다.

그런데 여기서 주의할 점은 처음 발음을 할 때 잘 잡아주어야 한다는 것이다. Orange를 '오~린쥐'가 아닌 '오렌지~'라고 처음 발음을 배우면 나중에 '오~린쥐'로 연습하는 것이 익숙지 않아 발음을 바꾸는 데 오래 걸린다. 처음에 어떤 발음으로 듣고 따라 하느냐가 매우 중요하다. 그래서 영어책을 선정할 때 음성 파일이 반드시 있어야 듣고 따라하고를 무한 반복할 수 있다. 처음에 안 되는 발음은 반드시 제대로 된 발음으로 듣고 따라 해야 한다.

나의 경우, 예전에 전자사전을 사서 어휘를 찾을 때마다 반드시 발음기호와 어떻게 발음되는지를 원어민 발음으로 듣고 크게 따라 하고를 반복했다. 강세가 어디 있는지를 늘 표시하고 강세가 있는 곳은 상상 속의 고무줄을 만들어 강세를 줄 때 고무줄을 당기며 연습했다.

기억하자! 내가 크게 반복할수록 발음은 좋아질 수밖에 없다. 그러나 발음 때문에 스트레스받지는 말자.
영어를 하는 이유를 생각해보자.
'외국인과의 자유로운 소통'이다.
내가 하고 싶은 말을 잘 전달하고 잘 듣고 이해하면 되는 것이다.
영어 스피킹은 지적 능력이 아니라 소통을 위한 것이다.
소통 자체를 즐겨라!

마파영 문장 먹어버리는 방법!
한 문장당 최소 30회씩 반복

1. 처음 5회: 또박또박 정직하게 천천히 읽기
2. 5회: 좀 더 빠르게 읽기
3. 5회: 리듬감을 느끼며 읽기
4. 5회: 숨소리까지 완벽히 복사해서 네이티브처럼 읽기
5. 5회: 감정을 실어서 읽기
6. 5회: 상상하면서 읽기

배운 것 하나하나가 완전히 내 몸 세포에 체화되고 내 혀가 인식하도록 내 것으로 만들어야 한다.

마파영 영사하는 방법!

1. 한 문장당 최소 30번씩 크게 외친다!
(문장 먹어버리는 방법으로 30회)
2. 한글 보고 바로 영어로 전환해서 크게 말한다!
3. 녹음한다.
4. 녹음파일을 파트너에게 보낸다.
5. 액션 플랜 시트를 매일 손으로 쓴다.
6. 위의 것을 다 했을 때, 맨 밑 마지막에 한 줄 쓰는 것으로 마무리한다. "(자신의 영어이름), 영사 completed."
먼저 영사하고 나중에 논다.

먼저 놀고 나중에 영사하면 놀 때 즐겁지도 않고 괜히 정신적으로 피곤하다.

어메이징 PT

Ten Ways to Nurture Your Spirit

나의 영혼을 돌보는 10가지 방법

마 인 드
파 워 로
영어 먹어버리기

우리는 보이는 육체만을 꾸미고 돌보기에 급급하다. 보이지 않는 우리의 내부를 아름답게 가꿀수록 외부는 아름답게 될 수밖에 없다. 이 글을 듣고 읽으며 나의 내부를 어떻게 가꿀지, 나는 무엇을 할 때 행복한지를 나만의 문장으로 표현할 수 있을 것이다.

1. When you leave work, really leave work.
2. Go for a walk with someone you love.
3. Invite friends over for a *potluck dinner, followed by an evening of board games.
4. Unplug the phone during dinner.
5. Don't take work calls in the evening or on weekends.
6. Tell stories instead of watching TV.
7. Play with your pet.
8. Do something creative or artistic with your hands, and give your mind a rest.
9. Write a long letter to a loved one.
10. Take a leisurely bubble bath while reading your favorite magazine.

1. 퇴근하면 일과 완전히 작별하라.

2. 사랑하는 사람과 산책하라.

3. 포트럭 디너에 친구를 초대하고 식후에는 보드 게임을 즐겨라.

4. 저녁 먹을 때는 전화기를 꺼두라.

5. 저녁이나 주말에는 일에 관련된 전화를 받지 마라.

6. 텔레비전을 보는 대신 서로 이야기를 들려줘라.

7. 애완동물과 놀아라.

8. 창조적이거나 예술적인 수작업을 하면서 마음을 쉬게 하라.

9. 사랑하는 이에게 긴 편지를 써라.

10. 가장 좋아하는 잡지를 읽으며 느긋하게 거품 목욕을 하라.

- instead of ~ing : ~하는 대신에
본문에서는 instead of watching TV가 나와서 '텔레비전을 보는 대신에'라고 해석을 했다. 유용한 표현이니 이 하나의 표현 가지고도 하루 종일 연습할 수 있을 것이다.
ex) Instead of drinking soju last night with my friends, I did 영사! I like myself!
어젯밤 친구들이랑 소주 마시는 대신에 영사를 했어! 이런 내가 너무 좋다!

- take calls 전화를 받다
비슷한 표현으로는 answer the phone이란 표현도 있다. 전화를 끊다는 hang up the phone이 있다.
친구들이랑 전화통화하다가
I am going to hang up the phone. It's time to do 영사!
나 전화 끊어야겠다. 영사할 시간이야!
라고 즐겁게 상상해볼 수도 있다!

- potluck dinner 각자가 음식을 가지고 오는 저녁 식사 모임.
어떤 한 사람이 파티 음식을 다 준비하긴 힘들고 번거롭기 때문에 각자가 잘하는 음식 한 가지씩 가져와 함께 파티를 하는 것이다. 우리 마파영팸들도 주말반의 경우 3개월이 끝나면 교재가 하나 끝나기 때문에 potluck dinner party를 한다. 함께 푸짐한 음식도 먹으며 3개월간 영사를 열심히 한 서로를 축하하며 말이다.

3주 차의 영어 PT 연습이다.

3주 차는 고비의 시간이다! 지금쯤은 "영사가 뭐야? 입도 아프고 발음도 잘 안 되고 너무 힘들어!" 하며 현실과 타협하려고 하는 자신을 발견할지도 모른다.

그러나 여기서 잠깐!

독자 여러분의 마음속 과거의 기억과 오래전 습관들이 여러분을 잡아끌려고 하는 것이다! 마인드 세팅에서 연습한 대로 여러분의 영어를 잘하고 있는 여러분의 명확한 모습을 그리며 자신의 감정을 잘 살피자! 30번씩 영어 문장을 먹어버리는 방식으로 반복한다.

1주 차, 2주 차에 했던 내용부터 다시 30번씩 매일 반복한다. 1주 차의 내용들은 이제 술술 쉽게 느껴지며 굳이 30번까지 해야겠나 싶을지도 모른다. 그래도 30번씩 반드시 연습한다.

영사할 때 웅얼거리지 말고 자기 목소리가 자기 귀에 들릴 정도로 아주 크게 반복한다. 한글에서 영어로 전환할 때도 손과 입과 온몸을 즐겁게 움직이면서 크게 말한다. 한글을 보고 자연스럽게 틀리지 않고 외칠 때까지 완성한다! 매일 연습하고 녹음하고 어메이징 액션 플랜 시트를 작성한다.

3주 차 고비를 잘 넘은 당신! 당신에게 박수를 보낸다! 하지 않았던 것을 3주동안 매일 하는 것이 만만치 않았을 것이다. 그러나 당신은 해냈다. 자신을 쓰담쓰담 해주며 "잘했어!"라고 칭찬해줘라.

당신은 이미 1주 차의 영어 PT를 630번, 2주 차의 영어 PT를

420번, 3주 차의 PT를 210번 반복한 것이다! 그레이트 잡!Great Job!
이제 어깨를 당당히 펴고 4주 차로 즐겁게 넘어가자!

99%면 망친 것이고 100%라야 달성한 것이다.
인생에서 승리는 결과에 100% 헌신한 사람들,
즉 '무슨 일이 있어도 기필코'라는 태도를 가지고
될 때까지 행동하는 사람들에게 돌아간다.

- 조성희

생생 체험기

마파영을 통해 48개월 딸에게 찾아온 어메이징 변화!

(조미애, Amy/39세/세무공무원)

첫 강의 2014. 07. 12

나의 바람은 마파영 강의가 오픈하며 이루어졌다. 드디어 선생님을 만나 뵐 수 있게 된 것이다. 신랑과 가족들을 어렵게 설득하여 7월 12일 오전 7시도 안 된 시각 집을 나섰다. 그날의 첫 공기를 기억한다. 4년간 육아로 단 한 번도 새벽에 나 혼자 나올 수가 없어서였을까. 세상과 다시 마주한 기분이 참 색달랐다. 그 설렘을 지금도 잊지 못한다.

난 영어를 아주 좋아한다. 늘 열심히 했고 토익도 꽤 높은 점수를 받아봤고 발음 연습도 꽤 많이 했기에 영어라면 조금 자신 있었다. 그럼에도 불구하고 난 말하는 데는 괜히 부자연스럽고 머릿속에 정리될 때까지 말을 못하는 전형적인 코리안 스타일이었다.

'보다 유창하게 내가 원하는 수준으로 영어를 할 수 있을까?' '영어를 먹어버리자?' 선생님 책에선 수천 번을 혼자 하셨다는데 '과연 그 방법이 뭘까?' '선생님은 어떤 분이실까?' '내 인생도 영어로 바뀔 수 있을까?'

너무나도 궁금했던 수업 첫날!

방법은 뜻밖에 간단했다. 무조건 반복하여 외치기! '응? 이게 다야?' 수업 시간엔 그랬으나 수업이 끝나고 내가 실제로 과제를 시작하는 순간부터 '**즐겁게! 매일! 30번 반복! With my partner!**' 이것들이 꾸준히 하기 힘들고 결국 나를 바꿔야만 할 수 있을 일임을 깨닫기 시작했다. 꾸준함의 힘! 즐거움이 가져다주는 에너지! 이렇게 강력할 수가.

1) 빠르지도 느리지도 않게-나의 마인드 변화를 투시하시는 게 아닐까 싶을 정도로 잘 짜인-목표에 이르는 길을 알려주고 고개를 절로 끄덕이게 하는 마파영 프로그램!

2) 따라하기 쉬운 스크립트와 실제 입으로 소리 내보고, 소리 내어 읽는 방법을 쉽게 배우는 실전 강의!

3) 30번 반복할 수 있게 힘을 실어주는 액션 플랜, 내 발음의 변화를 알려주는 Recording & Sharing with my Partners.

하라는 대로만 하면 원하는 것을 얻을 수 있다는 말을 굳게 믿고 시작한 한 발 한 발. 선생님께서는 늘 어메이징!을 외쳤지만 중간 중간의 내 모습은 '이게 대체 제대로 가고 있는 건가, 정말 잘될 수 있을까?' 의심할 때가 종종 있었다. 그럴 때마다 내 맘을 잡아주는 마인드 강의, 그리고 마파영 1기 사람들! 같은 목표를 향해 함께 목이 얼얼할 정도로 외치고 일상의 변화를 이야기하다 보니 어느새 내 길을 잡아주는 길잡이들이 되어 있었다. 3개월이 지난 지금 정말 진심으로 말할 수 있다! "It's just Amazing! It really works!"

_마파영 1기 후기 중

    마파영을 수료한 지 1년여의 시간이 흘렀다. 마파영 5개월 수업이 끝나고도 나는 지금까지 영사를 지속하고 있다. 그러는 과정 중에 가끔은 슬럼프도 찾아왔고 한동안은 영사를 하지 않은 적도 있었다. 그런데 그러면 그럴수록 마파영이 가장 옳은 방법임을 깨닫게 되는 순간들이 있었고, 다시금 마음을 차분하게 하고 나의 목표를 생각하고 즐거운 마음으로 가장 마파영의 영사 방식으로 소리 내어 스트립트를 읽어내려갔다.

    마파영 수업 후에 세무서 민원봉사실에서 외국어 전담요원으로 옮겨져 활동할 수 있었다. 예전 같았다면 머릿속에서만 가능했던 일이었는데 자신감이 생기니 못할 일이 없었다. 세무서를 찾는 외국인들에게 친절하게 영어로 설명해주고 세무 업무를 수월하게 할 수 있도록 도움을 줄 수 있다는 것에 더욱 보람을 느낄 수 있었다. 머릿속에 완벽하게 문장을 만들어내기 전에 벌써 입이 말하고 있는 것! 정말 짜릿한 일이 아닐 수 없다.

    가장 큰 변화는 48개월 딸에게 찾아왔다. 엄마가 영어를 소리 내어 읽고 바로바로 적용하니 자연스럽게 영어와 친해진 딸! 주위에서 '딸이 영어 유치원에 다니느냐'는 질문을 받을 땐 괜히 어깨가 으쓱해진다. 영어를 공부하는 것이 아니라 자연스럽게 말하기 위해

마인드
파워로
영어 먹어버리기

익히니 부담감 없이 받아들이고 바로 적용한다. 처음에는 "Thank you!" 하면 "You're welcome!" 정도의 패턴을 익히는 정도였는데 이젠 "What are you doing?" 하면 "I'm eating, drawing, swimming."과 같이 문장으로 응용하여 대답한다. 모르는 단어가 있더라도 서슴없이 영어와 한글을 섞어 문장을 만들고 모르는 것은 묻는 정도가 되니 나도 더 열심히 외치고 공부할 수밖에 없다.

조성희 선생님과의 인연은 마파영에서 그치지 않고 신랑과 마인드 기본·심화 과정까지 이어졌다. 부부가 수업을 함께 듣는 것이 자칫 각자의 목표를 찾는 데 방해가 될 수 있다는 얘기를 들었다. 하지만 우리 부부는 수업 내용을 공유하며 작은 일상부터 변화시키기 시작했다. 순간순간 어려움이 있을 때마다 수업 내용을 서로에게 일깨워주며 지금은 진짜 자신이 원하는 목표에 다가가고 있다.

이 모든 변화는 조성희 선생님의 마파영에서 비롯되었다. 일반 영어학원이었다면 가능했을까? 마음을 다해 즐겁게 영어를 먹어버리는 것! 그것에서 그치지 않고 자신의 일상을 긍정으로 기꺼이 움직이게 하는 힘! 그것은 바로 '마파영'이라 가능한 일이라 생각한다. 기수마다 체험 사례를 보면 놀랄 일이 한둘이 아니다. 이것은 나뿐만 아니라 많은 사람들도 큰 영향을 받고 있고, 선생님이 확신하는 그 방법이 옳은 것임을 매번 증명해내는 것 같아 마파영의 힘이 정말 대단하다는 생각이 절로 든다.

나 자신의 영어 실력뿐 아니라 우리 가족 모두를 변화시킨 마파영!

마인드의 놀라운 비밀

Eat!
English!

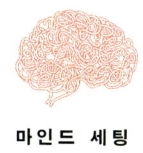

마인드 세팅

3주 차까지 열심히 해온 당신!
영사를 매일매일 하는 것이
만만치 않음을 깨달았을 것이다.

4주 차까지 참느라 수고 많았다. 4주 차가 되면 보통 사람들은 이 방법이 맞는지, 내가 이것을 계속해나가야 하는지를 의심한다. 이때 다시 마인드를 다져줘야 앞으로 더 오래갈 수 있다.

『마인드 파워로 영어 먹어버리기』 이 책에서 가장 중요하게 다루는 것이 마인드이다. 그렇다면 우리가 마인드에 대해서 제대로 이해해야 하루에도 열두 번 영사를 하기 싫은 고비가 올 때마다 나 자신이 어디에 있는지 제대로 알 수 있다.

'마인드 컨트롤이 성공으로 이끌어준다'는 말을 많이 들어보았을 것이다. 마음의 힘은 모든 것을 가능하게 만든다. 불가능을 가능으로, 가난한 부랑자를 세계 최고의 부자로, 걸을 수 없다고 판정받은 사람을 다시 걷게 하고 암 말기 환자가 기적적으로 살아나게 하고, 말더듬이를 명연설가로 만든다. 이 세상에 진정으로 마음의 힘이 미치지 않는 곳은 없다.

마인드 파워를 적용하면서부터 내 삶은 180도 바뀌기 시작했다. 우리 마인드스쿨에 오는 이들의 삶 또한 놀라울 정도로 바뀌고 있다. 그럼 보이지 않는 그 마인드는 무엇일까? 마인드라는 말을 들으면 당신은 어떤 이미지가 마음속에 떠오르는가? 어떤 사람은 생각이 떠오른다고 하는데 생각을 이미지화시킬 수는 없다. 마인드의 이미지가 내 머릿속에 정확하게 각인되어 있지 않다면 모두가 제각각 마인드에 대한 다른 그림을 가지고 있게 되는 것이다.

그런데 우리 대부분은 이미지로 생각한다. 예를 들면 당신의 집을 떠올려보라고 하면 집의 현관에 들어갈 때부터의 이미지가 떠오를 것이다. 그리고 당신의 엄마 얼굴을 떠올려보라고 하면 좀 전에 집의 이미지가 사라지고 마음의 스크린에 엄마의 얼굴이 나타날 것이다. '엄, 마'라는 문자가 떠오르는 사람은 있을 수도 있겠지만 있다면 손에 꼽을 정도로 아주 극히 드문 극소수일 것이다.

우리는 이렇게 이미지로 생각하기 때문에 마인드에 대한 이미지가 명확하게 없다면 굉장히 혼란스럽다. 그래서 마인드를 이해하기 위해서는 정확한 이미지가 있는 것이 무엇보다 중요하다. 다음의 마인드 이미지는 선진국에서는 자주 쓰이고 있는 이미지이며 나의 비즈니스 파트너인 밥 프록터가 마인드를 설명할 때 언제나 쓰고 있는 심플하지만 매우 강력하고 중요한 이미지다.

자, 그럼 우리의 마인드를 이미지로 살펴보도록 하자. 윗부분의 큰 동그라미는 마인드이고 아래의 동그라미는 신체이다. 머리가 큰 '대두'라서 이렇게 표현된 것이 아니라 보이는 우리의 신체보다도 보이지 않는 우리의 마인드가 훨씬 더 크고 중요하기 때문이다. 우리의 마인드는 두 부분으로 나뉜다. 위쪽은 의식이고 아래쪽은 잠재의식을 나타낸다.

　의식은 우리가 생각하는 곳이다. 우리는 모든 정보들을 의식에서 입수해서 분석하고 판단하고 내가 마음에 드는 생각이면 받아들이고 마음에 들지 않으면 거부한다. 당신이 지금 이 책을 통해서 마인드에 대한 이미지를 처음 봤다면 당신의 의식에서는 분석하고 판단하고 이 아이디어를 받아들이거나 거부할 수 있다. 당신에게 아무도 '이것을 생각해야 돼.' 하면서 생각을 강요할 수 없다.

아래의 잠재의식은 우리가 감정을 느끼는 곳이다. 이곳은 이제까지 우리가 살았던 모든 기억들과 경험들의 창고라고 볼 수 있다. 우리의 습관, 편견, 믿음체계가 존재하고 있는 곳이다. 의식과는 다르게 잠재의식에서는 생각을 선택할 수 없고 들어오는 생각들을 거부할 수 없다. 외부로부터 들어오는 어떤 이미지든지 비판 없이 다 받아들인다.

의식이 선장이면 잠재의식은 선원이다. 선장이 '난 부자다!'라고 넣어주면 '예썰! 난 부자다!'라고 받아들이고 '난 뭘 해도 못한다!'라고 넣어주면 '예썰! 난 뭘 해도 못한다!'라고 선원인 잠재의식은 받아들이는 것이다. 의식에서는 우리가 원하는 어떤 생각이든 선택할 수 있다.

내가 스물두 살에 왕십리의 그분에게 충격을 받고 여느 때와 같이 술을 마시고 집에 가서 해가 중천이 될 때까지 늦잠을 잤다면 지금의 나는 없었을 것이다. 술을 마시고 집에 가는 도중 나는 평소와는 다른 것을 결심했다.

'내 인생 내가 바꾼다! 영어를 먹어버리겠다!'

이것은 내가 원하는 생각이었고 나의 선택이었다. 만약에 친구가 '너 더 이상 그렇게 살지 마. 이제 네 인생 네가 바꿔야 해.'라고 말했다 하더라도 내가 원하지 않았다면 나는 그 생각을 무시했을 것이다.

정말 행복한 감정을 느끼는 사람들의 세포를 떼서 자세히 현미경으로 보면 진동이 매우 빠르다고 한다. 반면에 슬픔이나 부정적인 감정을 느끼는 사람들의 세포를 떼서 보면 진동이 매우 느리다고 한다.

당신이 슬픈 생각을 하면 당신은 부정적인 진동으로 옮겨간다. 또 누군가가 경기가 얼마나 안 좋은지에 대해 말할 때 그 부정적인 것을 내 생각이 지배되도록 받아들이면, 당신은 그 주파수로 옮겨지고 같은 그와 같은 진동인 부정적인 것을 더 끌어당길 것이다. 반대로 매우 즐겁고 좋은 무엇인가를 생각하면 긍정의 진동으로 옮겨갈 것이다. 멋진 진동 상태에 가능한 자주 가능한 길게 있는 것이 중요하다. 당신의 인생에 나타나는 결과들이 싫다면 자신의 진동을 바꿔야 한다.

현재 당신의 마음속 스크린 위에 원하는 꿈을 이미지로 그려놓았다면 당신이 가진 모든 에너지는 그 이미지에 맞춰서 일제히 진동을 일으키며 공명한다. 그 이미지를 유지하고 있는 한, 당신의 에너지는 오직 그 방향으로만 움직인다. 이 세상 모든 만물은 진동하며 가만히 멈춰 서 있는 것은 아무것도 없다. 진동이 같은 것끼리 만나게 되는 것이다. 그래서 당신의 인생에 나타나는 모든 현상은 당신 자신이 끌어당겼다는 『시크릿』책의 끌어당김의 법칙은 이 진동 법칙의 일부로 볼 수 있다.

우리는 원인과 결과의 세상에서 살고 있다. 대부분의 사람들은 결과를 바꾸기 위해서는 내가 하는 행동을 바꾸어야 한다고 생각하지만 이 행동의 진짜 원인은 나의 마인드이다. 그래서 우리 인생에 나타나는 결과를 정말 바꾸고 싶다면, 우리의 마인드를 바꿔야 한다는 것이다. 바로 전 마인드 세팅 Unit 3에서 설명했던 '행동의 원인이 감정이다.'라고 말했던 내용을 앞의 마인드 이미지를 보면서 다시 읽어본다면 훨씬 이해가 빠를 것이다.

앞으로 나의 마인드를 떠올릴 때마다 위의 이미지를 떠올리자. 내가 어느 상태에 있는지, 왜 그런 행동을 하는지 좀 더 이해되기 시작할 것이다. 우리의 생각이 감정에 영향을 주고, 이 감정이 우리의 행동에 영향을 줘서 우리의 결과를 바꾼다. 좀 더 쉽게 말하면 우리가 결과를 바꾸고 싶으면 우리의 생각을 바꿔야 한다는 것이다.

미국 철학자 에머슨이 말한 것처럼 그 사람은 자신이 하루 동안 생각한 그 자체인 것이다. 로마의 황제인 동시에 위대한 철인이고 현인이었던 마르크스 아우렐리우스도 말했다.

"사람의 일생이란 그 사람이 일생을 어떻게 생각했는가 하는 것이다."

그렇다면 영어에 대한 당신의 생각도 당연히 결과로 나타날 수밖에 없다. 영사를 3주 차 해오면서, 아무리 연습해도 얼굴 근육만 얼얼하고 입이 마르고 힘들다고 느끼며 실력향상도 안 된다는 생각이 든다면 '그래! 어차피 안 될 거야. 내가 무슨 영어를 잘하겠다고. 해봤자 힘들고 다시 예전으로 돌아가게 될 거야.'라는 생각으로 치우

치게 된다. 이 또한 당신이 선택한 생각이다. 이런 생각을 가지고 있다면 감정은 어떻겠는가?

바로 어제까지만 해도 미래 나의 모습을 떠올리며 힘차게 연습을 했던 당신의 모습은 온데간데없이 사라지고 왠지 시들시들 기운도 없고 기분이 다운되면서 축 처져서 아무 생각 없이 예전처럼 TV 리모콘을 돌리고 있을 것이다. 그렇다면 당신의 결과는?

'어차피 영어 스피킹은 오래 걸린다. 해도 늘지 않는다'는 믿음만 커질 뿐이다.

당신이 가지고 있는 은행 잔고, 판매실적, 건강, 사회적인 지위, 그리고 영어 실력마저도! 자신이 그동안 생각해오던 모습의 결과라는 것을 깨달아야 한다. 현실에서 그러한 모습을 진정으로 바꾸길 원한다면 지금껏 가지고 있던 당신의 생각을 바꿔야 한다.

그것도 지금 당장!

Men are anxious to improve their circumstances, but are unwilling to improve themselves; they therefore remain bound.

사람들은 그들의 환경을 개선하려고 애를 쓴다.
하지만 그 자신을 개선하는 것에는 소극적이다.
그래서 그들은 늘 갇혀 있게 된다.

-제임스 알렌

마 인 드
파 워 로
영어 먹어버리기

영어를 먹어버릴 수밖에 없는 마인드 꿀팁!
일주일에 한 번 해서 5개월 만에 어학연수 효과가 가능한가요?

우리는 대개 10년 가까이 영어를 공부해왔다. 중고등학교 때부터 대학까지. 요즘은 더하다. 초등학생, 심지어 유치원생에게도 영어를 가르친다. 취업난으로 대학원 진학이 늘고 해외 어학연수나 유학을 가는 사람들이 많아 영어를 공부하는 기간은 점점 더 늘어나고 있다.

대기업 취업을 하면 끝이 날 것 같은 영어! 그러나 더더욱 피할 수 없다. 취업 후에도 승진을 위한 영어시험과 영어 프레젠테이션 등 벗어나고 싶지만 끊임없이 우리의 발목을 잡고 있다. 그래서 회사에 다니다가도 또다시 영어학원을 찾고 해외로 어학연수를 떠난다.

'이번에는 기필코 끝을 보리라.' 마음먹고 달려든다.

'그래, 영어를 정복하려면 적어도 1년은 잡아야 할 거야.' 굳은 마음으로 시작한다. 그런데 이 마음이 변치 않고 끝까지 갔던가? 의지력이 강한 몇몇 사람을 제외하곤 대부분 중간에 포기하고 말았을 것이다. 이렇게 오랜 시간 영어를 배우고 공부한다고 하지만 우리의 영어 실력은 어떤가?

또 한 가지, 우리의 발목을 잡는 것은 '영어는 절대로 단시일 내에 안 된다.'라는 생각이다. 이것은 마치 절대불변의 진리처럼 굳어져 많은 사람들을 짓누르고 있다. 자기가 해보지도 않고 무조건 이 말만 믿는다. 좀처럼 이 생각에서 벗어나지 못하는 것이다. 누군가가 **"석 달 만에 영어를 마스터하려고 해."라고 말하면 대부분의 사람들은 미쳤다고 할지도 모른다.**

"평생을 그렇게 해도 안 되는 영어가 어떻게 한 달 만에 되니?"라고 반박할지도 모른다. 자세히 보면 여기에는 너무나 오래된 우리만의 선입견이 깔렸음을 볼 수 있다. 통상적으로 그렇게 한 사람이 없고 본인이 그렇게 해본 경험이 없어서 안 믿는 것이다. *생각을 바꾸어야 한다. 단시일 내에 절대로 할 수 없다고 생각하면 정말 그럴 수밖에 없다.* 기억하자! 우리가 Unit 4 마인드 세팅에서 다룬 '생각이 감정을 낳고 감정이 행동을 낳고 행동이 모든 결과를 바꾼다'는 마인드의 법칙! 내가 뱉은 말이 곧 나의 생각을 나타내는 것이다.

그동안 우리가 쌓아온 시간과 지식은 너무나도 많다. 잠재의식 속에 다 쌓여 있으나 그것을 입 밖으로 내뱉지 않았을 뿐이다. 제대로 된 방법으로 몰입해서 입 밖으로 내뱉는 연습을 하면 적당한 긴장감과 잠재의식의 집중력이 함께 단기간에 입을 뚫리게 하는 것이

가능하다.

'마파영'에서는 일주일에 한 번 3시간씩만 수업한다. 하지만 진짜 시작은 그 이후에 집에 돌아가서 영사를 하면서부터다. 영사를 하다 보면 만만치 않은 양에다가 녹음에도 익숙지 않아서 보통 서너 시간이 걸린다. 영어의 인풋이 작았던 사람들, 예를 들어 중학교 때 영어를 완전히 놓아서 "I am a boy."도 힘들어하는 사람들은 영사하는 데 6시간도 걸린다.

그 영사를 매일 하다 보면 짧은 시간에 엄청난 반복훈련을 통해 자신의 입이 뚫리는 것을 경험한다. 마파영 4회 수업 후 영화를 보러 갔는데 귀에 그 영어가 들리기 시작한다면서 스스로 신기해하는 사람들도 많다. 마파영 방학 집중반을 들었던 어떤 20대 후반의 여성은 술만 마시면 영어가 튀어나와서 친구들에게 자꾸 영어로 말하다가 급기야 그 많은 친구들 앞에서 황홀감에 빠져 영어 프레젠테이션을 했다며 그런 자신이 신기하다고 했다.

회사 회식 후 가족들과 먹으려고 치킨을 사 들고 들어가다가 술에 취해서 벤치에 앉아 기분 좋게 영어로 술술 30분을 녹음하는 웃지 못할 사태까지 생겨났다. 어떤 친구는 화장실에 가서 앉기만 하면 영어가 술술 나온다며 신기한 일이라고 하고 어떤 친구는 잠자려고 누우면 영어들이 노래 가사처럼 이리저리 뛰어다닌다고 했다.

마파영 수업 후 한두 달만 지났을 뿐인데 나타나는 현상들이다. 단기간에 몰입해서 입이 뚫리는 것이 아직도 불가능하다고 생각하는가? 입이 뚫리는 영어는 3개월 안에 기본적으로 가능하다! 누구든지 마인드 원리를 알고 단기간에 집중해서 하면 가능한 것이다! 이제부터 마음을 바꾸자! 나는 단시일 안에 영어로 말할 수 있다. 술술~~! 당신이 외친 대로 당신의 생각대로 될 것이다!

어떤가? 신나지 않은가? 어메이징한 기분이 드는가? 그 기분대로 오늘도 영사하는 거다! 유후!!

마 인 드
파 워 로
영어 먹어버리기

마파영 문장 먹어버리는 방법!
한 문장당 최소 30회씩 반복

1. 처음 5회: 또박또박 정직하게 천천히 읽기
2. 5회: 좀 더 빠르게 읽기
3. 5회: 리듬감을 느끼며 읽기
4. 5회: 숨소리까지 완벽히 복사해서 네이티브처럼 읽기
5. 5회: 감정을 실어서 읽기
6. 5회: 상상하면서 읽기

배운 것 하나하나가 완전히 내 몸 세포에 체화되고 내 혀가 인식하도록 내 것으로 만들어야 한다.

마파영 영사하는 방법!

1. 한 문장당 최소 30번씩 크게 외친다!
 (문장 먹어버리는 방법으로 30회)
2. 한글 보고 바로 영어로 전환해서 크게 말한다!
3. 녹음한다.
4. 녹음파일을 파트너에게 보낸다.
5. 액션 플랜 시트를 매일 손으로 쓴다.
6. 위의 것을 다 했을 때, 맨 밑 마지막에 한 줄 쓰는 것으로 마무리한다. "(자신의 영어이름), 영사 completed."
먼저 영사하고 나중에 논다.

먼저 놀고 나중에 영사하면 놀 때 즐겁지도 않고 괜히 정신적으로 피곤하다.

마파영 4주 차!

어메이징 PT

You are Getting Off First or I am Going to Die.

당신이 먼저 지쳐서 포기하든가,
아니면 내가 그 위에서 죽는 것이다.

마 인 드
파 워 로
영어 먹어버리기

나는 개인적으로 윌 스미스의 연기와 영화들을 너무나 좋아한다. 「행복을 찾아서」「핸콕」「세븐 파운즈」 등의 감동적인 스토리와 그의 실감 나는 연기는 그 역할과 하나가 되어 큰 울림과 감동을 주었고 볼 때마다 눈시울을 뜨겁게 했다. 어느 날, 토크쇼에서 그가 하는 인터뷰를 듣고 그의 완전한 big fan이 되어버렸다. 그가 말할 때 뿜어져 나오는 강한 에너지, 확신에 찬 말과 눈빛에서 흑인 배우로서 성공할 수밖에 없는 이유가 보였다.

그의 말이 너무 좋아 이곳에도 담는다.

The only thing that I see that is distinctly different about me is I am not afraid to die on a *treadmill.
I will run. I will not be out-worked. Period.
You might have more talent than me, you might be smarter than me,
You might be sexier than me, you might be all of those things you got it on me in nine categories.
But if we get on the treadmill together, there are two things.
You are *getting off first or I am going to die.
It's really that simple.

treadmill 러닝머신(걷거나 달리기용 운동기구) | get off (운동기구 위에서) 내려오다

다른 사람과 내가 유일하게 다른 점은 '나는 단지 러닝머신 위에서 죽는 것이 절대 두렵지 않다'는 것이다.

나는 절대로 포기하지 않고 끝까지 달릴 것이라는 것이다.

당신이 나보다 훨씬 능력 있을지라도, 당신이 나보다 훨씬 똑똑할지라도,

당신이 나보다 훨씬 섹시할지라도, 당신이 아홉 가지 다른 모든 면에서 나보다 나을지라도,

우리가 같이 러닝머신 위에 오른다면 단지 두 가지뿐이다.

당신이 먼저 지쳐서 포기하든가, 아니면 내가 그 위에서 죽는 것이다.

정말 아주 단순하다.

다른 사람과 유일하게 다른 점은 '나는 단지 러닝머신 위에서 죽는 것이 절대 두렵지 않다'고 자신 있게 말하는 윌 스미스! 죽겠다는 정신으로 자신의 모든 것을 걸고 100% 올인하는 그를 대적할 사람이 어디 있으랴. 그에게 어떤 어려움이나 실패와 좌절이 온들 이런 정신으로 행동한다면 어찌 성공하지 않을 수 있겠는가?

어느덧 한 달째 영어 PT 영사를 한 당신! 만만치 않음을 느꼈음에도 불구하고 4주 차까지 한 당신은 대단하다! 마인드의 이미지를 잘 생각해보자. 의식에서 말한 대로 잠재의식은 받아들인다. "나는 할 수 있다! 나는 영어를 말할 때 자신감이 넘친다. 나는 될 때까지 하는 사람이다!"라고 외치면 당신은 그렇게 될 것이다.

이번 4주 차 역시 30번씩 영어 문장을 먹어버리는 방식으로 반복

한다. 계속 외치다 보면 영어 스피킹 실력 향상뿐만 아니라 내 마음도 변화하게 되고 내가 하루를 대하는 것도 달라진다. 이 책을 지속적으로 끝까지 따라 해서 독자 여러분의 마음도, 영어 실력도, 자신감도 인생도 깨울 수 있는 일석사조 이상의 효과를 누리기를 바란다.

영사할 때는 1주 차에 했던 내용부터 다시 30번씩 매일 반복한다. 어깨를 툭! 치면 바로 영어가 톡! 튀어나올 수 있도록 해야 한다. 큰소리로 말하는 것처럼 읽고, 이것이 저절로 나올 때까지 반복해야 한다.

이번 윌 스미스의 말을 연습할 때는 그가 토크쇼에서 말할 때의 단호함을 떠올려보자. 당신이 지금 토크쇼에서 성공한 사람으로서 당당하게 말하는 것이다. 중요한 문장을 강조할 때는 천천히 말하거나, 크게 힘주어 말하거나, 강조하고 싶은 문장 바로 전에서 잠시 멈추기를 한다. 그래서 더 사람들이 집중할 수 있게끔 하는 것이다. 그의 이글거리는 눈을 상상하며 나도 상상 속에서 그렇게 해본다. 이 아래 문장만으로도 하루 종일 연습할 수 있다.

But if we get on the treadmill together, there are two things.
우리가 같이 러닝머신 위에 오른다면 단지 두 가지뿐이다.
You are getting off first or I am going to die.
당신이 먼저 지쳐서 포기하든가, 아니면 내가 그 위에서 죽는 것이다.

억지로 외우려 하지 말고 편안한 마음으로 반복해서 영사 방식으로 따라 한다. 역시 지난주와 마찬가지로 한글을 보고 자연스럽게 틀리지 않고 외칠 때까지 완성한다! 매일 연습하고 녹음하고 어메이징 액션 플랜 시트를 작성한다.

당신은 4주 차가 끝나면 이미 1주 차의 영어 PT를 840번, 2주 차를 630번, 3주 차는 420번, 4주 차의 PT를 210번 반복한 것이다! You are AWESOME! 마인드 파워로 단단히 무장하고 5주 차로 즐겁게 넘어가자!

뭘 배우든지 간에 뭘 하든지 간에
미친 듯이 피를 토하는 마음으로 제대로 하여라

그렇게 할 때
미래는 그 암흑의 빗장을
서서히 열어 주기 시작할 것이며
조만간 그 빗장 너머에서 비치는
강렬한 태양 빛 아래서 당신은
감격의 눈물을 흘리게 될 것이다

– 세이노, '미래를 미리 계산하지 마라' 중 –

생생 체험기

영어 씹어 먹는 방법 배우러 갔다가 인생도 송두리째 바뀌다!

(Juliana/38세/유아교육 전문가)

　2015년 2월 무렵 제가 다니던 직장의 대표님이 식사 중 TV 프로그램 〈아침마당〉에서 시청한 어느 여성의 성공기를 들려주셨습니다. 대략 내용은 '어린 나이에 집안 형편이 어려웠던 사람이 유학은 가지 않았는데 교포처럼 영어를 잘하더라. 그 비결이 틈이 날 때마다 영어를 먹었다더라.'라는 것이었습니다.

　많은 내용도 있었지만 '영어를 먹는다'는 말이 저의 뇌리에 강하게 들어왔고 왠지 그 사람의 이야기를 제대로 듣고 싶다는 생각이 들었습니다.

　그래서 포털 사이트에 무턱대고 '영어 먹는 여자' '먹다 영어를' '영어를 씹어 먹다' '틈틈이 영어 먹다'로 검색을 했습니다. 그러나 이 키워드만으로는 찾을 수가 없었죠. 그래서 KBS의 방송 다시보기로 여러 회 분량의 〈아침마당〉을 뒤지기 시작했습니다. 찾기 시작한 지 4일 만에 드디어! '조성희'라는 이름을 알게 되었고 마인드스쿨도 알게 되었습니다.

마인드파워로
영어 먹어버리기

마파영 과정이 3월에 시작되는 것을 알고 바로 등록을 했습니다. 고등학교 졸업 이후로는 처음 영어학원을 등록하는 일이라 무척이나 설렜습니다. 수업은 매주 일요일에 이루어졌습니다. 일주일간의 업무에 피곤하기도 했지만 마파영을 들으러 마인드스쿨에 간다는 기쁨에 새벽 6시가 되면 눈이 번쩍 뜨였습니다.

마파영의 수업방식은 듣는 것보다 말하기 위주였습니다. 3시간의 수업이 끝나면 목소리 톤이 달라질 정도로 열심히 영어문장을 말해야 했습니다. 그런데 그 뒤가 더 대단하지요.

마파영에서는 일주일 동안의 숙제가 상당하고 그 숙제를 '영어 사랑'이라는 긍정적 단어로 표현합니다. 2인 1조가 팀이 되어 그 주의 분량을 꼭 영사해야 하는데 처음 몸에 습관이 되지 않았을 때는 상당히 괴롭기도 했습니다. 퇴근 시간을 생각하면 새벽에 영사를 해야 했고 그럼 저는 약간의 잠을 포기해야 했거든요.

하루의 일을 다 해내기 위해서는 일과를 치밀하게 설계하는 것부터가 필요했습니다. 새벽에 일어나서 영어 사랑을 하는 시간, 아침 식사를 준비해야 하는 시간, 출근준비 시간을 나누어서 분배하고 움직여야 했습니다. 참고로 영어 사랑 시간은 녹음파일을 보내는 것까지 2시간은 무조건 필요했습니다.

제가 얼마나 피곤했을까요? 아주 많이 피곤했습니다. 새벽에 일어나는 것도 힘들었지만 영어 한 문장당 30번씩 외치고 녹음하는 과정은 더욱 만만치가 않았습니다. 영어가 한국어와는 다르게 얼굴에서 사용하는 근육이 다르다는 것을 연습하며 알았습니다. 물론 발성도 달랐습니다. 그러니 굳은 얼굴 근육을 사용해야 하고 다른 발성을 사용하는 것까지 보태어져 처음에는 경련도 일어나고 목은 엄청나게 아팠습니다.

이런 과정을 아마 혼자서 했다면 못했을 것입니다. 파트너와 함께 움직이는 시스템이었기 때문에 영어 사랑은 반드시 해야 하는 것이었습니다. 한 달 정도가 지나니 영어 말하기가 예전보다 편해진 것을 알 수 있었습니다. 그때 기분은 너무 뿌듯했고 무언가를 지속적으로 하고 있다는 저 자신에 대한 성취감도 컸습니다.

그리고 영어 사랑과 더불어 '영어 프레젠테이션'을 발표하는 과제도 있었습니다. 제 차례가 되었을 무렵 저는 가족들과 방콕여행 중이었습니다. 여행 중에도 제 손에서는 프레젠테이션 종이가 늘 함께 있었습니다. 태어나서 그렇게 긴 문장을 제 입으로 중얼중얼해본 것은 처음이었습니다. 그리고 해외 여행에서는 늘 남편을 의지하며 다녔는데 이번 방콕 여행에서는 용기를 내 제가 가족들을 안내하며 여행을 했고 영사의 효과를 톡톡히 보았습니다. 여행에서 돌아와 집이 아닌 마인드스쿨로 바로 향했고 다소 부족했지만 3분가량의 영어 프레젠테이션 발표는 또 다른 저의 가능성을 알게 해주었습니다.

"그동안 네가 못했던 것이 아니라 연습이 부족했던 거야! 지금처럼 연습하면 되는 거야."라고 말입니다. 이렇게 영어 실력만 늘어날 줄 알았는데 마파영을 배우는 동안 제 인생에는 큰 소용돌이가 일었습니다. 제 꿈에 대해 그리고 제가 진짜 영어를 배우려는 이유와 진짜 좋아하는 일이 무엇인지, 제가 삶을 주체적으로 살고 있는 건지에 대한 마음의 파동이 일기 시작했습니다.

제 마음의 파동이 일어나기 시작한 이유는 마파영에서 왜 자신이 영어공부를 해야 하는지 목표를 매일 생각하도록 했기 때문입니다. 그렇게 마파영을 시작한 지 3개월이 되었을 때 저는 다니던 직장에 당당하게 사표를 냈습니다. 영어를 배우러 갔다가 인생의 방향이 확 바뀌는 순간이었지요. 제 직업은 교육연구원에 괜찮은 연봉을 받던 터라 쉽게 사표를 쓴다고 했을 때 저를 멍청하다고 말하는 사람도 있었습니다.

하지만 영어목표, 즉 제 인생의 목표가 뚜렷해졌기에 휘둘리지 않고 소신껏 결정할 수 있었고 행동했습니다. 그리고 지금 현재 제 목표를 재설정하고 열심히 달려가는 중입니다. 평범한 직장인이었을 때도 때 되면 들어오는 월급에 행복하고 보람 있었지만, 지금은 벌판에 뛰어다니는 자유인이 된 기분이고 제 안에서 끓어오르는 행복을 만끽 중입니다.

조성희 대표님께 영어 씹어 먹는 방법 배우러 갔다가 인생도 배운 마인드스쿨이었습니다. 5개월이라는 시간 동안의 마파영 과정을 끝낸 지금도 저는 영어 사랑 습관을 유지하고 있습니다. 영어라는 것이 꾸준하게 하는 일이 최선임을 배웠기 때문입니다. 그리고 5개월 동안 힘들게 뿌리내린 영어 사랑 습관을 잃기 싫은 마음이 크기 때문에 계속 습관을 유지하게 되는 것 같습니다.

지금 돌이켜보면 조 대표님이 하라는 대로 반항하지 않고 온전히 따라 했던 덕분인 것 같습니다. 또한 마인드스쿨에서 만난 사람들은 저에게 선물처럼 소중한 인연이 되었습니다. 사회에서 만난 사람과의 관계는 한계를 느끼게 마련이었는데 마인드스쿨에서 만난 사람들은 달랐습니다. 군고구마의 껍질을 깠을 때, 모락모락 피어나는 연기처럼 따뜻한 사람들만 모여 있는 신기한 곳이었습니다.

지금도 마파영 4기 기수들과 영어공부에 대한 열정을 나누며 지속적인 모임을 하고 있습니다. 영어습관, 꿈, 그리고 인맥까지 선물해 준 조성희 마인드스쿨에 진심으로 감사합니다.

마 파 영
5주 차!

'해야 한다'를
'너무나
하고 싶어
미치겠다'로!

Eat!
ENGLISH!

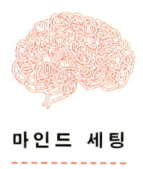

마인드 세팅

4주 차 고비를 넘기고 5주 차로 넘어온 당신! 수고 많았다!

    자신을 4주 이상 이겨낸 당신 자신을 위해 박수를 쳐라! 속으로 치지 말고 큰소리로 "**잘했어! 넌 이제 뭐든 해낼 수 있어!**"라고 크게 외치며 박수를 쳐라. 지금 당장! 부끄러워 말고! 다른 사람을 위해서는 박수를 쳐주면서 왜 자신을 위해서는 박수를 쳐주지 않는가? 4주간 빠지지 않고 영사를 매일 했다면 당신은 이미 작은 성공을 이룬 것이다. 아주 잘하고 있다. 좀 더 힘을 내서 5주 차를 지내면 이제 영사가 익숙해지기 시작할 것이다.

해야 할 일들의 리스트를 만들어 시간관리를 하려고 할 때 싫어하는 일들을 강제로 리스트나 스케줄에 마구 집어넣는 사람들을 흔히 볼 수 있다. 그러나 그렇게 하면 수첩에 그것들을 써넣는 순간마다 또 매일 수첩을 펼쳐서 그것들을 볼 때마다 부정적인 감정만 부풀려져 결국은 행동으로 옮기지 못하고 일을 뒤로 미루게 된다. 원하는 결과를 얻으려면 그것을 위해 필요한 '해야 할 일, 하고 싶지 않은 일'을 해야 한다. 영어를 잘하는 결과를 얻기 위해서는 '영어 사랑 연습'이라는 행동을 피할 수 없다.

내가 직접 꼭 밟아야 할 액션을 취하지 않고는 아무리 애를 써도 자기가 가고 싶은 곳으로 갈 수 없다. 단! 꼭 내디뎌야 하는 그 액션을 내키지 않는 마음으로 할 것인가, 즐거운 마음으로 할 것인가는 스스로가 선택할 수 있다.

내가 스스로 영어에 대한 생각을 바꾸고 의미를 새롭게 부여한다면 지금 당장이라도 '하고 싶지 않지만 해야 할 일'을 '너무나 하고 싶은 일'로 바꿀 수 있다. 똑같은 행동일지라도 내 마음속에서 의미를 어떻게 부여하느냐에 따라서 한순간에 너무나 하고 싶어 미치겠는 일로 바뀔 수 있다!!

우리의 잠재의식 속에는 우리가 영어에 대해서 경험한 만큼의 영어파일이 있는데 다음 세 가지로 분류해볼 수 있다.

1. 영어공부 해도 안 늘어! 힘들어! 열심히 단어만 외웠는데 헛것이야.
영어공부 해봤는데 금방 까먹었어. 다시 예전으로 돌아가~

2. 영어공부를 해야만 해. 글로벌 사회에서 살아남기 위해서는 스피킹을 잘해야만 해. 더 좋은 직장에 가기 위해서는 영어를 꾸준히 해야만 해.

3. 영어 스피킹을 잘하면 더 글로벌해지겠지? 더 좋은 직장으로 옮겨 가겠지? 여행을 가서 자유롭게 외국인과 대화할 거야!
더 성공할 거야!

1번은 과거에 영어공부를 하다가 아무리 해도 늘지 않았던 과거의 나, 지나간 나이다.

2번은 현재 자신이 처한 환경에 맞추어 해야만 하는 현재의 나, 지금의 나이다.

3번은 앞으로 영어 스피킹을 잘하게 되었을 때 만날 수 있는 미래의 나, 앞으로 나이다.

'영어'라고 생각할 때 내 마음속에서 주로 드는 생각은 머릿속에 가장 높은 비율을 차지하고 있는 영어에 대한 기억이 무엇인지에 따라 다를 것이다.

기억은 질보다 양이므로 새로운 것이든 오래된 것이든 체험한 횟수가 많은 쪽의 감정을 떠올리게 된다. '영어'라는 말을 듣고 머릿속에 떠오르는 것이 자신의 기억에서 가장 높은 비율을 차지하는 기억과 자연스럽게 연결될 수밖에 없다. '영어를 해도 늘지 않는다. 바로 포기한다.'는 '지나간 나의 기억이 많으면 그 기억에 이끌려 영어 공부를 하려는 적극적이며 긍정적인 마음이 생기기 어려워진다.

영어를 싫어하는 감정은 '싫었다! 힘들었다!'는 마이너스 경험들에 의해 만들어지며 영어를 좋아하는 감정은 '즐거웠다! 기뻤다!'는 플러스 경험들로 만들어진다! 플러스 경험들을 가지고 있는 경우에는 영어를 좋아하는 감정에 의해 행동하기 때문에 하려고 마음만 먹으면 바로 행동으로 옮길 수 있다. 그래서 영어를 좋아했던 사람들이 다시 영어를 쉽게 바로 시작할 수 있는 이유가 그것이다.

그러면 의도적으로 영어에 대한 마이너스 이미지인 '싫었다, 힘들었다, 창피했다' 등의 지나간 나에 대한 기억을 없애면 되지 않을까 라고 생각할 수 있으나 절대 그렇게 해서는 안 된다. '이런 이미지를 갖고 있으면 안 돼!'라고 생각하면 할수록 한층 더 싫은 이미지가 형성되기 때문에 오히려 마이너스에 더 집중하게 되어버린다.

두발자전거를 처음 배울 때를 기억해보자. '벽으로 절대 가면 안 돼! 벽으로 절대 가면 안 돼!'라고 생각할수록 나는 벽으로 가고 있지 않은가?! '~하지 말아야지'에 집중할수록 우리의 마음은 오히려

마인드
파워로
영어 먹어버리기

하지 말아야 하는 것을 더 하게 된다는 사실! 그러면 영어에 대해 트라우마와 두려움으로 가득한 사람은 어떻게 하면 좋을까? 문제해결은 간단하다!

"영어는 행복한 미래로 연결되는 시작이다. 가장 강력한 도구다!"
"영어는 성공으로 향하는 빛이다!"와 같이 영어를 했을 때 '미래의 나'의 모습을 마음속에서 더 집중해 그 양을 늘리기만 하면 된다! 당신이 영어를 했을 때 앞으로 나의 모습에 대한 생각을 하면 할수록 잠재의식 속 영어파일 속에 그 양은 더더욱 커지게 될 것이다.

Let's Think!

영어에 대한 지나간 나, 지금의 나, 앞으로 나의 모습을 써보자! 당신의 머릿속에 가장 높은 비율을 차지하고 있는 모습은 무엇인가? 앞으로 나의 모습의 양을 더 크게 하려면 어떻게 해야 할지 당신의 생각을 적어보자.

> "The only thing that can grow
> is the thing that you give energy to"
>
> 성장할 수 있는 것은 당신이 에너지를 주는 것뿐이다.
>
> -랄프 왈도 에머슨

영어를 먹어버릴 수밖에 없는 마인드 꿀팁!
제 친구는 영어를 시작해야겠다고 하면 바로 시작해서 목표 달성하는데 저는 왜 안 되는 걸까요?

일단 다른 사람과 비교하기 시작하면서 자신을 보는 것 자체가 엄청난 스트레스를 준다. 안 그래도 과거의 나의 모습에 갇혀 있다면 그것만으로도 힘든데 거기다가 옆에 있는 친구와 비교를 하려 들면 더욱 힘들어질 수밖에 없다. 나도 모르는 사이에 오만가지 마이너스 감정에 휩싸여 있는 것이다. 그 상태에서 영어에 다가간다는 것 자체가 힘든 것은 당연하다. 하고 싶지 않은 것을 억지로 하기 전에 내 감정 상태를 먼저 잘 어루만져주어야 한다.

'나'는 '그들'이 아니다. '그들'의 기준에 '나'를 비교하려고 들지 마라. '나'는 '그들'이 아니며 결코 비교할 수 없다. '그들'은 '나'를 평가할 수 없으며 결코 그래서도 안 된다. 마파영을 들었던 사람들은 크게 세 부류로 나뉜다. 영어를 좋아했던 사람, 영어에 대한 아무 생각 없이 강력 추천으로 온 사람, 영어에 대한 극도의 트라우마가 있는 사람.

수업 내용을 더 빨리 흡수하고 영사를 매일 빠지지 않고 열심히 몰입하는 부류는 어떤 쪽일까? 당연히 영어를 좋아했던 사람들이다! 그들은 자신이 영어를 좋아하고 '앞으로 나'에 대한 긍정적인 기대감이 있다. 그래서 영어를 좋아했던 사람들은 첫날부터 표정이 매우 밝고 무조건 하라는 대로 한다. 영어를 좋아한 만큼 과거에 공부한 양도 많아서 잠재의식 속에 영어를 공부한 인풋도 많다. 그러니 영어를 좋아했던 사람은 당연히 마파영 수업 내용들을 빨리 흡수하고 그 성과가 빨리 나타날 수밖에 없다. 그리고 과거에 공부한 양이 많았지만 말을 못하고 어떻게 하는지 몰랐을 뿐이었기 때문에 마인드 세팅을 하고 영사 방식으로 영어를 하면 그동안 잠재의식 속에 쌓여 있던 모든 것들이 입 밖으로 술술 나온다. 인풋이 많았기 때문에 아웃풋도 빨리 나오는 것은 당연하다.

두 번째, 영어에 대한 아무 생각 없이 온 사람들은 보통 주위에 강력 추천이나 마파영을 들었던 사람들의 성과를 눈으로 직접 확인하고 왔다. 과거에 영어에 대한 부정적인 감정이 그다지 없었으므로 마인드 수업을 하기 시작하면 이들은 긍정적인 기대감으로 빠른 시일 내 전향된다.

예를 들어 마파영 1기를 졸업한 대학생이 영어 실력이 급속도로 상승하기 시작하면서 주위 친구들에게 "외국에서 얼마나 살다 왔어?"라는 질문을 듣기 시작하자 딸의 영어 프레젠테이션에 감동받은 50대 아버지께서 급기야는 마파영 3기를 신청하셨다. 자신은 어릴 때 이후로 영어를 못해봤다며 자신도 할 수 있느냐고 물으셨다. 내가 마파영팸이 되고자 하는 열정만 있으면 가능하다고 말씀드렸더니 바로 신청하신 것이다.

아버님은 레스토랑을 운영하시느라 바쁜 와중에서도 정말 열심히 영사를 하셨다. 영어를 안 한 지 30년도 넘었으니 처음에는 영사하는데 입도 아프고 목도 아프고 머리도 아팠을 것이다. 그러나 마파영 교육시간에 가장 큰소리로 따라 하셨고 젊은 사람들 사이에서 영사도 가장 열심히 하시고 녹음 파일도 꼬박꼬박 보내셨다. 그리고 그렇게 열심히 임하신 만큼 마지막 수료식 날, 영어로 레스토랑을 운영하게 된 계기부터 자신의 15년 된 레스토랑 소개까지 영어로 풀어내시며 발표하셨다. 불과 5개월 전 마파영을 시작할 때는 전혀 생각하지 못했던 모습이다. 마인드 수업을 통해 아무 생각 없이 왔다가 영어를 너무나 좋아하게 되어 영사를 하다가 나중에는 영어 PT 중독까지 걸리는 사람들도 있다.

그러나 마지막 케이스, 영어에 대한 극도의 트라우마나 영어를 매우 싫어해서 중학교 때 손을 놓은 사람들의 경우는 영사에 적응하는 데 오랜 시간이 걸릴 수밖에 없다. 영어가 싫어서 국어 선생님이 되셨던 40대 여자분, 중학교 때 영어 선생님이 너무 싫어서 영어를 완전히 놔버린 30대 남자 분, 일본어 통역사를 하며 영어 발음이 이상해진 자신이 너무 싫어 12년 이상 영어 트라우마를 가졌던 사람 등 마파영 수업을 진행하며 영어에 대한 트라우마와 상처가 많은 사람들이 매우 많은 것에 놀라지 않을 수 없었다.

　이런 상처가 있는 사람들은 특히 초기에 많이 흔들린다. 마인드 수업 시간에 보면 표정이 불안하고 어둡다. '이것을 계속해야 하나?' '내가 할 수 있을까?' '저 사람은 저렇게 빨리 느는데 나는 도대체 뭔가?' 오만가지 감정 속에서 흔들리고 있는 그들의 모습이 내 눈에는 보인다!

　영어가 싫었던 만큼 과거의 영어 학습량 인풋 자체가 작기 때문에 나오는 결과 아웃풋에 시간이 걸릴 수밖에 없다. '과거의 나'의 모습 속에서 들락날락 헤매면서 또 매일 영사를 하는 데 최대 5시간까지 걸리는데도…….

　그럼에도 불구하고 마파영팸은 절대로 포기하지 않는다! 일단 마인드스쿨까지만 오면 절대로 포기할 수가 없게 된다. 왜냐? 마인드 수업이 매번 있기 때문이다!

　영어 트라우마로 가득했던 사람들이 시간이 갈수록 변한다. 영어가 싫어 국어 선생님이 되셨던 40대 여성분은 마파영 3개월이 지났을 때 영어학원을 차리셨다. 자신의 두려움을 깨자 그때까지 서울에서 운전이 무서워 단 한 번도 서울로 차를 가지고 나오지 않았던 자신의 두려움까지 깨고 서울로 차를 몰고 오가기 시작했다.

　중학교 1학년 때 영어를 완전히 놔버린 30대 남자 분은 마파영 졸업 후 인생 최초로 홀로 배낭여행을 떠났고 2개월간 영어로 소통하며 자유롭게 여행했다.

자신의 일본어식 영어 발음이 너무 싫어 대학교 때 최하 학점을 준다고 해도 영어 프레젠테이션 시험을 죽어도 안 본 일본어 통역사는 마파영 수업 중에 그 트라우마를 깼다. 부산에서 일본어 통역 중에 일본어보다 영어가 먼저 나오려고 했다며 자신의 변한 발음에 놀라워했다.

영어에 대한 생각을 차츰 바꾸기 시작하면 영어를 바라보는 시각이 달라지고 자연스럽게 내 행동도 변하게 되어 있다. 영어는 영어일 뿐이다. 옳고 그르고 좋고 싫은 것은 내가 영어 자체에 의미를 그렇게 부여하기 때문에 나타나는 현상일 뿐이다. 쉽게 행동으로 옮기려면 영어에 대한 의미부여를 다시 해야 한다. 영어공부를 '해도 소용없는 힘든 것'으로 볼지 '성공의 원천'으로 볼지는 내 마음속 선택이다. 내가 영어에 대한 어떤 의미를 부여하는지에 따라 나의 생각이 바뀌고 감정이 바뀌고 영사하는 행동이 바뀌면 성과는 당연히 바뀐다.

You don't have to be great to start, but you have to start to be great.

훌륭하게 시작할 필요는 없다.
그러나 훌륭하기 위해서는 일단 시작해야 한다.
-지그 지글러

마 인 드
파 워 로
영어 먹어버리기

마파영 문장 먹어버리는 방법!
한 문장당 최소 30회씩 반복

1. 처음 5회: 또박또박 정직하게 천천히 읽기
2. 5회: 좀 더 빠르게 읽기
3. 5회: 리듬감을 느끼며 읽기
4. 5회: 숨소리까지 완벽히 복사해서 네이티브처럼 읽기
5. 5회: 감정을 실어서 읽기
6. 5회: 상상하면서 읽기

배운 것 하나하나가 완전히 내 몸 세포에 체화되고
내 혀가 인식하도록 내 것으로 만들어야 한다.

마파영 영사하는 방법!

1. 한 문장당 최소 30번씩 크게 외친다!
(문장 먹어버리는 방법으로 30회)
2. 한글 보고 바로 영어로 전환해서 크게 말한다!
3. 녹음한다.
4. 녹음파일을 파트너에게 보낸다.
5. 액션 플랜 시트를 매일 손으로 쓴다.
6. 위의 것을 다 했을 때, 맨 밑 마지막에 한 줄 쓰는 것으로 마무리한다. "(자신의 영어이름), 영사 completed."
먼저 영사하고 나중에 논다.

먼저 놀고 나중에 영사하면 놀 때 즐겁지도 않고
괜히 정신적으로 피곤하다.

마 파 영
5주 차!
>>>

어메이징 PT

Clear the Past

과거를 청산하라

과거의 모든 짐을 안고 현재를 살기는 힘들다. 과거에 나에게 아픔과 상처를 준 사람들을 보내지 못하면 과거에 묶여서 내가 원하는 방향으로 전혀 나아갈 수 없다. 부처는 분노를 '극도로 화가 난 사람이 상대를 향해 던지려고 불 속에서 끄집어낸 석탄 덩어리'에 비유했다. 석탄 덩어리를 집어 들면 손을 데는 건 바로 자기 자신이다.

영어로 용서는 'forgive'다. 이는 '위한다'는 'for'와 '주다'는 뜻의 'give'의 합성어다. 무조건 거저 베푸는 것이 용서다. 용서는 사랑을 베푸는 것이다. 결국 '용서'는 '나 자신의 삶에 대한 적극적인 사랑의 표현'이다. 용서 없이는 분노로 뒤섞인 과거의 자신을 털어낼 능력이 없이는 지속적으로 꿈들을 키워갈 수 없다. 우리의 분노는 우리의 의도를 더럽히고 에너지를 고갈시킨다. 우리는 용서를 통해 진정 나 자신을 깨끗하게 하고 새로운 사랑의 에너지로 채울 수 있다.

그 마음을 느끼며 다섯 번째 PT를 연습하도록 하자!

If you want to create something new, you must first clear away the past.

You can't move into new conditions if you don't first *release yourself from the old ones.

This includes negative feelings you may hold toward those who have hurt you or caused you to *suffer.

It also includes releasing yourself from all *resentment, anger, and *self-abuse that keeps you from experiencing a loving life in the moment.

Observe your life, knowing that the more *complex and difficult it's been, the more opportunity there's been for your soul's growth.

See your past as part of your spiritual tests—some of which you passed the first time around, while others take more time.

The best way to release the past is to forgive all that has *transpired in it.

This includes forgiving yourself as well as anyone else who has hurt you.

뭔가 새로운 걸 창조하고 싶다면 먼저 과거를 청산해야 합니다.

낡은 환경에서 먼저 자유로워지지 않는 한 새로운 환경으로 옮겨갈 수 없습니다.

여기에는 당신에게 상처를 줬거나 아프게 한 사람들에게 당신이 품고 있는 부정적인 감정도 포함됩니다.

또한 삶의 경이로운 순간순간을 음미하지 못하도록 하는 분노, 노여움, 자학에서 벗어나는 것도 포함됩니다.

당신의 삶이 복잡하고 힘겨웠을수록 그 삶에는 당신의 영혼이 성장할 수 있는 더 많은 기회가 있었음을 아세요.

영적인 시험의 일부로 과거를 보세요. 한 번에 통과한 시험도 있었겠지만, 더 오래 걸리는 시험도 있다는 것을 알아야 합니다.

과거에서 자유로워지는 가장 좋은 방법은 과거에 일어났던 모든 일을 용서하는 것입니다.

여기에는 당신에게 상처를 준 사람 뿐만아니라 당신 자신을 용서하는 것도 포함됩니다.

release 놓아주다, 해방시키다 | suffer 겪다, 경험하다 | resentment 분노, 화 | self-abuse 자기 학대 | complex 복잡한 | transpire 일어나다

영사를 5주 차 하려고 하는 당신! 4주 동안 입도 아프고 내가 지금 뭐 하는가 싶기도 하고 여러 가지 생각들이 들 것이다. 조금 익숙해지기 시작하니 슬슬 귀차니즘이 올라오기도 한다. '귀찮은데 할까? 말까? 할까? 말까?' 사이에서 갈등하고 있는 당신! '귀찮다'는 생각으로 어쩔 수 없이 행동하면 그 행동도 지속하기 힘들다. 대신에 '영어 문장 20개를 하루에 30번씩 매일 크게 외치면 엄청난 성취감이 생길 거야! 기분이 좋아질 거야!'라는 새로운 생각을 하게 되면, 똑같은 영사에 대해서도 내 감정이 달라지고 쉽게 행동으로 옮길 수 있다.

이번 5주 차 역시 30번씩 영어 문장을 먹어버리는 방식으로 크게 반복한다. 즐겁게 웃으면서 하자! 의미를 하나하나 느끼며 혼을 담아서 연습하자. 영어 PT를 할 때도 보면, 그냥 의미 전달만을 하며 읽는 것과 혼을 담아 감정적으로 그 메시지를 전달하는 것은 완전히 다르다. 잠재의식은 감정에 매우 민감하게 반응하기 때문에 혼을 담아 연습하면 그 메시지 또한 깊이 각인된다. 지난주와 같이 영사할 때는 1주 차 했던 내용부터 다시 30번씩 매일 반복한다. 눈으로만 읽지 않는다. 옆 사람이 혐오감을 느낄 정도로 목이 터져라 크게 읽는다. 매일 영사하고 녹음하고 어메이징 액션 플랜 시트를 작성한다. 이제 5주 차가 끝나면 이미 1주 차의 영어 PT를 1,050번, 2주 차를 840번, 3주 차를 630번, 4주 차는 420번, 5주 차의 PT를 210번 반복한 것이다! You are AMAZING! '영사를 미치도록 하고 싶다!'로 마음을 무장한 당신! 이제 6주 차로 더 즐겁게 넘어가자!

마인드
파워로
영어 먹어버리기

생생 체험기

1년이 지난 지금도
영어가 즐겁게 술술~

(윤지희, Victoria/30대 초반/회사원)

작심삼일?! 아니요. 5개월 동안 행복하게 마파영을 체험했습니다. 졸업한 지 1년이 넘은 지금도 영어 프리젠테이션 했던 내용을 술술 술 말하곤 합니다.

많은 사람들이 새해 첫날 매번 세우는 많은 계획들 중에 하나는 영어공부 하기가 아닐까 싶습니다. 저도 그랬습니다. 영어는 저에게 두렵기도 설레기도 한 일이었으니까요. 저처럼 매번 영어와 씨름하며 힘들어 하는 많은 분들에게, 또 영어를 잘하고 싶어하지만 어떻게 시작할지 모르는 분들에게 제가 마파영 수업을 들으면서 느꼈던 점을 통해 작은 도움이 되었으면 하는 바람으로 펜을 들었습니다.

안녕하세요. 저는 마파영을 사랑하는 1기 졸업생 빅토리아 윤지희입니다.

'마파영'이 뭐지?! 많이 궁금해하실 것 같아요. 저도 '조성희 마인드스쿨'의 마스터마인드 과정을 듣지 않았었다면 더 생소했을 것 같습니다. 저에게 마파영은 매주 기다려지고 웃음이 끊이지 않는 행복한 수업이었어요. 마파영 수업은 3시간 동안 진행이 되는데 그중 1시간 동안은 마인드 교육을 통해 과거에 영어공부를 하며 좌절하거나 부정적인 기억에서 벗어날 수 있도록, 내가 되고 싶은 모습을 명확하고 생생하게 그릴 수 있도록 마인드부터 세팅합니다. 그러니 영어를 대하는 마음가짐부터 달라지겠죠?

그 후에 우리 일상에서 가장 많이 쓰일 수 있는 대화지문으로 수업 내내 문장들이 자연스럽게 입에 베어나올 수 있도록 문장 먹어버리는 방법으로 교실이 떠나 갈 듯 큰소리로 다 함께 영어를 외칩니다. 이때는 창피한 마음도 없습니다. 그런 생각보다 "옆 사람이 혐오감을 느낄 정도로 외치세요!!!"라는 대표님을 말씀에 따라 서로를 보고 박장대소하며 신바람 나게 영어를 하기 때문입니다.

그 흔한 레벨 테스트도 없습니다. 영어 말하기 수업이니 당연히 레벨 테스트나 어느 정도의 영어 실력이 요구되는 줄 알았습니다. 그래서 조심스럽게 전화를 드렸었죠. "혹시…… 레벨 테스트는 없나요?" 그런데 뜻밖에 온 답변은 "아니요. 그런 거 없어요. 호호호!" 뜻하지 않은 대답을 들은 저는 몇 번이고 되물었던 것 같습니다.

그런데 이제 알 것 같습니다. 도대체 왜 레벨 테스트를 하지 않아도 수업이 가능한 건지를요. 어떤 분이 물으셨습니다. 중학교 실력밖에 안 되는데 괜찮을까요? 저는 1초의 망설임도 없이 대답할 수 있었습니다. "YES!" 그 정도면 충분합니다. 스스로가 하고자 하는 의지만 있다면 전혀 문제가 되지 않습니다.

저는 회사에서 업무상으로 영어로 이메일을 자주 사용하는 편인 반면, 영어 말하기는 빈도가 낮은 편입니다. 그래도 나름 영어를 배울 수 있는 곳이 있으면 찾아다니기도 하고 국제행사 등에도 참가하려고 많은 노력했던 것 같은데 항상 마음 한 켠에는 정체된 느낌이 들었습니다. 서점에 널린 영어학습법과 인터넷의 수많은 정보들이 있는데도 어디서부터 어떻게 시작해야 할지 막막한 느낌도 있었습니다. 해외에서 학창시절을 보내거나 어학연수를 다녀온 회사 동료들을 보며 국내에서 공부한 나 자신이 한없이 부족해 보이기도 했습니다. 그런데 이젠 자신감이 생겼습니다. 한국에서 공부해도 충분히 잘할 수 있다는 굳은 신념도 생겼습니다.

저희 집에서는 아침부터 "나는 영어를 사랑한다." "영어를 하고 있는 내 자신이 자랑스럽다." 등의 제 목소리와 동생의 목소리가 녹음된 알람 소리가 우렁차게 하루의 아침을 깨웁니다. 저는 친동생과 함께 마파영을 들었습니다. 등록하기 전에 동생이 "언니랑 같이 들으면 왠지 부담스러운데……"라며 꺼려 했습니다. 솔직히 저도 함께 영어회화를 한다고 생각하니 굉장히 어색할 것 같다는 생각도 들었습니다. 그러나 첫 수업을 들으며 고정관념이 와장창 깨졌습니다.

2주 차 때 동생과 수업을 마치고 집으로 돌아오는 길에 팔짱을 끼며 "언니랑 들으니까 너무 좋다!"라는 말을 하는 순간 울컥, 너무 행복했습니다. 영어라면 언제나 자신 없어하며 피하던 제 동생에게 이런 말이 나올 줄이야. 그 말을 듣는 순간 큰 감동이 밀려왔습니다.

휴일 오후 외출을 하고 돌아와 쉬려고 누웠다가 매일 영사로 외치는 영어대화 지문으로 말문을 열었습니다. 그러니 동생이 그다음 대화를 이어갔습니다. 주거니 받거니 몇 과를 순서 상관없이 깔깔깔 웃으면서 계속했습니다. 실제로 대화하는 것처럼 말이죠! 공부라고 생각했다면 그렇게 했을까요? 그냥 놀이처럼 원어민이 된 것마냥 입으로 익힌 대화 내용을 재미있게 즐기고 있었기 때문에 가능했던 것 같습니다.

무대공포증이 있는 내가? 한국말로 해도 벌벌벌 떠는 내가 영어 프레젠테이션을 한다고?! 마파영을 시작하고 저에게 생긴 큰 변화는 도전하는 마음입니다. 소규모로 담소 나눌 때는 자연스럽게 이야기를 잘하다가도 무대 앞에 나가면 다리는 벌써 덜덜덜 떨리고 머릿속은 하애지는 제가 영어로 프레젠테이션을 하게 된 것입니다. 마파영 수업을 듣는 학생이라면 꼭 해야만 하는 것! '피할 수 없다면 즐기자'라는 마음으로 마인드 세팅에 들어갔죠. 프레젠테이션 주제는 김연아의 평창올림픽 유치를 위한 연설을 택하고 연습에 돌입했습니다. 매일 영사하는 방법과 동일하게 입으로 반복하고 내용을 마음으로 공감하려 했습니다. 녹음하여 듣는 것조차 오글거려서 절대 녹음기는 손대지도 않던 내가 습관처럼 녹음기를 들고 녹음하며, 그것을 듣고 발음 억양을 체크하고 있는가 하면 거울을 보고 혼자 중얼중얼 말하고 있고 영상까지 찍고 있다니!!! 내 평생 상상도 못할 일이 벌어지고 있었습니다. 비록 실수는 있었지만 끝까지 해냈다는 것에, 그리고 매일의 노력을 통해 조금씩 발전하는 제 모습이 너무 좋습니다. 무엇보다도 프레젠테이션 내내 끊임없는 격려와 따뜻한 눈빛으로 잘해낼 수밖에 없이 만들어준 조성희 대표님과 1기 동기들에게 감사드립니다. 어떤 무대가 이렇게 따뜻할 수 있을까요?

혼자 하는 것이 아니기 때문에 가능합니다. 매주 파트너와 함께 서로 격려해주며 함께 걸어가기 때문입니다. 매일 문장 먹어버리는 방법으로 영사한 뒤 액션 플랜 시트에 목표를 적고, 왜 그 목표를 이루려고 하는가를 꼭 마음에 새기며 하루를 점검해보면서 액션 플랜을 손 글씨로 꾹꾹 눌러 담습니다. 그리고 그 주에 정한 파트너에게 사진 찍어 서로 공유를 합니다. 처음에는 액션 플랜 시트 작성하는 것이 귀찮고 버겁기만 한 적도 있습니다. 하지만 꼭꼭꼭 하시기를 권해드리고 싶습니다. 단순히 아무런 의미 없이 문장 외치기에만 급급해 하게 되면 금방 지치기 쉬운데 자신의 목표에 대해서 생생하게 선포하면 지금 하는 것이 의미 있고 가치가 있다는 걸 감사하며 더 열심히 할 수 있게 될 것입니다.

물론 매일 영사를 하는 것이 쉬운 일만은 아니었습니다. 어떤 날은 이유 없이 만사가 귀찮은 날도 있어서, 약속이 있어서, 학교 수업이 있어서, 야근을 해서 등등 많은 이유들로 뒤로 미루고 싶을 때도 있을 수 있습니다. 저도 영사를 하며 가끔씩 미루고 싶은 핑계를 만들기도 했습니다. 예전 같았으면 또 갈 길을 헤매며 '영어 잘하고 싶은데 어떻게 공부하지……?' '그래, 어학연수를 갔어야 해.' 등등 걱정 근심하고 좌절했을 것입니다. 그런데 마파영 공부 방법으로 5개월간 체계적으로 배웠으니 그대로 적용하면 되니까 전혀 걱정하지 않습니다. 제가 배운 마파영은 다른 언어에도 적용할 수 있고 또 삶에도 적용할 수 있기 때문에 바로 다시 시작할 수 있습니다. '그럼에도 불구하고' 스스로를 믿고 목표를 이루었을 때를 생생하게 그리며 불끈불끈 힘을 내어 다시 일어나시기를 바랍니다.

수업 시간에 조성희 대표님의 했던 말이 생각납니다. 모든 사람들은 제각기 다릅니다. 가치관도 다르고 생각도 다르고 잘하는 것도 다릅니다. 그렇게 때문에 상대방과 비교하기보다는 나 스스로가 얼마나 변화하고 성장하는지를 바라보아야 한다고 말이죠. 만약 영어에 대해 자신감이 없어서 망설이는 마음이 있다면 그 마음 내려놓고 자기 스스로가 하는 이야기에 귀를 기울였으면 좋겠습니다. 당장은 잘 못해도 괜찮습니다. 현재의 노력을 통해 조금씩 성장하고 있는 내 모습을 보면서 많이 칭찬해 주세요. 그럼 분명 생생하게 그리던 미래의 모습과 마주하게 될 테니까요.

저의 목표는 오프라 윈프리처럼 영어로 유창하고 위트 있게 많은 사람들이 공감할 수 있는 프레젠테이션을 하는 것입니다. 매일같이 귀로 듣고 입으로 소리 내어 연습하는 지금의 모습들이 모여 무대 위에서 자신감 있게 프레젠테이션을 하고 있는 제 모습이 되어 있겠죠? 그 모습을 기대하며 오늘도 한 걸음 전진해봅니다.

　우리 지금부터 함께 마파영을 시작해요!! 제 생에 운명처럼 다가온 마파영! 매 순간 혼신의 힘을 다해 수업을 해주신 안젤리나 조성희 대표님께 깊은 감사를 드립니다.

마파영
6주 차!

영사를 하지 않으면 나한테 손해 아닌가?

E<small>AT!</small> ENGLISH!

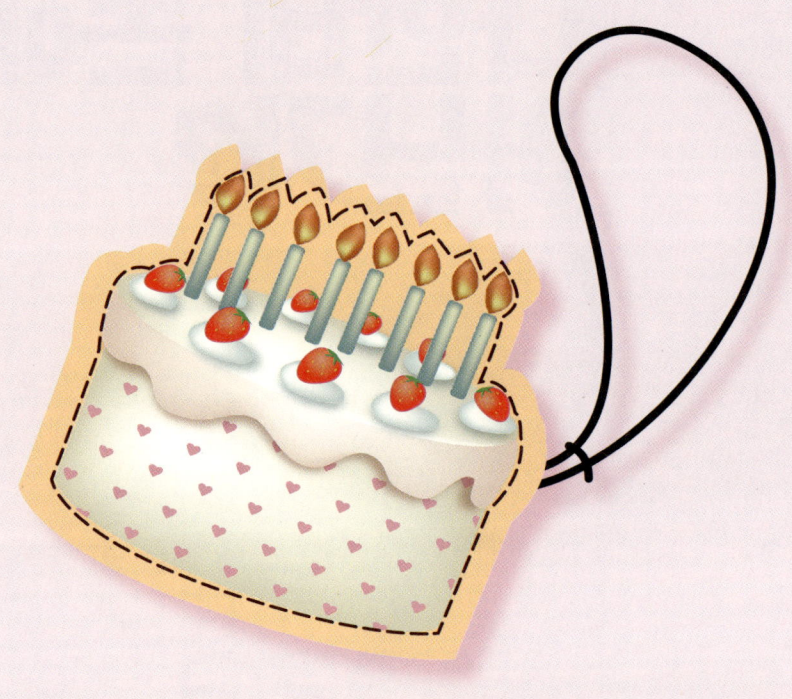

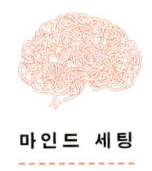

마인드 세팅

12주의 반까지 온 당신!

 영어를 영사 방식으로 처음 해보았을 것이다. 그리고 그 방식이 만만치 않았을 것이다. 그런데 6주 차 영사를 성공했다면 당신은 대단한 일을 해낸 것이다! 12주의 반에 다다른 당신에게 많은 칭찬을 해주자. 그리고 6주 차까지 매일 영사에 성공했을 때 작은 성공의 선물을 해주자. 단 6주 차까지 끝냈을 경우에 선물해준다.
 사고 싶었던 옷을 자신에게 사줄 수도 있고, 보고 싶었던 영화를 보는 것일 수도 있고, 맛있는 음식을 먹는 것일 수도 있다. 그동안 영사를 열심히 한 나를 위해 그간 하고 싶었던 한 가지를 선물해주는 것이다. 그 성취감을 생각하며 그 선물을 마음껏 즐기는 것이다. 지난 6주간 열심히 한 자신을 칭찬해주며……. 성공한 자신을 뿌듯해하며…….

보상의 효과는 대단하다. 무엇인가를 성취했을 때 나 자신을 위해 선물을 해주는 것. 나의 경우는 어떤 목표를 성취했을 때만 나에게 보상의 선물을 해준다. 내가 사고 싶은 것이 있어도 당분간은 참는다. 그 목표를 성취했을 때 만끽하는 달콤한 선물! 나는 그 충족감이 무엇인지 안다.

내 이름으로 첫 번째 책을 쓰고 중국 출판계약을 맺었을 때 그동안 열심히 몰입해서 해낸 나 자신을 위해 싱가포르 여행을 선물했다. 첫 번째 책이었던 만큼 혼신의 힘을 담아 썼던 책이다. 책 표지에까지 내 몸을 담아야 했기에 책을 쓰는 동시에 몸을 만드느라 육체적으로 참 힘들었다. 빡빡한 일정에 잠도 제대로 못 자며 쓰느라 육체적으로 정신적으로 힘들었지만 나 자신에게 해줄 선물을 그리며 또 그것을 읽는 독자 분들에게 많은 도움을 드리는 상상을 하며 그 시간을 즐겁게 지나갈 수 있었다.

싱가포르에서 가장 좋은 호텔 57층에 있는 수영장에서 아래를 바라보며 그곳을 충만하게 즐길 때 그 충족감이란! 말로 표현할 수 없을 만큼 뿌듯하고 행복했다. 지금 역시 마찬가지다.

독자 여러분께서 이 책을 통해서 영어를 먹어버릴 수밖에 없는 마인드를 리셋하고 영어를 진정 즐겁게 먹어버리시기를 바라는 마음으로 혼을 담아 이 책을 쓰고 있다. 스케줄은 너무나도 많고 하루에 두세 시간밖에 자지 못하며 몰입해서 집필하고 있는 중이다. 지금 시간은 새벽 2시. 눈은 빨개지고 충혈되었지만 독자 여러분들을 생각하며 즐겁게 쓰고 있다. 그리고 12월 27일 나에게 선물을 해줄 생각을 하니 행복한 보상을 생각하며 더 힘을 내고 있다.

열심히 영사한 당신!
제대로 몰입해서 해내고
제대로 화끈하게 놀자!

영어에 대한 거부감이 있거나 영어에 대한 부담감을 느끼는 사람들이 꽤 많다. 대부분 마파영 수업에 오는 사람들은 수많은 방법들을 찾아다니다가 마파영 과정은 무엇인가 다를 것이라고 확신하며 온다. '이번에도 포기한다면 나는 영어를 완전히 포기하게 될 것이다'라는 생각으로 오기도 한다.

이렇게 영어에 대한 마이너스 감정을 좋아하는 플러스의 감정으로 바꾸기 위해서는 **"영어를 잘하면 어떤 좋은 일이 일어날까!"** 하는 앞으로 나의 모습을 의도적으로 많이 생각해야 한다. 그리고 내가 이루었을 때의 확실한 보상을 생각하며 그 모습을 가능한 한 자주 지속적으로 마음속에서 그려야 한다.

사람은 훨씬 더 큰 비중을 차지하는 기억의 영향을 받기 때문에 영어공부가 힘들고 괴로웠던 '지나간 나'의 모습이 80%이고 영어공부가 즐거워진다는 '앞으로 나'의 모습이 20%밖에 안 된다면 과거 '지나간 나'의 모습에 지배를 받게 된다.

그러나 '영어를 하면 더 멋진 삶을 살게 될 거야!' '영어를 하면 나 자신이 더 빛나게 될 거야!'라는 앞으로 나의 모습이 51%가 되는 순간 **"영어는 행복한 미래로 연결되는 첫걸음이다! 영어는 성공으로 향하는 빛이다! 영어는 즐겁다!"**와 같은 의미부여가 자연스럽게 이루어진다.

마음속에서 '앞으로 나'의 모습이 차지하는 비율이 증가하는 순간 나도 모르게 영어를 하고 있는 앞으로 나의 행복한 모습을 떠올리게 되는 것이다. 대부분의 사람들은 '앞으로 나'의 모습을 생각하기보다는 과거 '지나간 나'의 모습을 더 많이 생각하고 그곳에 마음을 쓴다. 특히 스트레스를 잘 받는 사람일수록 과거에 지난 모습으로 가득 차 있고 '지금의 나'의 모습은 아주 낮은 비율이고 '앞으로 나'의 모습은 거의 없는 상태이다. 따라서 모든 일을 한결 더 즐겁고 쉽게 하기 위해서는 수적으로 매우 열세인 영어를 하게 되었을 때 '앞으로 나'의 모습을 의도적으로 의식적으로 늘려갈 필요가 있다.

앞으로 나의 모습을 생각하는 횟수가 늘어나면 늘어날수록 긍정적인 감정으로 스위치 전환이 가능하게 된다. '앞으로 나'의 모습을 늘릴 수 있다면 자신이 계속해서 뒤로 미루었던 일들, 자신 없어 했던 일들에 대한 의미 부여를 다시 할 수 있다. 그러면 감정에 변화가 생기고 감정전환이 일어나기 때문에 고생하지 않고 일을 즐기면서 하나하나 행동으로 옮길 수 있다.

마파영 수업에 온 사람들은 시간이 지날수록 영어를 하고 있는 자신의 모습을 좋아하고 뿌듯해한다. 나중에는 녹음할 때 성대모사 하는 사람들도 나타난다. 파트너가 지루하지 않도록 할머니 목소리를 낸다거나 남자가 여자 목소리를 내고 일인이역을 하며 배꼽 빠지도록 파트너를 웃긴다. 마치 자신이 라디오 DJ가 된 듯이 매일 자신의 감정을 담아 녹음하는 사람들도 있다. 영사 자체를 즐기기 시작하는 것이다!

'앞으로 나'의 모습을 점점 늘려가는 사이에 '영어를 하지 않으면 나한테 손해 아닌가?' 하는 마음으로 바뀌게 된다. 지금까지 좀처럼 체험하지 못한 느낌일 수 있지만 잠재의식 속 영어 파일에 '앞으로 나'의 모습이 차지하는 비중이 커지면 반드시 감정에 변화가 생긴다.

'영사를 하지 않으면 나한테 손해 아닌가?'

이렇게 생각하게 된 때가 당신의 잠재의식 속 영어파일에서 '앞으로 나'가 '지나간 나'를 앞지른 시점이다. 이 시점에 이르면 그동안 차일피일 미루어왔던 많은 일들을 서슴없이 해치울 수 있게 되며 영사를 즐기면서 자신에게 도움이 되는 행동을 취할 수 있게 된다.

Let's Think!

6주 차까지 영사를 단 한 번도 빼지 않고 열심히 했다면, 당신은 자신에게 어떤 선물을 해주겠는가?

당신은 영어를 잘하는 '앞으로 나'의 모습을 하루에 몇 번 생각하는가?

'앞으로 나'의 모습을 생각하는 비중이 100% 하루 중에서 몇 % 정도의 비율을 차지하는가?

영어를 먹어버릴 수밖에 없는 마인드 꿀팁!
나이가 많은데 저도 할 수 있을까요?

나이가 많아서 암기력이 떨어진다고 말씀하시는 분이 많은데 그렇지 않다. 어린 시절, 학교 다닐 때는 단어가 잘 외워졌던가? 그때도 잘 외우지 못했다. 암기력 이외의 다른 능력, 즉 이해력과 응용력 등은 나이가 들수록 젊었을 때보다 오히려 더 좋다. 단지 순발력이 늦을 뿐이다. 나이 드신 분이 '나는 나이가 들어서 기억력도 감퇴하고 영어도 잘 못한다.'는 전제를 깔고 수업을 오신다면 결과는 당연히 좋지 않을 수밖에 없다. 그런 생각으로 온다면 당연히 마이너스의 감정 상태일 것이다. 그렇다면 수업 시간에 집중하지도 않고 하라는 방법대로 하지 않는다. 그러니 영어 실력이 늘지 않는 것은 당연한 결과이다.

그러나 그것에 상관하지 않고 열심히 하시는 분들은 나이가 많아도 잘할 수 있다. 49세가 될 때까지 영어학원을 가본 것이 딱 한 달 뿐이었던 여성은 영사를 단 한 번도 빠지지 않고 열심히 했고 등산을 가서는 산 속에서 나무들이 청중이라고 생각하며 영어 프레젠테이션 연습을 할 정도로 자나 깨나 영사에 몰입했다. 그분의 결과는 같은 기수들이 깜짝 놀랄 정도로 일취월장이었다. 그분이 영어 프레젠테이션을 하실 때마다 어찌나 감동적이었던지 수업 시간에 눈물을 훔치는 분들도 있었다.

몸이 아파서 자포자기 상태로 미국 딸 집에서 누워만 있었던 한 여성은 내 책을 읽고 가만히 있을 수가 없었다고 했다. 그녀는 라스베이거스에서 한국행 비행기를 바로 끊어서 우리 마인드스쿨로 한걸음에 달려오셨다. 그 당시 그녀의 나이는 66세. 3개월간 마인드 수업을 듣고 내가 여는 모든 특강들을 들으시면서 그분은 조금씩 바뀌기 시작했다. 자신의 앞으로 모습을 명확하게 그리며 행복해하기 시작했고 건강도 날이 갈수록 호전되기 시작했다. 허리가 아파서 계단도 잘 오르내리지 못했던 그분은 시간이 지날수록 꼿꼿하게 걷고 15킬로그램을 감량하고 더 건강해졌다. 지금 그녀는 68세. 처음 한국에 왔을 때보다 더 건강해졌고 활기차졌다.

우리 마인드스쿨에 마인드 수업을 들으러 오셨던 한 분은 77세였다. 자식들을 다 훌륭한 의사로 키우시고 난 후 60세가 되었을 때 세계 일주를 해야겠다는 생각으로 영감님과 함께 여행을 떠나셨다고 한다. 칠순 기념으로 그 스토리를 책으로 내야겠다는 목표를 가지고 첫 책 『60세에 떠난 세계여행기, 날아다니는 할머니』를 내신 것이 벌써 7년 전. 대구에서 3개월간 단 한 번도 빠지지 않고 수업 시간에 얼마나 열심히 노트하시고 숙제를 열심히 해오시던지 같은 동기들이 모두 입이 쩍 벌어질 정도셨다.

그분은 심지어 내 첫 책 『어둠의 딸, 태양 앞에 서다』를 노트에 모두 필사하셔서 수업 중에도 그 위에 메모하시고 하나라도 놓치지 않고 맨앞에서 집중하셨다. 왜 77세 된 분께서 그렇게 열심히 수업에 참여하셨을까? 내 책을 다 먹어버리고 마인드 파워를 삶에 적용해서 행복한 팔순을 맞이하기 위해서라고 하신다. 삶에 대한 순수한 열정과 배삼순 작가님의 겸손함 앞에서 절로 고개가 숙여졌다.

"내가 조금 더 젊었더라면……"이라는 변명 속에서 신세 한탄하고 있는가? 지나간 시간은 돌아오지 않는다. 지금 이 순간도 귀한 시간이 가고 있다. 현재의 마음을 바꾸면 그 생각에 따라 미래는 바뀌게 되어 있다. 통계청이 발표한 한국인의 평균 수명은 2009년 출생아 기준으로 80.5세. 40년 전보다 평균 수명이 약 18년 늘었다. 의학 기술의 발달로 100세 이상 인구가 머지않아 크게 늘어날 것이라고 한다.

시간이 갈수록 마음이 청춘이라면 나이는 숫자에 불과하다. 가장 중요한 것은 지금 현재 자신이 할 수 있다고 생각하는 마음가짐이다. '나이가 많아서 할 수 없다.'라고 믿는다면 그 믿음대로 될 것이다. 나 또한 오랫동안 '나는 할 수 없다.'라고 생각했기 때문에 나 자신을 포기하며 그저 술 마시는 낙으로 살아갔다.

내 안에 엄청난 능력이 있는데도 그것을 알지 못하고 시도조차 하지 않고 바로 앞에 놓인 일들에 치여서 말 그대로 사는 대로 생각하는 삶을 사는 사람들이 우리 주위에 대부분이다. 그런 삶에 익숙해지다 보니 어떤 사고나 어떤 특별한 일이 생기지 않으면 내 안에 있는 무한한 힘을 깨닫지 못하고 살아가고 있는 것이다.

잠재의식은 만능기계와 같아서 무엇이나 시키면 할 수 있다. 그 만능기계를 운전하는 사람은 나의 의식이다. 그래서 내가 잠재의식을 제대로 이해하고 활용할 수 있다면 나의 운명을 좌우할 수 있다. 내 안에 무한한 만능기계가 있다는 사실만으로도 든든하지 않은가? 오랫동안 사용하지 않았더라도 그 사용법을 알고 작동시킨다면 가동되기 시작한다는 사실 자체가 어메이징하다!

내 안에 만능기계가 사용되기를 기다리다가 녹슬어 잠들게 둘 것인가? 아니면 최대한 그 기계를 반짝반짝 닦아주고 잘 사용해서 내 운명도 빛나게 할 것인가? 나의 선택에 따라 모든 것이 바뀐다. 그 선택권이 있는 인간이라는 존재로 태어났다는 사실만으로도 참 감사하지 않은가? 나의 의식은 선장이다. 선장이 '난 이것을 원해.'라고 명확하게 넣어주면 이 거대한 잠재의식은 심어진 어떤 이미지든지 다 받아들여서 무조건 실현시킨다. 그래서 여러분이 어떤 생각의 씨앗을 심어주는지가 무엇보다 중요하다.

"나는 영어를 잘하고 싶지만 나에게는 그럴 능력이 없어."라고 말하면 잠재의식은 그것을 진실로 받아들인다. 그와는 반대로 "나는 영어를 정말 잘할 거야."라고 말하면 잠재의식은 그것을 받아들여 당신의 소원을 이루어준다. 당신이 "나는 뭘 해도 이 모양이야."라는

가, "잘 안 될 거야." 등의 부정적인 말을 한다면 잠재의식은 바로 그 것을 받아들일 것이다. 언제나 적극적인 말을 잠재의식 속에 심어라. 잠재의식은 당신의 말을 한 번 받아들인 후에 그것을 꼭 이루고 만 다. 적극적인 말을 반복하는 동안 당신 자신은 변하게 되는 것이다.

지금 이 글을 읽고 계신 독자 여러분 한 분 한 분의 내부에는 엄청난 힘이 숨겨져 있다. 나이는 숫자일 뿐이다.

> 남들이 보는 편견 속에서 나를 가둬두지 말자. 내 안에서 잠들어 있는 거인을 깨우는 것은 내 부모도 아닌, 내 자식도 아닌, 내 배우자도 아닌, 오직 당신 자신이다. 모든 것은 가능하다!

마 파 영
6주 차!

마파영 문장 먹어버리는 방법!
한 문장당 최소 30회씩 반복

1. 처음 5회: 또박또박 정직하게 천천히 읽기
2. 5회: 좀 더 빠르게 읽기
3. 5회: 리듬감을 느끼며 읽기
4. 5회: 숨소리까지 완벽히 복사해서 네이티브처럼 읽기
5. 5회: 감정을 실어서 읽기
6. 5회: 상상하면서 읽기

배운 것 하나하나가 완전히 내 몸 세포에 체화되고
내 혀가 인식하도록 내 것으로 만들어야 한다.

마파영 영사하는 방법!

1. 한 문장당 최소 30번씩 크게 외친다!
(문장 먹어버리는 방법으로 30회)
2. 한글 보고 바로 영어로 전환해서 크게 말한다!
3. 녹음한다.
4. 녹음파일을 파트너에게 보낸다.
5. 액션 플랜 시트를 매일 손으로 쓴다.
6. 위의 것을 다 했을 때, 맨 밑 마지막에 한 줄 쓰는 것으로
마무리한다. "(자신의 영어이름), 영사 completed."
먼저 영사하고 나중에 논다.

먼저 놀고 나중에 영사하면 놀 때 즐겁지도 않고
괜히 정신적으로 피곤하다.

마 인 드
파 워 로
영어 먹어버리기

어메이징 PT

Get Rid of It!

없애버려요!

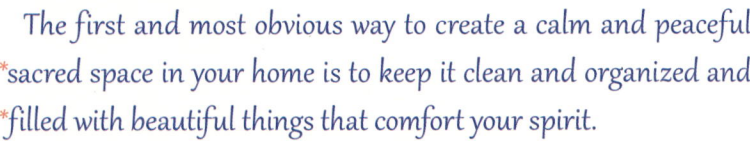

The first and most obvious way to create a calm and peaceful *sacred space in your home is to keep it clean and organized and *filled with beautiful things that comfort your spirit.

Everything *is comprised of energy, and everything you own absorbs your vibrations. The same holds true for negative energy — it will also linger in an atmosphere, *bringing you down with its dreary and brittle vibes.

That's why if you live in messy, unloved, and neglected disarray, you'll *come to resent it. First, the ugly environment itself discharges negative energy, and the resentment you feel because of it keeps recycling those dark feelings.

The best cure for this problem is to clean and clear out all that isn't necessary or soothing to your spirit. If it's ugly, irritating, broken-down, or useless — or if it *reminds you of something or someone unpleasant — get rid of it.

Given the effect it has on you, it isn't worth keeping.

집에 고요하고 평화로우며 신성한 공간을 만들 수 있는 가장 좋은 방법은 깨끗이 청소하고 정돈한 후 당신의 영혼을 평안하게 해주는 아름다운 물건들로 채우는 것입니다.

모든 것은 에너지로 구성되어 있으며 당신이 소유하는 모든 물건이 당신의 진동을 흡수하고 있습니다. 부정적인 에너지도 같은 방식으로 작동합니다. 부정적인 에너지 또한 대기 중에 머무르며 그 지루하고 불안한 기운으로 당신을 압박할 것입니다.

바로 그런 이유 때문에 혼란스럽고 애정이 없으며 게으르게 어질러놓은 환경에서 살아간다면 화가 날 것입니다. 추한 환경 그 자체가 부정적인 에너지를 발산하며, 그것 때문에 화가 나서 지속적으로 부정적인 감정의 악순환에 시달리게 됩니다.

이 문제의 최선의 해결책은 청소를 하고 쓸모없거나 당신의 영혼을 위로해주지 않는 것들은 모조리 없애는 것입니다. 만약 어떤 물건이 추하고, 짜증나게 하고, 고장났거나, 쓸모없거나, 불쾌한 일이나 사람을 떠올리게 한다면 치워버리세요!

이런 것들이 당신에게 미치는 영향을 생각해보면 그 물건은 지니고 있을 가치가 없습니다.

*the way to + V ~하는 방법
본문에서는 the way to create a calm space라고 해서 고요한 공간을 만드는 방법이라고 했다. 매우 유용한 표현이니 자주 입으로 크게 외치며 연습해보자!
ex) The way to master English is to come to the Mind School and do 영사 everyday.
영어를 마스터하는 방법은 마인드스쿨에 와서 영사를 매일 하는 것이다!

sacred 신성한 | be filled with = be full of ~으로 가득 채우다 | be compromised of = be made up of ~으로 구성되다 | bring down 억누르다, 억압하다 | come to + V : ~하게 되다 | remind A of B : A에게 B를 생각나게 하다 | ex) She reminds me of my mother. 그녀를 보면 어머니가 떠오른다

영사 6주 차에 접어든 당신! 이제 영사가 점점 더 많이 익숙해졌을 것이다. 이번 6주 차 역시 30번씩 영어 문장을 먹어버리는 방식으로 크게 반복한다. 지난주와 같이 영사할 때는 1주 차 했던 내용부터 다시 30번씩 매일 반복한다. 1, 2주 차에 했던 내용들은 이제 점점 더 입에서도 익숙해져가고 있을 것이다. 그래도 계속 영사는 1주 차부터 반복 연습한다.

　기억하자! 쉬운 문장 하나도 입 밖으로 내뱉지 못하는 것은 입으로 연습이 부족하기 때문이다! 머리가 아닌 내 혀가 기억하게 하라! 눈으로만 읽지 않는다. 옆 사람이 혐오감을 느낄 정도로 목이 터져라 크게 읽는다. 매일 영사하고 녹음하고 어메이징 액션 플랜 시트를 작성한다.

　우리 마파영을 듣는 마파영팸은 처음에는 영어를 크게 외치는 것 자체를 쭈뼛쭈뼛 부끄러워한다. 그러나 어느 순간부터 익숙해지기 시작하며 어디서든 상관하지 않고 외친다. 어떤 사람은 한강에서 혼자 크고 우렁차게 영사를 하고 어떤 사람은 점심시간마다 회사 옥상을 가서 크게 외친다. 바람이 몰아쳐도 눈이 와도 비가 와도 옥상을 가서 연습한다. 어떤 마파영팸은 호텔 앞 벤치에서 이어폰을 끼고 큰소리로 외치고 있는 것을 내가 우연히 목격한 적도 있다. 많이 본 사람이 눈을 감고 영어로 외치고 있길래 자세히 보니 우리 마파영팸이었다. 나는 그녀를 위해 조용히 그 자리를 피해주었다!

　어떤 마파영팸은 스타벅스에서, 어떤 마파영팸은 지하철을 걸으면서 사람들이 주위에 있건 말건 영사를 한다. 그것도 큰소리로! 자신의 발음이 좋아지기 시작하면서부터는 뻔뻔족이 되어 큰소리로 외친다. 그들은 그런 자신을 즐거워하고 좋아한다! 누가 영어를 공부한다고 했던가. 영어는 몸으로 하는 것이다!! 이제 6주 차가 끝나면 이미 1주 차의 영어 PT를 1,260번, 2주 차를 1,050번, 3주 차를 840번, 4주 차를 630번, 5주 차는 420번, 6주 차의 PT를 210번 반복한 것이다!

How AWESOME you are! 12주의 반! 영사에 성공한 당신! 충분한 보상의 선물을 받을 만하다. 당신 자신에게 어메이징한 선물을 해주자! 단 6주 차까지 매일 했을 경우에 해당한다! 아무 때나 자신에게 선물해주지 않는다. 지난 6주간 영사를 열심히 한 나를 칭찬해주며 그 성취감을 생각하며 그 선물을 마음껏 즐기자!

자, 이제 뿌듯한 마음을 안고 7주 차로 넘어가자!

Patterning your life around other's opinion is nothing more than slavery.

다른 사람의 생각에 인생을 맞춰가는 것은
노예나 다름없다.

-라와나 블랙웰

생생 체험기

기적처럼 원하는 토플점수를 얻다!

(최영미, Cecil/49세/공무원)

가을 단풍이 아름다운 켄터키 컴버랜드 폴에서 보내는 이야기다.

사람들은 늘 행복해지기를 추구한다. 행복이라는 파랑새를 쫓아 어디든지 가고, 무엇이든지 하고, 누구든지 쫓아다닌다. 나도 행복해지고 싶었다. 그러나 행복은 늘 나와는 거리가 먼 듯했다.

가정폭력자인 아버지 밑에서 온 가족이 벌벌 떨며 두려움 속에서 성장해야 했다. 도피하듯이 했던 결혼생활은 3년 만에 두 아이를 데리고 세상에 내동댕이쳐지는 참담한 현실로 내 앞에 벌어졌다. 옴짝달싹도 할 수 없는 현실에서 내게 정신적인 위안을 준 것은 오직 방송통신대를 통해 공부하는 영어 문장이었다. 온몸을 옥죄는 현실에서는 불가능한 정신적인 자유를 방송대 교재의 좋은 글 모음으로 엿보며 20대를 가난하고 처절하게 지냈다.

영어는 나를 저버린 적이 없었다. 그 영어를 가슴에 품고 살았기에 30세에 전업주부 생활을 6년 했어도 서울시 9급 공무원에 행정직으로 합격할 수 있었다. 나는 10년 만에 방송통신대 영어영문학과를 졸업하고 서울시에서 국외훈련을 가는 과정이 있다는 것을 알게 되었다.

'아, 갓 태어난 한 달 된 아이를 뉘어놓고 중간고사 시험을 보러 다니던 그 절절한 영어를 공부해서 갈 수 있다면 언젠가는 나도 국외훈련을 가게 될 것이다.'

'비록 8급 말단 공무원에 두 아이를 키워야 하는 싱글맘이지만 아이들이 어릴 때 시작하면 고등학생이나 대학생이 되었을 때는 두 아이에게 어학연수의 기회를 줄 것이 아닌가.'

국외훈련을 가야겠다는 일념으로 친정집에서 두 아이를 키우며 부모님을 부양하며 토익 책을 조금씩 보기 시작했다. 다행히 7급이 되면서 주말에는 공부할 수 있는 여건이 만들어지기 시작했고, 토익 책은 동료가 보던 것을 얻어서 보았다. 영어를 공부하는 것은 내게 '희망'이었다.

그러나 국외훈련 선발자는 거의 6급이었다. 7급으로서 가는 경우는 드물었다. 그래서 나는 6급으로 승진하기 위해 처절한 몸부림을 쳐야 했다. 8시 근무 시작, 밤 1시 퇴근, 이로 인한 과로와 스트레스, 영양실조, 그리고 이어진 중풍. 나는 반신불수가 되어 부모님 집에 누워 죽음이 가까이 온 것을 느끼는 순간에도 죽을 수가 없었다. 그 순간에도 미국에 국외훈련을 가야겠다는 꿈을 놓을 수가 없었다.

마인드
파워로
영어 먹어버리기

2011년 9월, 드디어 6급으로 승진하고 중풍 후유증으로 시달리는 가운데 다시 토익 책을 접하기 시작했다. 세상이 많이 달라져서 손 안의 스마트폰에 토익 앱을 깔면 하루 8문제는 날마다 접할 수 있었다. 월요일부터 금요일까지 날마다 밤 11시까지 야근을 하고 토요일 오전에는 자야 한다고 아우성을 치는 눈꺼풀을 억지로 떠가며 토요 주말 토익문제 풀이반을 다녔다. 하도 졸려서 100명이 넘는 학생들이 앉아 수업 듣는 시간에 혼자 일어서서 수업을 듣고 문제를 풀었다.

두 아이를 낳고 산후조리를 하면서도 잠깐씩 보았던 그 설레는 영어를 토익 학원씩이나 다니며 할 수 있다는 게 너무 좋았다. 그렇게 문제 풀이반을 1년 다니고 나니 국외훈련 신청서를 낼 수 있는 점수가 나왔다. 남들보다 머리가 좋지도 않고 학교 다닐 때 성적이 좋았던 학생도 아니고, 혼자 두 아이 육아를 병행하며 공부해야 했기에 자투리 시간을 활용하는 별의별 수단을 다 써야 했다. 그중 하나가 A4용지를 가로로 4번 접고 세로로 4번 접고 나서 그 안에 영어단어와 문장을 써넣는 것이다.

나는 그것을 나의 뇌세포라고 불렀다. 내 머리는 잘 돌아가지 않으니 뇌세포를 들고 다니며 100번이고 200번이고 머리에 입력될 때까지 틈만 나면 주머니에서 꺼내 읽는 것이다. 토익 듣기는 영어 성경책을 1만 번 정도 들었다. 토익 듣기 CD를 하도 들어서 CD기를 9개월에 한 개꼴로 새로 사야 했다. 내 머리에 영어가 들어오느냐,

아님 CD기가 깨어져 나가느냐 하는 각오로 들었다.

그러나 말하기는 늦지가 않았다. 토익 점수도 나오고 국외훈련도 승인받고 잠시 숨 좀 돌려도 되겠다 하고 있는데 인력개발과에서 토플 점수를 따라는 것이다. 2015년도 1월부터 비자법이 바뀌어서 그렇다는 것이다. 시간은 겨우 4개월 남았고 10년 전인 2005년도에 공부하던 토플과는 방향이 많이 바뀌었기에 마음이 다급해졌다.

나는 3월 1일 3P 바인더의 강규형 대표를 찾아가 상담을 했고 그분이 조성희 마인드스쿨에 '마파영' 과정이 있다며 책을 한 권 빌려주셨다. 그녀의 책을 읽으며 나는 마음속으로 확신했고 4월부터 마파영을 듣기 시작했다. 그러면서 틈틈이 마인드 파워 과정인 마스터 마인드, 목표성취자, 위너스 이미지, 머니 시크릿 과정들을 들었다. 그러면서 나는 행복해지고 웃기 시작했다.

분노를 조절할 수 없어서 열화와 같이 화를 내면 스스로 다스릴 수 없었던 내가 영어 수업 시간에 많이 웃어야만 영어를 잘하게 된다고 해서 과장해서 웃었다. 4월 24일경 살고 있던 연립주택 지하실에 불이 났다. 새벽 4시에 소방관이 문을 두드리며 대피하라고 해서 파카만 걸치고 바깥으로 대피했더니 놀라고 추위에 떨어서 몸이 죽을 만큼 힘들었다. 그래도 주말 수업 시간에 가면 나는 마음껏 웃을 수 있었다. 웃고 나면 모든 게 잘될 것 같았다. 웃고 또 웃었더니 행복감을 느끼는 나를 돌아볼 수 있었다.

5월에 나는 기적처럼 원하는 토플점수를 얻을 수 있었다. 처음 보는 토플 점수에서 말하기 점수가 나온 것이다. 2월에 기출문제를 인터넷으로 사서 컴퓨터 앞에 앉아 혼자 시험 보다가 말하기에서 입 한번 못 열어보고 참담해 하던 때로부터 3개월 만의 변화였다.

마파영에서 하는 영사는 장소와 시간을 가리지 않고 했다. 출장가면서 스마트폰으로 마인드스쿨 사이트에 올려진 문장을 입에 익히려고 연습했다. 집 앞에 산책로 조경석 위에 주저앉아서 반복하고 또 반복했다. 5월, 6월은 날씨가 좋아서 산책하는 사람들을 의식하지 않고 혼자 큰소리로 리듬을 타면서 했다. 수업 시간에 내가 볼펜으로 표시한 그 느낌을 살리면서 하면 혀가 내 두뇌보다도 더 미끄러지듯이 영어를 인식하는 느낌이 좋았다.

그리고 7월 1일 나는 드디어 미국 켄터키 렉싱턴으로 날아왔다. 조성희 마인드스쿨에서 3개월간 하도 웃었더니 내게 웃는 인상이 남아 있었나 보다. 공항직원이 이코노미석을 비즈니스석으로 바꾸어주어 생전 처음 귀빈 대접 받으며 왔다. 나는 지금 여기 미국에서 참 행복하다. 두 아이가 각자 하고 싶어 하는 목표가 있어 혼자 올 수밖에 없었지만, 지난 4개월간 천국을 경험하고 있다. 켄터키 시청, 루이빌 시청, 콜드 크리크 등으로 필드 트립을 다니고 일주일에 3일은 영어 말하기 수업을 듣고 2일은 렉싱턴 시청에서 인턴십을 한다.

동료들 중 토익 점수는 있는데 말하기가 안 되어 속상해하는 동기가 여러 명이다. 심지어 초등생 아들이 여행 가서 여행사 직원에게 "우리 엄마 영어 못해요."라고 말하는 것을 보고 머리를 쥐어박고 싶었다는 동기. 지금도 수업 시간에 컴퓨터를 틀어두고 말하기를 할 때는 아예 보고 하는 동기. 물론 잘하는 동기도 있지만 그 사람은 2년 정도 이미 해외 거주 경험이 있는 공무원이다.

나는 이곳에서 미국이 처음이냐는 질문을 많이 받는다. 물론 처음이다. 그전에 미국 땅을 밟아본 적이 한 번도 없다. 그래도 나는 미국인과 말이 다 통한다. YMCA에서는 핫풀이 있다. 그곳에 앉아 있으면 아라비아인, 인디아인, 멕시코인, 중국인, 미국인 할 것 없이 수영복 입은 채로 말을 할 수밖에 없을 정도로 핫풀이 작다. 그곳에서 나는 웃으며 영어로 대화를 즐긴다. 나도 놀란 것은 그 유창함이 어디서 나온 것인지 의아해질 때가 많다. 영어로 말하고 알아듣는다는 게 이렇게 신나는 일인지 한국에서는 몰랐다.

지난 10월 1일에는 교통사고를 당했다. 빨간 불 앞에서 서 있는데 체로키라는 차가 와서 받았다. 내 차는 폐차되고 상대방 차는 멀쩡했다. 보험회사, 병원예약, 약국 등과 전화로 하루 한 시간 이상 통화해야 했다. 미국에서 오래 산 사람도 안 되는 영어가 통했다. 교통사고 당한 덕분에 한 달간 그 비싼 물리치료와 마사지를 무료로 받고 있다. 푸른 눈의 금발 여인이 내 목과 등을 마사지해주는데 기분이 좋다. 내 오랜 영어 짝사랑이 토익 책에서 끝나는 게 아니라 내 입까지 와서 나를 웃게 하고 행복하게 하는 이 나날들이 좋다.

대학원생인 딸은 엄마가 미국에 있는 덕에 2개월간 미국 횡단 자전거 투어를 마치고 한국으로 돌아갔다. 10년 후에는 유럽을 자전

거 바퀴로 접수하겠다는 꿈을 가지고 떠났다. 내가 영어를 공부해서 얻은 보상도 크지만 내 딸이 내가 공부한 결과로 얻는 보상이 두 배, 세 배나 기쁘다. 아들은 SART(공군특수부대)가 되고 싶어해 한국에 남았는데 같이 미국에 오기 위해 준비하다가 찾아낸 꿈이다. 내년 봄방학 때 아들을 며칠 오도록 하여 그랜드 캐니언과 옐로우 스톤을 같이 다녀올 생각이다.

나는 10년 후 은퇴하고 나면, 다시 이곳 렉싱턴으로 와서 대학을 다니고 싶다. 지금까지 책임과 의무만 있었던 삶이었지만 10년 후에는 내가 하고 싶은 공부를 하며 제2의 인생을 살고 싶다. 나이 60에 대학생이 되는 기분은 어떨까. 그것도 영어를 전공해 공부하는 기분. 한국과는 달리 경쟁 시스템이 아니라 인생을 즐기고 모든 것이 좋아질 것이라는 말을 입에 달고 다니는 이곳이 천국이다. 그리고 천국으로 가는 문을 열어주고 진정으로 내 삶을 그리고 영어를 즐길 수 있도록 마인드를 미리 심어주신 조성희 선생님을 만난 것은 행운이다.

영어, 생각만
해도
심장 바운스
바운스!

Eat!
English!

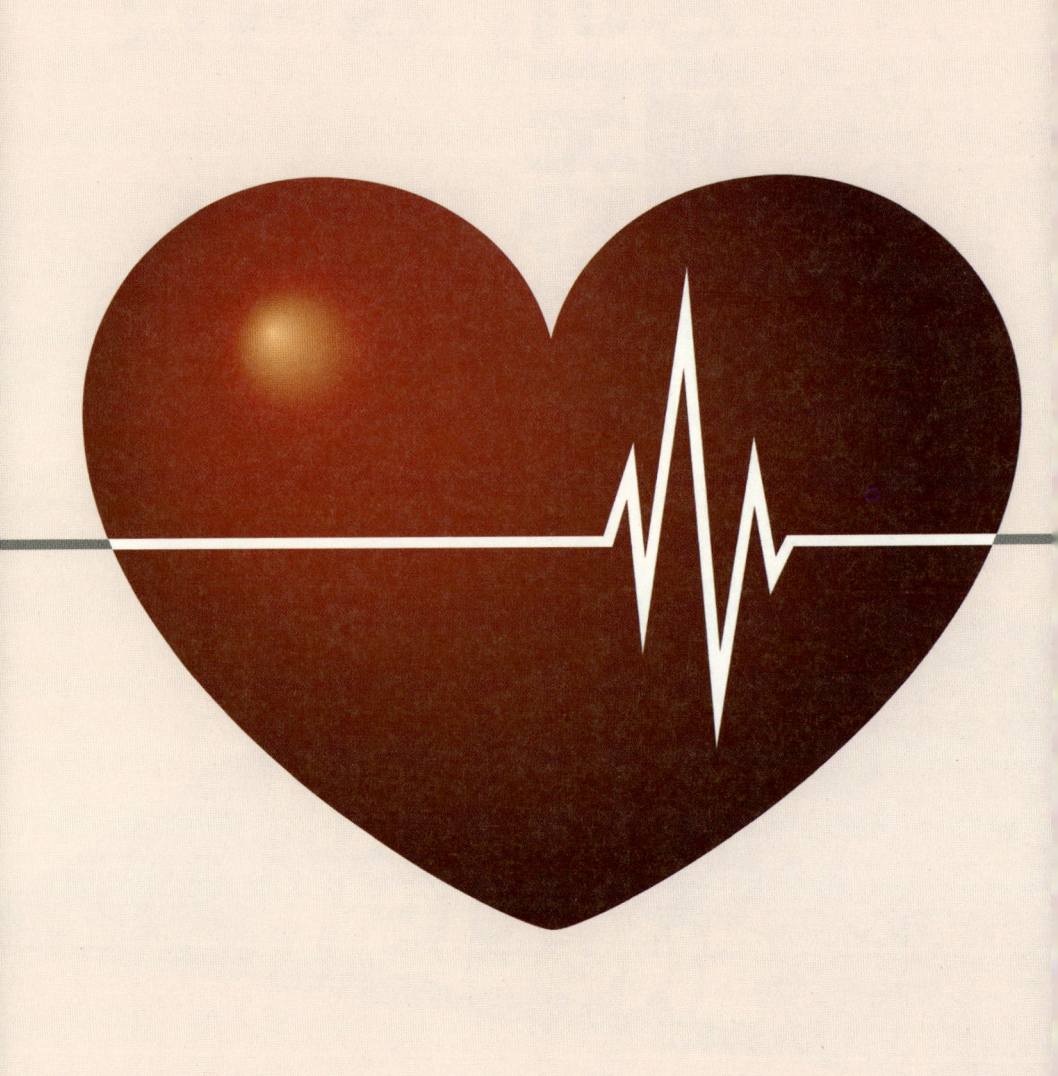

마인드 세팅

영사 7주 차!
이미 반을 넘은 것이다!
정말 수고 많았다.

이젠 영사도 어느 정도 적응도 되었을 것이고 새로운 문장들을 영사하는 것에 대한 설렘도 조금씩 사라져가고 있을지도 모른다. 인간은 어느 순간이 되면 적응하는 존재이기에 아무리 좋은 앞으로 나의 모습을 만들어놓아도 그에 대한 기대나 설렘이 사라질 때가 반드시 찾아온다.

작심삼일이라는 말이 있듯이 한 번 상승된 동기도 익숙해지면 왠지 모르게 약해져 결국 오래가지 못하는 경험을 누구나 했을 것이다. 하지만 목표 달성을 위해서는 '지속적인 행동'이 필수적이다. 나 역시 '영어를 먹어버리겠다.'라는 단무지 정신으로 나 자신을 가열차게 몰아붙였기에 영어를 먹어버릴 수 있었다.

  지치고 힘들 때마다 내가 영어를 먹어버렸을 때 성공한 나의 모습을 상상하며 상상 속에서 빠졌던 적도 있었다. 얼마나 상상을 생생하게 했던지 그 모습이 그대로 꿈속에 나오기도 했다. 그래도 힘들면 나보다 어렵고 힘든 환경에서도 성공했던 사람들의 스토리들을 보며 다시 나 자신을 위로했다. 단무지 정신을 나는 이렇게 정의한다.

단: 단순하고
무: 무식하게
지: 지속적으로

  나의 경우는 너무나도 간절했기 때문에 끊임없이 나 자신을 몰아붙였지만 이 책을 든 당신은 이렇게 걱정할 필요가 없다. 이 책과 함께하지 않는가! 행동의 원인을 제대로 알고 내부의 영어에 대한 생각들을 서서히 바꾸고 있지 않은가? 이 책을 한 주 한 주 지나며 진정 실천하기 시작하면 영어를 먹어버릴 수 있다. 그것도 아주 맛있게!

  '앞으로 나'의 모습을 지속 반복적으로 생각하는 양을 늘리면 '영어를 먹어버리고 싶은 마음이 약해지는 문제'를 간단하게 해결할 수 있다. 의식이 집중하는 양을 의도적으로 늘리는 것이다. 내가 영어를 잘하는 '앞으로 나'의 모습과 '지나간 나'의 모습이 차지하는 비율을 비교하여 '앞으로 나'의 모습을 더 많이 만들어서 생각을 집중하면 바로 다시 행동하고 싶은 감정을 일으킬 수 있기 때문이다.

하고자 하는 마음이 약해졌을 때 새로운 '앞으로 나'의 모습을 늘리고 새롭게 의미 부여를 하면 된다. 예를 들어 영어 스피킹 정복을 목표로 한 사람이 **'외국인 친구가 생겼으면 좋겠다.' '성공하고 싶다!'** 는 자기 자신만을 위한 의미부여에 설렘이나 기대감이 약해졌다고 하자. 이럴 때는 **'언젠가 영어 프레젠테이션을 잘해서 회사에 큰 도움이 되는 사람이 되고 싶다!' '언젠가 가족들을 데리고 외국여행을 가서 모두가 즐겁게 안내를 하고 싶다!'** 등의 다른 사람들을 위한 새로운 모습들을 그리면 다시 감정에 변화가 생기기 쉽다. 영어에 의미 부여를 새롭게 다시 하는 것이다. 많은 사람이 매년 시도하고 실패하는 다이어트의 경우에도 다이어트 성공 후 앞으로 나의 모습을 지속적으로 늘릴 수 있다.

'다이어트를 하면 어떻게 될까?'라는 질문을 나 자신에게 해보자.

'몸이 가벼워진다.' 몸이 가벼워지면 어떻게 되지?

'걸어 다니는 것이 편해진다.' 걸어 다니는 것이 편해지면 어떻게 될까?

'지금보다 더 많은 고객들을 만날 수 있다.' 그러면 어떻게 될까?

'많이 만나는 만큼 영업실적이 올라가고 커미션을 더 많이 받는다.' 그렇게 되면?

'일이 즐거워지고 행복해진다.' 그렇게 되면 어떻게 될까?

'모든 일에 자신감이 넘친다.' 자신감이 넘치게 되면?

'여자 친구가 생긴다.'

이렇게 점점 앞으로 나의 모습들을 늘여가다 보면 어느새 내 마음속에서는 '다이어트에 성공하면 여자 친구와 더 많은 돈을 모두 손에 넣을 수 있게 된다.'라는 그림이 그려지고, 당연히 기분은 업될 수밖에 없다. 이렇게 내 기분이 좋아질 때까지 '다음은 어떻게 되지?'라는 질문을 스스로 계속 던지며 미래의 나를 향한 스텝들을 하나씩 하나씩 만들어가는 것이 포인트다. 그 스텝들을 만들어가다가 '더 이상 일을 미루고 있을 때가 아니다! 빨리 행동으로 옮기고 싶어 미치겠다!'는 감정이 마구 용솟음친다면 마인드 세팅하는 데 성공했다고 할 수 있다.

앞으로 나의 모습을 만들 때 중요한 점은 그 모습을 떠올렸을 때 내 심장이 두근두근 거릴 정도로 설렘이 느껴져야 한다는 것이다. 잠재의식은 감정에 반응하기 때문이다. 앞으로 나의 모습을 떠올렸는데도 내 감정에 아무런 변동이 없다면 이것이 정말 내가 원하는 것인지를 다시 묻고 앞으로 나의 모습을 더 명확하게 그리면 된다. 스스로에 자신 없어 하는 사람일지라도 '장차 이렇게 될 것이다!'라는 앞으로 나의 모습을 명확하게 만들어놓을수록 자신감을 가지게 되고 좀 더 즐겁게 행동할 수 있게 된다.

아무 생각 없이 가만히 있으면 어떻게 될까? 가만히 앉아 있으면

잡초만 무성해질 뿐이다. 자연스럽게 예전의 나의 모습 속에서 머물러 있을 수밖에 없다. 가만히 있어도 늘어만 가는 '지나간 나의 모습'에 지배받지 않기 위해서는 의도적으로 '앞으로 나'의 모습을 명확하게 만들고 그 모습을 지속 반복적으로 떠올리며 내 감정 상태를 바꾸는 연습을 해야 한다. 기억하자. 오늘의 감정을 바꾸어야 오늘의 행동을 바꿀 수 있다.

감정은 행동의 불꽃이다! 수많은 마파영팸들이 증명했다. 영어를 했을 때 앞으로 나의 모습들을 그리면서 자신의 감정을 살펴보면서 영사를 했기에 졸업생들이 졸업한 지 1년이 넘어도 영사를 하고 있는 것이다!

Let's Think!

영어 스피킹을 잘하게 된다면 그 뒤에 펼쳐질 새로운 그림들은 무엇일까? 영어를 잘함으로써 내 주위 사람들에게 어떤 도움을 줄 수 있을까?

영어를 먹어버릴 수밖에 없는 마인드 꿀팁!

어학연수 꼭 가야 하나요?

　　외국생활을 오래 하면 으레 영어도 잘한다고 생각하는 사람들이 많다. 하지만 이것은 우리가 영어에 대해 갖고 있는 또 하나의 편견일 뿐이다. 물론 외국에서 산 만큼 잘하는 사람들도 있긴 하다. 그러나 모든 사람이 다 그런 것은 아니다. 나는 미국에서 20년을 살았다고 하는 분이 영어 한마디 제대로 하지 못하는 사람도 보았다.

　　많은 사람들은 외국에 나가 살면 영어로 해야 모든 생활이 되니까 살다 보면 영어를 할 수밖에 없을 것이라고 착각한다. 그래서 수백, 수천만 원을 들여가며 너도나도 기를 쓰고 해외로 나가는 것이다. 그렇지만 안타깝게도 그곳에서 만나는 현실은 내가 기대했던 것과는 정말 다르다. 그래서 나는 외국에 어학연수를 하러 간다는 사람들을 보면 꼭 얘기해주고 싶은 것이 있다. 외국에 나간다고 반드시 영어를 잘하리라는 기대를 하지 말라는 것이다.

　　내 주위 많은 친구들이 어학연수를 떠나기 전 나가면 영어가 당연히 되지 않겠느냐고 물었다. 그때마다 나는 만약 정말 가고 싶다면, 한국에서 충분히 준비하고 실력을 다진 후에 나가기를 추천했다. 외국에서는 친구들을 사귀고 문화를 익히는 데는 찬성이라고 말한다. 그러나 어떤 외국에 대한 환상을 가지고 '외국에 나가면 영어가 되겠지'라는 막연한 생각으로 무조건 나가는 이들이 있다. 그러나 현실은 영어는 늘지 않고, 외국인에 대한 두려움이 있다 보니 집에 일찍 들어오고, 집에서 TV 속에 빠져 외국 방송만 리모컨을 돌리고 있는 현실을 맞닥뜨리게 된다. 외국인에 대한 두려움, 외로움, 언어장벽에서 오는 좌절감과 스트레스는 말할 수 없는 고통이다.

아무런 준비 없이 무조건 떠나는 어학연수는 돈 낭비일 뿐이다. 완전 초보자의 경우에는 외국인과의 대화나 현지 어학원 수업은 별 도움이 되지 않는다. 먼저 한국에서 충분히 연습하며 기본기를 다져야 한다. 외국생활과 영어 실력이 비례한다는 편견을 버려라. 기초 없이 무턱대고 나갔다가는 몸도 마음도 피폐해질 뿐이다. 돈 낭비, 시간 낭비하지 말고 세월을 아껴라.

우리나라에서도 충분히 영어적인 환경을 만들고 연습하면서 잘할 수 있다. 자신이 얼마나 마음먹느냐에 따라 달라진다. 어느 장소에 있든지 간에 내가 마음먹기에 따라 모든 것이 달라진다는 사실 자체가 엄청난 희망의 메시지 아닌가! 어메이징 그 자체이다!!

1년의 휴학기간 동안 나는 치열하게 영어를 먹어버리는 데 몰입했고 돈 버는 데 몰입했다. 3학년으로 복학했을 때 나는 달라져 있었다. 더 이상 예전처럼 술을 마시러 다니거나 공강 시간에 신세 한탄하면서 다른 사람 뒷담화하며 놀고 있지 않았다. 복학했을 때 친한 친구들은 이미 4학년이었기 때문에 나와 듣는 수업들도 달랐다. 예전에는 친구들과 몰려다니며 수업을 듣는 것을 즐겼다면, 복학해서는 혼자 밥 먹고 혼자서 수업 듣는 것에 너무도 익숙해져 있었다.

나는 의류학과 전공수업들을 최소한으로 줄이고 영문학과 수업들 중에 100% 영어로만 진행되는 수업들을 모두 신청했다. 나중에 영문학과 학생들이 모두 내가 영문학과 학생인 줄 알았다고 할 정도로 영문과 수업들을 많이 들었다. 나의 모교인 서울여대의 장점은 좋은 영어회화 프로그램들이 많았다는 것이다. 시간표에서 모든 공강 시간들은 외국인과의 영어회화 수업들로 채워 넣었다. 그러다 보니 자연스럽게 한국에 있는 학교였지만 거의 대부분의 시간을 영어를 듣고 쓰면서 시간을 보내게 되었다.

복학 이후로는 아르바이트를 끊임없이 하면서 공부를 정말 열심히 했다. 장학금을 받아서 등록금 비용을 줄여야 했다. 그래서 휴학 전과 복학 후의 나의 성적 차이는 엄청나게 다르다. 복학 후에는 모든 과목 'A+', 그중에 하나 아니면 두 개가 'A', 그리고 가뭄에 콩 나듯 'B+'가 있다.

단순, 무식, 지속적인 단무지 정신으로만 무조건 나를 열심히 몰아붙였다. 그런데 이 정신으로만은 힘들었다. 스케줄이 너무 빡빡해서 너무나 버거울 때가 많았고 이전의 습관이 남아서 감정 기복도 매우 큰 편이었다. 우울한 감정에 한 번 빠지기 시작하면 걷잡을 수 없이 그 안에서 빠져나오지를 못했다. 열심히 하고 있지만 나에 대한 확신도 전혀 없었고 마음이 흔들릴 때가 한두 번이 아니었기 때문에 혼자서 고민하며 멘탈 붕괴 상태에서 헤매고 있을 때가 많았다.

여기에 가장 중요한 것이 빠져 있었던 것이다. 그것은 바로 '내 안에 있는 무한한 잠재의식에 대한 이해'였다. 모든 것의 근본이 되는 것이 내부이고, 잠재의식을 어떤 식으로 활용함으로써 보이는 현실이 바뀌는지를 알았더라면 시행착오의 시간이 훨씬 줄어들었을 것이다. 그리고 내가 그 과정에서 느꼈던 불안감이나 걱정도 줄었을 것이다. 그렇지만 그늘 속에서 경험했던 수많은 시행착오들도 배워가는 과정이었다고 생각한다.

치열했던 나의 경험들 덕분에 독자 여러분께서 조금 더 시행착오를 줄일 수 있도록 그리고 시간 낭비, 돈 낭비를 줄일 수 있도록 이 책을 쓸 수 있으니 오히려 기쁘다.

생생 체험기

영포자라면 마파영입니다!!
(홍자연 대표, Chloe)

조성희 마인드스쿨.

조성희 대표님을 만나고, 마인드스쿨 동기들과 함께하며 모든 것이 감사이고 매 순간이 감동이며 끊임없이 성장하는 한 사람입니다.

1년 전의 다이어리를 펼쳐보았을 때 그때는 계획뿐이었던 일들을 지금은 실행하며 생각과 말의 주인공이 되어 꿈을 향해 매 순간 실행하는 저를 보며 이렇게나 큰 성장을 하고 있는 제가 고맙고 그 시작을 열어주신 조성희 대표님께 너무나 감사하고 끊임없는 격려와 위로와 용기를 불어넣어주는 동기 한분 한분께도 정말 감사합니다.

5월 달에 있었던 어메이징한 마파영 수업에 대한 이야기를 나누고 싶어 글을 시작합니다.

저는 지금으로부터 까마득하게 기억도 나지 않는 대학시절, 그러니까 10년도 넘은 재학시절에 부모님의 땀으로 어학연수를 다녀왔습니다. 미국에 대한 동경도 있었고, 미국만 가면!! 영어가 샬라샬라 되는 줄 알았고, 그래서 떠났습니다. 한국인이 없는 곳으로 찾고 찾아서 갔는데도 수업 시간에는 동양인들이 바글바글한 곳에서 영어 이름을 쓰며 짝꿍과 이야기를 하고 어떨 때는 짝꿍이 한국인이 되기도 합니다.

　한국인과 어울리지 않는다고 해도 어울릴 수밖에 없는 상황들이 됩니다. 현지에서 도움도 받아야 하고 여행도 가야 하고 등등…… 그렇게 저는 콩글리쉬가 늘어서 옵니다. 어떻게 공부해야 하는지도 몰랐고, 공부를 열심히 하지도 않았습니다. 그렇게 저는…… 부모님의 돈을 펑펑 날립니다. 그렇게 1년 어학연수를 끝내고 얻어온 것은 여행하고 놀다 온 추억, 그리고 외국인 앞에서 콩글리쉬를 해도 두렵지는 않는 뻔뻔함?이었습니다. 그러기에는 너무나 큰돈의 액수였고요. 부모님 죄송합니다.

　그렇게 저는 동남아를 갈 때는 불편하지 않는 콩글리쉬를 잘하고 미국이나 원어민과는 깊은 대화를 하기에는 참 답답한, 항상 미국에 다녀오면 영어공부해야지! 하고는 잊고 사는 그런 생활이었습니다. 회사에 외국인들이 많이 있는데 행여나 말 시킬까봐, 근처에 안 가고 영어를 하면 급여의 혜택이 있음에도 불구하고 전혀 도전하지 않았던 저에게 마인드 파워를 함께 공부했던 동기들이 함께하자고 했던 마파영.

　사람들 앞에서 이야기하는 걸 극도로 두려워하고 게다가 영어 PT를 해야 한다는 것 그 하나로! 단호하게!! NO!를 외쳤습니다. 동기들에게 서로 부끄러우니 마지막 체면을 지키겠노라며, 그러나 이번이 아니면 영어를 할 기회는 없을 거라는 생각이 문득 들었고 '그래, 이왕 부끄러울 거 동기들 앞에서 부끄럽자!'라는 마음으로 마파영에 도전했습니다.

그렇게 시작된 마파영 모두들 너무나 설레는 시간이라고 하는데 저는 그닥 설레지 않았고, 어메이징하다고 하는데 저는 어메이징하지 않았고 영어 스피킹은 즐겁다고 하는데 저는 즐겁지 않았습니다.

빨리 PT를 끝내기만을…… 그렇게 의무감으로 영사를 하고 가장 두려웠던 영어 PT를 해냈습니다. 어떻게 했는지 기억도 안 나지만 했습니다. 그런데 잊지 못하는 것은 동기들이 보내준 눈빛 정말 마음으로 눈빛으로 모든 에너지를 보내주며 응원하던 그 감동의 모습들은 기억이 납니다. 그렇게 두려움을 극복하고 저는 신세계를 경험했습니다.

영어 스피킹이 즐거운게 무엇인지, 영어가 쉽고 재미있는게 무엇인지, 머리가 아닌 마음으로 이해하게 되었습니다. 그래서 정말 영사를 즐거워서하고 하고 싶어서 하고, 영사하기 위해 모든 스케줄을 조정하고, 부모님은 너무 열심히 한다고 하실 정도입니다.

영어를 할 수 있다는 자신감이 생기고…… 영어를 제일 못하는 사람에서 가장 큰 변화가 있고 가장 오래도록 해내는 사람이 되자고 동기들과 함께 다짐하며 이제는 영어가 목적이 아닌 수단이 되어 즐겁게 하고 있습니다. 그리고 영어 PT를 하게 된 것이 너무나 감사합니다. PT 때 외웠던 문장들이 지금도 툭 치면 훅 하고 나오고 PT의 내용대로 살아야지 다짐하게 됩니다.

처음에는 왜 대체 영어 PT를 하는지 이해가 되지 않았는데 이 시간이 아니면 언제 멋진 그 내용들을 다른 사람들 앞에서 영어로 말해볼 기회가 있을까 싶어요. 대표님의 큰 그림에 또 한 번 감동과 감사를 드립니다. 그래서 정말 영포자인데 부끄러워서 어디서부터 해야 할지 몰라서라고 고민하시는 분들께 마파영이 정말 큰 도전이 될 거라고 큰 이룸이 될 거라고 너무나 추천해드리고 싶습니다.

영어 스피킹이 즐겁다. 영어가 제일 재미있고 쉽다는 말을 머리가 아닌 마음으로 경험하고 싶으시다면 영포자라서 어디서부터 시작해야 할지 모르고 혼자서 해낼 의지도 끈기도 없다면 저는 마파영을 강력 추천합니다.

제가 몸소 경험하고 느끼고 진심을 담아 나누는 메시지입니다. 환경이 바꿔주는 것이 아니라 내가 바꿔야 되는 것이고, 영어를 어떻게 하는지 그 방법대로 해낸다면 할 수 있다는 마음과 끝까지 해내는 꾸준함, 끝 그림을 바라보고 나가는 나를 향한 믿음만 있으면 된다는 것을 얻은 너무나 값진 5월의 성장하는 행복한 시간이었습니다. 저는 이제 한국에서도 회사 다니며 퇴근 후에도 영어 할 수 있다는 것의 실천가가 되어 영어 스피킹은 즐겁다! 영어도!! 영어까지! 잘하는 사람으로 성장하렵니다.

끝까지 반드시 해낼 어메이징 마파영23기!

멋진 마파영 23기 동기 한분 한분들 정말 감사하고 함께여서 행복합니다. :)

마파영 문장 먹어버리는 방법!
한 문장당 최소 30회씩 반복

1. 처음 5회: 또박또박 정직하게 천천히 읽기
2. 5회: 좀 더 빠르게 읽기
3. 5회: 리듬감을 느끼며 읽기
4. 5회: 숨소리까지 완벽히 복사해서 네이티브처럼 읽기
5. 5회: 감정을 실어서 읽기
6. 5회: 상상하면서 읽기

배운 것 하나하나가 완전히 내 몸 세포에 체화되고
내 혀가 인식하도록 내 것으로 만들어야 한다.

마파영 영사하는 방법!

1. 한 문장당 최소 30번씩 크게 외친다!
(문장 먹어버리는 방법으로 30회)
2. 한글 보고 바로 영어로 전환해서 크게 말한다!
3. 녹음한다.
4. 녹음파일을 파트너에게 보낸다.
5. 액션 플랜 시트를 매일 손으로 쓴다.
6. 위의 것을 다 했을 때, 맨 밑 마지막에 한 줄 쓰는 것으로 마무리한다. "(자신의 영어이름), 영사 completed."
먼저 영사하고 나중에 논다.

먼저 놀고 나중에 영사하면 놀 때 즐겁지도 않고
괜히 정신적으로 피곤하다.

마 인 드
파 워 로
영어 먹어버리기

어메이징 PT

마 파 앵
7주 채
>>>

Ten Powerful Phrases for Positive People

사람을 움직이는 세상에서
가장 강력한 말 10가지

다음의 PT는 넉넉지 못한 독실한 기독교 집안의 자녀로 태어나 엄청난 부를 이룬 리치 디보스의 저서 중 『사람을 움직이는 세상에서 가장 강력한 10가지 말』을 동영상으로 구성한 것에서 발췌했다. 말 한마디가 인생을 통째로 바꿀 수 있다. 그만큼 말의 힘은 강력하다. 긍정적인 강력한 말을 지속 반복적으로 연습한다면, 잠재의식 속에 스며들어 내 마음도 내 삶도 변화하기 시작한다.

1. "I'm wrong"

The ability to admit you were wrong allows you to correct mistakes and work together toward solution.

2. "I'm sorry"

The ability to say "I'm sorry" shows that we are able to see the other person's point of view, that we want to maintain a relationship, and that we are not too big to reach out and see the good in others.

3. "You can do it"

Too many people never try to do anything because they're afraid of failure, that someone might criticize them or laugh at them. To them I say, "Set a goal and go for it. You can do it!"

4. "I believe in you"

I believe that one of the most powerful forces in the world is the will of people who believe in themselves, who dare to aim high, to go confidently after the things that they want from life.

5. "I trust you"

The success of our society depends on trusting that someone will do a good job, trusting each other to be honest, trusting that people will keep their promises.

6. "I'm proud of you."

We all need encouraging gestures of "I'm proud of you" – whether in words, notes, or action – and no matter if we're just starting out in life or business and trying to build our confidence or if we've risen to the top.

1. 내 잘못입니다.

자신의 잘못을 인정할 수 있다면 실수를 바로잡고 해결책을 모색할 수 있습니다.

2. 미안합니다.

"미안합니다."라고 말할 때 상대방의 입장을 알 수 있으며 관계를 유지할 수 있으며 인간적으로 보일 수 있으며 상대의 장점을 볼 수 있습니다.

3. 할 수 있습니다.

실패에 대한 두려움과 비난과 비웃음에 대한 걱정이 있겠지만 목표를 갖고 도전하십시오. 당신은 할 수 있습니다.

4. 당신을 믿습니다.

세상에서 가장 강한 힘 중 하나는 자신감을 가지고 더 큰 목표를 향해 나아가는 인간의 의지입니다.

5. 당신을 신뢰합니다.

우리 사회의 성공은 상대가 잘할 수 있을 것이라는 믿음, 서로에게 보여주는 믿음, 사람들이 약속을 지킬 것이라는 믿음에 달려 있습니다.

6. 당신이 자랑스럽습니다.

새롭게 일을 시작하는 사람들, 신뢰를 쌓으려는 사람들, 성공한 사람들, 누구든 삶의 순간마다 대화와 메모 또는 행동으로 "당신이 자랑스럽습니다."라는 격려가 필요합니다.

7. "Thank you."

"Thank you" is an acknowledgement of the other person's generosity. It recognizes the other person's kindness and the effort that person made to think of us.

8. "I need you."

When we know we're needed, we feel better about ourselves, perform better, and even want to do more to show how much we truly are needed.

9. "I love you."

So, love is all around us. We need to look for and nurture love — for our God who blesses us richly, for marriages, for families, for friends, and for our communities.

10. "I respect you."

If you want to be respected, you must respect others. People know when you value and respect them and when you don't. I've learned that positive thinking and encouragement are essential for leadership and progress. Our country and society suffer when we can not find the good in anyone or anything. Our decision to live with a positive attitude can change us, our community and even entire nation and world.

7. 고맙습니다.

"고맙습니다."라는 말은 상대의 배려에 대해 인정해주는 일이며 사려 깊은 생각에 대한 인정입니다.

8. 당신이 필요합니다.

자신이 필요한 사람이라고 인식될 때 긍정적이며 더 잘할 수 있게 됩니다. 더 많은 일을 해주고자 합니다.

9. 사랑합니다.

사랑은 우리 주변에 항상 있습니다. 우리를 축복해주는 신, 배우자, 가족과 친구, 또한 우리의 커뮤니티를 위해 사랑을 찾고 또 사랑을 키워나가야 합니다.

10. 존경합니다.

존경받고자 한다면 먼저 존중하십시오. 상대방의 가치를 인정하고 존중하는 사람은 존중받습니다. 나는 긍정적인 생각과 격려가 리더십과 성장의 핵심이라고 생각합니다. 어느 누구에게도 어느 것에서도 긍정을 찾지 못할 때 우리 국가와 사회는 고통받게 됩니다. 우리가 긍정적인 태도로 살고자 결심한다면 우리 자신, 사회, 국가, 세계까지도 변화시킬 수 있습니다.

위 내용은 마파영을 듣는 마파영팸에게 가장 사랑을 받았던 PT이기도 하다. 사실 나는 내 영사 녹음파일을 마파영팸에게 준다는 계획이 없었다. 그러나 어느 날, 영사에 지쳐 있었던 마파영 1기생들을 보니 고민이 되었다.

매주 그들의 표정에 따라 마인드 세팅 자료들을 개발하고 있었던 터라 '마파영 1기에게 동기부여를 주려면 어떻게 해야 할까?'라는 고민에 빠져 있을 때 리치 디보스의 『사람을 움직이는 세상에서 가장 강력한 10가지 말』이 보여서 동영상을 보내주었는데 그중 한 사람이 내가 녹음해주면 더 힘이 날 것 같다고 했다. 그 당시에 수많은 강의 스케줄과 마파영 자료를 개발하느라 머리가 새하얘지도록 바빴지만, 마파영팸의 동기부여를 위해서라면 열 일 제치고 먼저 해야겠다는 생각에 나도 영사 후 녹음해서 보냈다.

나 역시 30번 문장 먹어버리는 방법으로 영사했다. 오랜만에 영사하면서 예전에 미친 듯이 영사하던 생각도 나면서 즐거웠다. 더군다나 우리 마파영팸에게 동기부여해줄 수 있다고 생각하니 더욱 기쁘게 영사할 수 있었다. 음악과 함께 그렇게 보낸 녹음 파일. 마파영 1기는 그 녹음 파일을 듣자마자 바로 다시 뜨겁게 타올랐다. 사실 그 정도까지 동기부여를 받을 것이라고 예상하지 못했다. 어떤 수강생은 잠자기 전, 일어나자마자, 출근길에 계속 이어폰을 꽂고 다니면서 기존의 우리가 하던 교재 외에 이 자료를 추가로 함께 연습하기 시작했다. 그러더니 그다음 주에 같은 기수들 앞에서 이것을 발표하겠다는 사람들이 하나둘 나타나기 시작했다.

그들은 이 긴 문장을 스크립트를 보지 않고 사람들 앞에서 발표하기 시작했고 발표자들을 보고 동기들은 자극을 받아 서로 자기도 하겠다며 영어 프레젠테이션 바람이 불기 시작했다. 영어 프레젠테이션을 통해서 마파영팸의 가슴에 다시 불이 지펴진 것이다. 전혀 예상치 못한 반응에 나도 덩달아 신이 나서 매주 사람들에게 좋은 문장을 찾아 함께 영사해서 음성 파일을 보내기 시작했다.

7주 차 영어 PT를 듣고 따라 하며 30번씩 영사 방식으로 크게 외치자! 『사람을 움직이는 세상에서 가장 강력한 10가지 말』 속에 담긴 메시지를 하나하나 느껴가면서 혼을 담아 연습해보기를 바란다.

영사 7주 차에 접어든 당신! 리치 디보스의 말을 연습하면서 다시 가슴 속에 영사에 대한 불꽃이 일 것이다! 혼을 담아서 연습해보자. 내 온 마음을 담아 녹음하면서 가슴 속에 이 메시지를 새기자. 지난주와 같이 영사할 때는 1주 차 했던 내용부터 다시 30번씩 매일 반복한다.

이제 7주 차가 끝나면 이미 1주 차의 영어 PT를 1,470번, 2주 차를 1,260번, 3주 차를 1,050번, 4주 차를 840번, 5주 차를 630번, 6주 차는 420번, 7주 차의 PT를 210번 반복한 것이다! **You are absolutely AMAZING!** 자, 이제 점점 늘어가는 나의 실력을 느끼며 8주 차로 넘어가자!

To create something you must be something.

당신이 무엇인가를 이루려면 먼저 당신이 그 무엇인가가 되어야 한다.

- 괴테

생생 체험기

고성 사람, 영어 PT 중독에 걸리다

(윤서인, Shining/34세/코치(전 공무원))

제가 마파영을 알게 된 것은 2014년 8월이었습니다. 그때 「시크릿」이란 다큐를 알게 되면서 밥 프록터라는 분을 알게 되었습니다. '밥 프록터'라고 검색창에 치니 그의 비즈니스 파트너인 조성희 대표님에 대한 기사가 나와 읽게 되었고 호기심에 마인드스쿨 카페 회원가입을 했습니다.

카페 회원가입을 하고 게시판을 둘러보다가 마파영을 하신다는 걸 알게 되었습니다. 평소 영어에 대한 관심도 있었지만 늘 의지박약, 작심삼일이어서 시도했다 포기했다를 반복하던 저이기에 호기심은 일어났으나, 망설여졌던 이유는 제가 사는 곳이 경남 고성이어서 매주 일요일 서울로 가는 것 자체가 너무나 멀다는 것이었습니다.

근데 인연이 되려고 해서 그런 걸까요? 제가 2015년 3월에 직장을 그만두게 되었고 직장을 그만둔 시점에 마파영 4기를 모집한다는 카페 글을 보았습니다. 그때 제 가슴은 두근두근……. 이 두근거림은 수업을 신청하라는 마음의 소리였던 것이지요. 저는 여태껏 마

음의 소리를 따르면서 한 번도 실패한 적이 없었기에 이번에도 똑같이 용기를 낼 수 있었고 첫 달은 고성에서 서울로 토요일에 올라와 게스트 하우스에서 자고 일요일 오전에 영어를 듣고 다시 고성으로 돌아 갔지요.

첫날을 잊지 못합니다. 책으로만 뵙던 조 대표님을 가까이서 뵐 수 있어서 너무 좋았고요. 또 마파영 방식이 제가 알던 영어교육 방식과 다른 시스템으로 진행이 되더라고요. 총 3시간 수업이지만 첫 시간은 마인드 수업으로 '왜 우리가 영어 배우기에 실패할 수밖에 없었는지?'에 관한 것들을 정확하게 풀어주시더군요. 남은 2시간은 영어로 말하고 듣고 영어가 끝난 후에 진행되었던 영사 방식, 즉 한 문장을 30번씩 말하고 듣고 녹음해서 그 녹음파일을 파트너와 교환하기인데 거기에서 온몸에 전율이 찌릿~~했어요. '뭔가가 다르다! 마음의 소리를 따른 게 정말 잘한 일이구나!'라는 생각과 함께 영어를 열심히 해야겠다는 욕구가 자연스레 올라왔습니다.

그리고 4월에 아예 서울로 이사했습니다. 직장도 그만둔 터라 시간 여유도 있었기 때문에 온전히 영어에만 집중할 수 있었습니다. 또 수업 중간 중간에 조 대표님께서 앞서 배웠던 마파영 선배들의 이야기를 간간이 들려주시는데 제가 가장 인상 깊었던 분이 바로 2기

Monica라는 영어이름을 가진 분이었습니다. 48세의 여성분으로 영어학원을 딱 한 달 다닌 것이 전부였고 직장까지 병행하심에도 불구하고 유창하고 자신감 있게 영어 PT를 하시는 영상을 보고 정말 감동받았고 나도 그냥 해보자는 생각에 매주 영어 PT를 하기로 했습니다.

처음에는 사실 영사하기에도 급급했습니다. 한 번도 해보지 않았던 방식이고 영어를 이렇게 오래도록 공부해본 적이 없었기에 습관을 들이는 게 쉽지 않았거든요. 하지만 모니카 님의 영상을 보면서 다시 의지를 불태우고 영어 PT 대본을 외우고 말하고를 반복했습니다. 하루를 거의 영어로 보냈다고 해도 과언이 아니었습니다. 아침에 눈 떠서 영사하고 영어 PT 대본 외우니 해가 저물더군요.

그래도 시간 투자한 보람이 있었는지 연습한 지 5일이 지나면서 대본을 안 보고도 스스럼없이 영어를 말하게 되더군요. "영어를 외울 때는 그리도 힘들더니 시간 투자를 하니 영어가 되네!" 하면서 스스로 이런 모습에 우습기도 하지만 그래도 제가 자랑스러웠어요. 그렇게 마파영 수업이 있기 전날까지 제 방에서 영어를 말하기를 계속 반복했습니다.

근데 이상한 것이 혼자서 영어 PT를 할 때는 정말 술술 나오던 영어가 왜 사람들 앞에서 하려고 하니 땀이 나고 긴장도 되고 하는지. 덜덜덜 떨면서 발표를 하기 시작했습니다. '내가 생각해도 참 못했다!'라고 생각했지만, 조 대표님과 마파영 동기분들의 열화와 같은 성원이 힘이 되더군요. 무엇보다 조 대표님은 제가 얼마나 노력을 했는지 알아주시더라고요. 그리고 어떤 부분을 보충했으면 좋은지에 관한 조언도 해주셔서 정말 감사했습니다. 또 언제나 외쳐주시던 "AWESOME!! AMAZING!!"을 지금도 기억하고 있습니다!!

그렇게 저는 매주 영어 PT 중독에 걸려 도전했고 하면 할수록 영어 문장 외우는 시간이 단축되고 나만의 요령이 생기면서 영어 암송이 한결 쉬워짐을 느꼈습니다. 또 사람들 앞에서 많이 서 보면서 나름대로 자신감도 생기더라고요. 그리고 마파영 4기 졸업식 날!! 모든 사람들의 영어 발표가 끝난 후에 간식 타임을 가졌습니다. 대표님과 동기분들의 이야기를 주고받으며 너무나도 귀하고 행복한 시간임을 다시 느꼈습니다. 서로의 꿈을 말하고 응원하고 잘될 거라고 한마음으로 축하해주는 사람들에게 무한한 감사와 감동을 느낄 수 있었습니다.

이후 우리 마파영 4기분들은 매달 모임을 가지면서 수업 시간에 배웠던 영사 방식을 꾸준히 하고 있으며 서로에게 힘이 되어주는 시간들을 가지고 있습니다. 제 개인적으로 마파영을 배우기 전, 늘 영어는 작심삼일의 대상이었습니다. 어렵게만 느껴졌던 영어였는데 지금까지 영어를 손에서 놓지 않고 있다는 것이 놀랍습니다. 앞으로도 꾸준하게 영사를 하면서 원어민과 자연스레 의사소통하며 대표님처럼 "재미 교포세요?"라는 말을 듣는 것이 목표입니다.

저처럼 영어에 관심이 있지만 늘 작심삼일로 끝나신 분, 그리고 지방이라서 영어 수업을 듣기에 용기가 나지 않으신 분, 뭔가 좀 다르게 영어를 배우고 싶은 분 등등, 영어에 대한 고민을 가지고 계시다면 꼭 마파영을 추천하고 싶습니다. 물론 마파영이 다른 영어학원과 다른 시스템을 가졌더라도 결국은 자신이 해야 하는 건 똑같습니다. 하지만 다른 점을 꼽으라면 마인드에 대한 이해를 하게 되면서 동기부여가 강하게 된다는 것이고 그래서 영어를 할 수밖에 없게 된다는 겁니다.

갑자기 글을 쓰고 있는데 "Follow your heart."라는 스티브 잡스의 말이 생각나네요. 조성희 대표님과 인연이 되고 마파영을 배우게 된 것, 그리고 마파영 4기 동기분들을 알게 된 것에 대해 신께 진심으로 감사드리며 이 글을 마칠까 합니다.

나를 뛰어넘으면 기적이 일어난다

세상에서 가장 힘들고 중요한 건 마지막 1분,
그 한계의 순간이 아닐까.

기적을 바라기만 하고
아무 노력도 하지 않는 사람에게
기적은 일어나지 않는다.

기적은 신이 내려주는 것이 아니라
자신의 의지와 노력으로 '일으키는' 것이라고 한다.

결국 나의 경쟁 상대는 바로 '나 자신'이다.

- 김연아

억지로
안달복달
하지 마라

EAT!
ENGLISH!

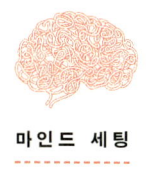

마인드 세팅

마파
8주차

마파영 수업을 하다 보면
다른 사람과 비교하며

"저는 왜 저 분처럼 안 되는 것일까요?" "저는 의지박약인가요?" "구제불능인가요?" 하는 사람들이 간혹 나타난다. 그러면서 슬금슬금 핑계를 대며 결석을 하려고 한다. 일주일에 한 번 수업이기 때문에 한 번 결석하게 되면 영사의 양도 느는데다가 그다음 주는 더더욱 마음을 먹고 나오는 게 쉽지 않다.

자기 자신을 '의지박약' '구제불능'으로 보면 결과도 자연스럽게 그렇게 나올 수밖에 없다. 인간은 항상 자기 자신과 환경에 대해 스스로가 진실이라고 믿는 이미지에 따라 느끼고 행동하게 된다. 우리는 스스로가 진실이라고 믿는 자신의 이미지에서 벗어나거나 그것을 넘어설 수 없다.

"저는 이제까지 무엇을 시작하면 단 한 번도 끝장을 내본 적이 없어요. 엄마에게 저는 의지박약이라는 소리를 언제나 들어왔고 제가 봐도 의지박약입니다" "나는 이건 죽어도 못해요. 나는 이런 사람 아니에요."라고 말하는 사람은 죽어도 그건 못하는 것이다. 당연히 스스로가 자신을 보는 대로 믿는 대로 된다. "저는 영어는 정말 안 돼요. 제 평생 영어에 매달렸지만 영어는 저를 봐주지 않았어요."라고 생각한다면 당연히 영어는 그 사람의 의식 속에 들어오지 못한다.

자아 이미지의 선구자인 프레스코트 레키 박사는 교사였기 때문에 자신의 이론을 수천 명의 학생들에게 실험할 수 있었다. 그는 학생들이 어떤 과목을 공부하는 데 힘들어할 경우, 그것은 학생의 관점에서 그 과목을 배우는 데 자신을 일치시키지 못했기 때문이라는 이론을 펼쳤다. 그는 만일 학생들이 자아 이미지를 변화시킬 수 있도록 유도할 수 있다면 학습 능력 또한 크게 향상될 것이라고 믿었다. 학생들이 지닌 문제점은 그들이 아둔하거나 기본 능력이 부족해서 생긴 것이 아니었다. 문제는 부적절한 자아 이미지였다.

"나는 수학적인 개념이 없어요." "나는 천성적으로 철자에 약해요."라며 점수와 실패를 동일시했던 것이다. 그저 "시험에 떨어졌어요."라고 말하는 대신에 "나는 실패자입니다."라는 결론을 내리고

"그 과목에서 낙제했어요."라고 말하는 대신에 "나는 낙제생이에요."라고 말했던 것이다.

"I failed that test." 시험에 떨어졌어요.
→ "I am a failure." 나는 실패자입니다.
"I flunked that subject." 그 과목에서 낙제했어요.
→ "I am a flunk-out" 나는 낙제생이에요.

"나는 안 된다!"는 것은 확실한 사실이 아닌 단순한 생각이다! 그런데 그러한 생각에 실패한 지나간 나의 기억이 더해져 강화되면 "절대 안 될 거야!"라는 생각이 잠재의식 속에 굳어져버린다. 이것은 과거의 경험을 잘못 사용하고 있는 것이다!

과거의 경험들을 "왜 그때 제대로 못한 거지? 거기서 배울 수 있는 점은 무엇이 있을까?"처럼 원인을 찾는 데 사용하면 그때 자신이 그만둔 과거의 사실은 다음 스텝으로 도약하는 데 큰 도움이 된다. 그러나 "과거에도 영어를 중도 포기했으니 이번에도 당연히 그만두게 될 거야!"처럼 과거 기억을 부정적으로 사용한다면 나는 영어는 불가능하다는 믿음을 만드는 결과를 초래한다.

우리가 Unit 4의 마인드 이미지에서 살펴본 것과 같이 "사람의 행동을 결정하는 것은 감정이다." 행동을 결정하는 것은 그 사람의 능력도 아니며 그 사람의 의지나 사고도 아니다. 그것은 다름 아닌 감정의 상태이다. "나는 안 돼." "나에게는 행동력이 없어." "나는 언어 머리가 아니야." "나는 시작하면 항상 끝을 못 봐." "나는 의지박약이야."라는 믿음은 최악의 소용돌이에 휘말리게 하는 원인이 된다.

괴로운 감정을 억제하며 행동하면 아무리 열심히 해도 의욕과 행동력이 저하된다. 플러스 감정으로 계속 노력하는 것과 마이너스 감정으로 계속 노력하는 것의 차이는 처음에는 아주 미세할지 모르나 시간이 지날수록 엄청난 차이로 벌어진다. 행복한 기분으로 영사하면 당연히 30번을 외칠 때 집중해서 발음을 살피고 상상 속에서의 대화도 행복한 그림을 그리며 하기 때문에 그 액션 자체가 매우 적극적이고 강하다.

그러나 하기 싫은 마음으로 억지로 영사하면 당연히 목소리도 모기 소리처럼 작고 어깨는 축 처지고 생각은 TV 드라마에 가 있고 그 액션 자체에 집중하지 못하니 소극적이고 약한 것은 당연하다. 부정적인 감정 상태에서 영사하면 당연히 영사가 하기 싫어져 계속 미루거나 아예 보고 싶지도 않아서 시선도 피하게 된다. 하루만 놓고 봤을 때는 실력에 별 차이가 안 날 수 있다. 그러나 하루하루 강한 액션이 반복되었을 때 시간이 지날수록 그 결과는 엄청난 차이로 벌어질 수밖에 없다.

괴롭지 않게 목표를 달성하기 위해서는 감정을 자기편으로 만드는 것이 최선이다!

영사하기 싫은 괴로운 감정을 억누르며 행동하지 마라! 억지로 안달복달하지 마라! 영어를 잘하는 앞으로 나의 모습을 지속적으로 그리며 감정 자체를 변화시키면 즐기면서 행복하게 영사를 할 수 있게 된다! 일을 '쉽고 편하게 한다!'는 점을 명심하면 당신도 어느 순간에 목표 달성을 이루며 최고의 인생을 보내는 사람이 될 것이다!

다같이 외쳐보자!
영어공부는 쉽고 편하게 한다!
영어 스피킹은 술술술 쉽고 편하고 즐겁다!

Q&A

영어를 먹어버릴 수밖에 없는 마인드 꿀팁!

못 알아들어도 매일 영어방송 들으면 귀가 뚫리나요?

나는 간절한 마음으로 영어를 먹어버린다는 목표를 세웠다. 그러자 점점 내 마음이 불타올랐고 영어 학습법에 대한 책부터 유명하다는 교재, 선생님, 학원. 정말 안 해본 방법이 없을 정도로 테스팅을 다 해보았다.

내 생각은 오로지 영어를 먹어버려야겠다는 것에만 집중되어 있었다. 그러다 보니 내 행동 자체가 나도 모르게 바뀌기 시작했다. 내가 만나는 사람도 바뀌었고 내가 겪는 경험들도 달라졌다. 내 상황은 이전과 별반 달라진 것 없었고 나는 아무것도 잘하는 것 없는 어쩌면 평범 이하의 현실에 있었지만 마음속은 완전히 다른 사람이 되어 있었다.

한때 나는 다니던 영어학원, 그동안 해왔던 모든 학원을 끊고 영어 테이프를 늘어져라 듣기만 한 적이 있다. 테이프를 못 알아들어도 무조건 듣기만 하면 어느 날 귀가 뚫리고 말이 튀어나온 자신의 경험담을 오픈한 그 사람의 이야기는 센세이션을 일으켰다. 영어에 대한 목마름이 컸던 나는 그가 이야기한 대로 몇 달 동안 그 테이

마인드 파워로 영어 먹어버리기

프를 늘어질 때까지 듣고 또 들었다. 그러나 아무리 들어도 그가 이야기한 만큼의 효과는 나에게 전혀 나타나지 않았다. 내가 해봤던 방법 중 가장 후회하고 실패한 방법이기도 하다.

지금도 생각해보면 그 몇 달간의 시간과 에너지를 쏟은 것이 너무나 아깝다. 냉정하게 생각해본다면 무슨 말인지 알아듣지도 못하는 테이프를 많이 듣는다고 귀가 뚫리는 일은 절대 일어나지 않는다. 말이 쉽지 누가 잘 들리지도 않는 것을 300시간 이상씩 듣고 있겠는가? 영어를 하나도 모르는 사람이 미국으로 이민 가서는 몇 달 동안 방에서 처박혀 미국 라디오 방송만 듣다가 길거리로 뛰어나와 미국 사람들과 거리낌 없이 대화를 떠들었다? 전혀 말이 되지 않는 이야기다.

뚫릴 때까지 종일 방에서 듣고만 있다면 뚫릴 수도 있을지 모르겠다. 하지만 그게 몇 달이 걸릴지 몇 년이 걸릴지는 아무도 모르는 것이다. 영어공부만 하려고 태어난 인생도 아니고 놀 것도 많고 할 일도 많고 갈 곳도 많은데 이건 너무 힘들고 확률이 낮은 방법이다. 모든 사람들이 할 수 있는 가장 보편적인 방법은 어린아이가 언어를 터득하는 원리대로 하는 것이다. 말하고 듣고 계속해서 반복하는 것이다. 무조건 듣는 것보다 무조건 따라 말하는 것부터 시작해야 한다. 무조건 들으라는 사람들은 어린아이가 수없이 듣다가 어느 순간 말이 터지는 것과 같이 영어도 그렇게 배워야 한다고 주장한다. 하지만 그들이 간과한 것이 있다.

어린아이를 잘 관찰해보면 아기들은 듣기만 하는 게 아니다. 듣기도 하지만 옹알이를 하고 혼자서 말도 안 되는 이상한 소리를 내기도 하고 중얼거린다. 우리가 잘 알아들을 수는 없지만 끊임없이 반복해서 소리를 낸다. 수없이 따라서 말하다가 어느 순간 말이 터지는 것이다. 물론 무조건 들으라고 하는 사람들의 주장처럼 듣기만 해도 말이 될 수도 있지만 그러기 위해서는 수십, 수백 배의 시간이 더 걸린다. 그러므로 먼저 따라서 말하기를 반복하고 그 후에 듣는 연습을 해야 단시일 내에 영어가 터진다. 모르는 것을 아무리 들은들 연음 현상 등의 발음을 어떻게 이해한단 말인가? 나중에 가서 알 수 있을지 모르지만 그 얼마나 시간 낭비인가?

우리 마파영을 듣는 마파영팬의 경우에는 한 달이 지나면서부터 라디오 프로그램인 〈굿모닝 팝스〉가 들린다. 영화를 보러 갔는데 예전엔 들리지 않던 문장이 들리기 시작한다며 신기해한다. 그럴 수밖에 없는 것이 듣고 크게 외치는 동안 그 내용이 내 청각을 자극하기 때문이다. 듣기만 하면 된다는 것은 입을 움직이지 않고 눈으로 읽지도 않으려는 게으른 행동에 불과하다. 듣기만 한다면 상대방의 말이나 영어방송을 알아들을 수는 있어도 말은 안 될 것이다. 다시 한 번 강조한다. 영어는 온몸으로 해야 한다.

오래전에 아르바이트로 대치동에 있는 학원에서 TEPS를 가르친 적이 있었다. 가장 교육열이 높다는 대치동. 그만큼 경쟁도 치열하고 공부하는 아이들의 정신적 스트레스는 말도 못한다. 그 압박감과 정신적 고통은 수업 시간에 아이들의 표정에서 드러난다. 눈빛이 죽어 있는 아이들, 매일 시험에 시달리는 아이들을 보고 있노라면 마음이 저려왔다.

일상생활에서 전혀 쓰이지 않는 어려운 단어들을 하루에 300개 이상씩 외워야 하는 것은 기본이고 어휘 테스트에서 통과하지 못하면 집에 가지 못한다. 통과할 때까지 다시 공부하고 시험을 봐야 한다. 그 학원에 오는 고등학생의 텝스 점수는 보통 800, 900점이 넘는데도 불구하고 안타깝게도 말 한마디 제대로 하지 못하는 경우들을 많이 보았다.

토익 점수는 어떠한가? 실제 900점이 넘어도 외국인과 간단한 대화조차 하지 못하는 사람들이 수두룩하다. 영어회화는 소리치면서 공부해야 느는 것인데 시험을 위한 공부에만 익숙해져 눈으로만 이해하고 넘어가니 말문이 열리지 않는 것이다. 영어의 4가지 스킬은 말하기, 듣기, 읽기, 쓰기이다. 이제 어느 한쪽으로 치우친 실력이 아닌 제대로 된 영어 능력 향상에 눈을 돌려야 할 때다.

It's impossible to outperform your own self-image.

우리는 스스로가 진실이라고
믿는 이미지에서 벗어나거나 그것을 넘어설 수 없다.

– 맥스웰 몰츠

마파영 문장 먹어버리는 방법!
한 문장당 최소 30회씩 반복

1. 처음 5회: 또박또박 정직하게 천천히 읽기
2. 5회: 좀 더 빠르게 읽기
3. 5회: 리듬감을 느끼며 읽기
4. 5회: 숨소리까지 완벽히 복사해서 네이티브처럼 읽기
5. 5회: 감정을 실어서 읽기
6. 5회: 상상하면서 읽기

배운 것 하나하나가 완전히 내 몸 세포에 체화되고 내 혀가 인식하도록 내 것으로 만들어야 한다.

마파영 영사하는 방법!

1. 한 문장당 최소 30번씩 크게 외친다!
(문장 먹어버리는 방법으로 30회)
2. 한글 보고 바로 영어로 전환해서 크게 말한다!
3. 녹음한다.
4. 녹음파일을 파트너에게 보낸다.
5. 액션 플랜 시트를 매일 손으로 쓴다.
6. 위의 것을 다 했을 때, 맨 밑 마지막에 한 줄 쓰는 것으로 마무리한다. "(자신의 영어이름), 영사 completed."
먼저 영사하고 나중에 논다.

먼저 놀고 나중에 영사하면 놀 때 즐겁지도 않고 괜히 정신적으로 피곤하다.

마인드 파워로
영   어
먹 어 버 리 기

 어메이징 PT

What is This Here to Teach Me?

이것이 나에게 주려는 교훈은 무엇인가?

앞서 마인드 세팅에서 다뤘던 내용과 연결되는 PT이다. 오프라 윈프리가 2008년 스탠퍼드 대학교 졸업식에서 연설한 내용 중 일부를 담아보았다.

Now I want to talk a little bit about failings, because nobody's journey is seamless or *smooth. We all stumble. We all have *setbacks. If things go wrong, you hit a dead end – as you will – it's just life's way of saying time to change course.

So, ask every failure—this is what I do with every failure, every crisis, every difficult time—I say, what is this here to teach me?

And as soon as you get the lesson, you get to move on. If you really get the lesson, you pass and you don't have to repeat the class. If you don't get the lesson, it shows up wearing another pair of pants – or skirt – to give you some *remedial work.

And what I've found is that difficulties come when you don't pay attention to life's whisper, because life always whispers to you first. And if you ignore the whisper, sooner or later you'll get a scream. Whatever you resist *persists. But, if you ask the right question— not why is this happening, but what is this here to teach me?—it puts you in the place and space to get the lesson you need.

자, 이제 실패에 대해 조금 말씀을 드릴게요. 그 누구의 삶도 흠집 없이 순탄할 수만은 없으니까요. 우리는 모두 비틀거리며 고난을 맞기도 하죠. 일이 잘못되면 막다른 골목에 다다를 겁니다. 그건 바로 삶의 방향을 바꿀 때가 되었다고 인생이 말해주는 겁니다.

그러니 실패할 때마다 자신에게 물어보세요. 저는 그렇게 합니다. 모든 어려움, 고난, 힘든 시기에 저는 '나에게 무엇을 가르쳐주려고 이것이 왔을까?'라고 물어요.

그리고 교훈을 얻자마자 여러분은 발전하게 됩니다. 만약 진정한 교훈을 얻는다면 여러분은 그 고난을 이수했으며 재수강할 필요가 없어요. 만약 교훈을 얻지 못하면 다른 곳에서 나타날 거예요. 여러분에게 보충할 수 있는 숙제를 주기 위해서 말이죠.

또 제가 알게 된 것은, 어려움은 여러분이 관심을 기울이지 않을 때 오며 그때 인생이 속삭입니다. 네. 인생은 당신에게 먼저 속삭입니다. 그때 여러분이 그 속삭임을 무시하면 언젠가는 그것이 외침으로 변하죠. 여러분이 저항해도 그것은 지속될 것입니다 하지만 옳은 질문을 하세요. '왜 이런 일이 나에게 일어나는 거야?'가 아닌 '이것이 주려는 교훈은 뭘까?'를요. 그래야 당신에게 필요한 교훈을 얻을 수가 있습니다.

seamless 매끄러운, 끊어지지 않는, 단절이 없는 | setback 차질, 지장 | remedial 보충하는, 보강하는, 교정하는 | persist (없어지지 않고) 지속되다, 계속되다

오프라 윈프리의 스피치는 언제나 울림이 있다. 그녀가 전하는 메시지를 가슴 속으로 느끼며 영사를 하자.

Why is this happening to me? 대신에
왜 이런 일이 나에게 일어나는 거야?

What is this here to teach me? 를 질문하자.
이것이 나에게 주려는 교훈은 뭘까?

8주 차에 접어든 당신! 이제 딱 한 달 남았다. 두 달 동안 매일 연습했다면 당신은 정말 대단한 것이다! 이제까지 잘 해내온 당신 자신에 대한 자신감을 가지고 나 자신을 쓰다듬어주며 크게 연습하자! 웅얼거리지 않는다. 내 목소리를 나 자신이 크게 들을 수 있도록, 옆 사람이 혐오감을 느낄 정도로 목이 터져라 크게 읽는다. 지난 주와 같이 영사할 때는 1주 차 했던 내용부터 다시 30번씩 매일 반복한다.

이제 8주 차가 끝나면 이미 1주 차의 영어 PT를 1,680번, 2주 차를 1,470번, 3주 차를 1,260번, 4주 차를 1,050번, 5주 차를 840번, 6주 차를 630번, 7주 차는 420번, 8주 차의 PT를 210번 반복한 것이다! **How AMAZING you are!** 8주 차까지 이루어낸 나 자신을 자랑스러워하며 9주 차로 넘어가자!

생생 체험기

12년 이상 나를 괴롭혔던 트라우마에서 벗어나다!

(Jane/29세/일본어 통·번역사)

마파영 8주 차

　안녕하세요. 마파영 1기를 졸업한 제인이라고 합니다. 저는 2014년에 마파영을 수강하면서 12년 이상 저를 괴롭혔던 영어와 관련된 지긋지긋한 트라우마에서 벗어날 수 있었습니다. 영어를 보기도, 듣기도, 말하기조차 극도로 싫어했던 제가 이제는 자연스럽게 영어를 대할 수 있게 된 건 마파영 수업 덕분입니다. 조성희 대표님께 사랑과 감사를 전하며 마파영을 통해 얻을 수 있었던 **어메이징!**한 경험과 성과를 여러분과 함께 나누고자 합니다.

　마파영에 관심이 있으신 분들이라면 다들 영어와 관련된 개인적인 아쉬움, 갈증, 문제점 등을 갖고 계실 것으로 생각합니다. 제 트라우마의 부연설명 겸 간단히 제 소개 먼저 드리겠습니다. 저는 주재원이셨던 아버지를 따라 초등학교 4학년부터 중학교 3학년 진학 전까지 약 5년간 일본에서 살았습니다. 짧은 기간이지만 현지에서 자연스럽게 또 생생하게 배울 수 있었던 일본어는 저에게 있어서는 제2외국어가 아닌 제2모국어입니다. '일본어와 영어 트라우마가 무슨 관련이 있어?'라고 생각하시는 분도 계시 겠지요. 하지만 관련이 있습니다. 저에게 있 어 가장 큰 문제였고 넘을 수 없었던 벽이라 생각했던 것이 바로 제 일본식 영어 발음이 었으니까요.

간단히 예를 들어 MacDonald가 '마쿠 도나루도'가 되고, hotel이 '호테루'가 되는 그런 독특한 일본식 영어 발음에 대해 한 번쯤은 들어보셨을 것 으로 생각합니다. 저는 일본에서 5년간 저렇게 영어를 배웠습니다. 거 의 모든 영어를 저런 식으로 발음했으며 그게 자연스러웠습니다. 그 리고 지금도 일본어 사용 시 저런 일본식 영어 발음과 외래어 표기 를 준수하고 있습니다. 그게 일본에서 쓰이는 일본식 영어이니까요.

지금이야 이렇게 당당히 "저건 이상한 게 아니야. 그저 일본식 영 어 발음이라 그래."라고 말할 수 있지만, 막 귀국했을 때 중3이었던 저는 아쉽게도 그렇지 못했습니다. 그 발음이 당연히 통용되는 환경 에서 그렇지 않은 환경으로 옮겨왔다는 것이 얼마나 큰일인지 제대 로 인식조차 못 하고 있었던 것도 그 이유 중 하나였습니다.

귀국한 지 얼마 안 되어 다닌 영어학원에서 구두시험을 볼 때 몇 번 이고 다시 발음해보라고 하시다가 끝내는 "너 지금 선생님 놀리니?!"라 며 "어디서 발음을 이따위로 배워왔는지 모르겠다. 네 말도 안 되는 영 어 발음은 도저히 못 알아듣겠어!"라며 화를 내셨던 선생님이 계셨습니다. 한참을 그렇게 선생님께 혼이 나다 일본에서 살다 왔다 말씀드리니 그제야 미안하다 사과하셨지요. 하지만 사과와는 상관없이 그분의 한 마디 한 마디는 제 가슴에 매우 깊은 상처로 남았습니다.

'아, 내 영어 발음은 이상하구나. 내가 영어로 말하면 사람들은 못 알아듣는구나.'라는 생각에 저는 그때부터 쭉 남들 앞에서 영어로 얘기하는 것을 극도로 피하기 시작했습니다. 전반적으로 언어 자체에 관심을 갖고 좋아라 하고 자신 있었던 저였던지라 형편없다고 낙인찍힌 그 상황이 매우 부끄럽고 속상했습니다. 다시는 그런 상황에 놓이기 싫었습니다. 그리고 그와 동시에 영어가 싫어졌습니다.

그나마 고등학교 때까지는 문법 위주로만 영어를 대했기에 그럭저럭 괜찮게 지낼 수 있었습니다. 하지만 대학 입학과 동시에 고난이 시작되었습니다. 필수교양으로 지정된 영어 수업에는 말하기도 포함되어 있었던 겁니다. 심지어 원어민 수업까지! 중3 때의 그 끔찍했던 상황들이 떠오르기 시작하며 트라우마는 악화되었습니다. 나중 가서는 영어를 듣는 것과 보는 걸 최대한 피하는 건 기본이오, 영어와 관련된 모든 것을 대할 때면 속이 울렁거리고 소름이 끼치는 지경에 이르게 되었습니다.

그런 저에게 영어 수업은 일정 점수 이상을 얻기 위해 무조건 참아야 하는 시간들이었고 교수님이 무조건 [+]를 줄 테니 누구든 나와서 해보라던 영어 PT는 "저걸 하느니 그냥 내 점수대로 받고 말지." 하며 날려버린 그림의 떡 같은 존재, 대학졸업을 위한 토익시험은 그저 헛구역질 나오는 울렁거림의 원흉이었습니다. 그렇게 필수 과목인 영어를 피할 수 없어서 오로지 점수를 위해 문법으로만 마지못해 공부하고 그 외는 데면데면 지내왔던 12년이었습니다.

그동안 영어가 안 돼서 많은 일들이 있었습니다. 분명 영어를 싫어하고 꺼렸던 건 저 스스로인데 그와는 별개로 가슴 속엔 늘 해소되지 않는 껄끄러운 무언가가 있었습니다. 언어를 전공하고 말을 전하는 일을 하는 저로서는 일단 말이 안 되는 것 자체가 너무 답답했습니다. 일본인과 일본어로 얘기하듯 편하게 내가 하고 싶은 말을 다 하고 살고 싶은데 그게 '영어'라는 이유 하나만으로 못 하고 있어 속상하기도 했습니다.

언제까지 영어를 거부하며 피해 살아야 하나 싶기도 하다가도 '아냐, 난 안 될 거야.'라며 위축되는 저 자신이 싫었습니다. 그러던 어느 날 우연히 조성희 대표님의 마파영 수업이 있다는 것을 알게 되었습니다. 조성희 대표님의 마인드 수업을 들으셨던 어머니가 영어에 거부반응만 계속 보이는 딸이 안타까워 알려주셨던 겁니다. '단순한 영어만 공부하는 게 아니라 마인드 수업도 있으니 영어를 그렇게 싫어하는 우리 딸도 해낼 수 있지 않을까?'라는 마음과 함께 한 줄기 희망을 보셨던 것 같습니다.

비록 내적 갈등을 일으키고 있었지만, 오랜 기간 쭉 영어를 피해왔던 저였기에 처음에는 거부감이 심하게 들었습니다. '영어라면 헛구역질이 먼저 날 정도로 싫은데 이제 와서 다시 할 수 있을까? 해야 할까? 나는 영어공부 쭉 해오지도 않았는데 과연 이 수업을 이해하고 따라갈 수 있을까? 내가 말하면 아무도 못 알아듣는 건 아닐까? 내가 과연 이 수업을 다 이수해낼 수 있을까?' 등등의 물음표로 가득한 걱정으로 첫 수업 전날 잠을 못 이루었던 게 아직도 생생합니다.

거기에 대한 결론부터 말씀드리자면, 90%는 그저 저만의 기우였습니다. 심지어 제 발음은 제가 생각했던 것만큼 형편없지 않았습니다. 계속 악화되어온 트라우마에 제가 스스로 제 발목을 잡고 있었던 겁니다. 그저 일본식 영어 발음에 익숙해져 있었을 뿐이었습니다. 반복해서 체화하는 수업을 통해 충분히 교정할 수 있었던 겁니다. 문제는 단 하나였습니다. 한 '문장'을 30번씩 계속 반복하여 '내 것'으로 만드는 것. 그 과정을 따라가며 얼마나 열심히 해낼 수 있는가가 관건이었습니다. 익숙하지 않았던 처음에는 입 주변이 떨리다 못해 감각이 없어질 지경에 이르고 곧잘 목이 쉬곤 했습니다.

하지만 매일매일 반복하니 점차 익숙해졌고 나중에는 꽤 긴 분량도 잘할 수 있게 되었습니다. 하루이틀 시간이 흘러 제가 원할 때 바로 구사할 수 있는 문장들이 쑥쑥 늘어가는 것도 재미있었습니다. 처음에는 반은 억지로 꾸역꾸역 했던 반복연습도 나중 가서는 꽤나 즐기며 할 수 있게 되었습니다. 이 반복연습을 통해 억양도 자연스럽게 익힐 수 있었고요. 언어 구사에 있어서 중요한 발음과 억양이라는 두 마리 토끼를 동시에 잡을 수 있었던 멋진 방법이라고 생각합니다.

수업은 상황별로 구성된 기본적인 영어문장을 계속 반복해서 읽음으로 스스로 체화하는 것에 중점을 두고 진행되기 때문에 복잡한 문법에 대한 걱정도 없었습니다. 이제 막 영어를 배우려고 하시는 분들께도 부담 없을 정도라 생각합니다. 간간이 나오는 영어 문법들이 기억이 안 나기도 했지만, 대표님께서 친절히 풀어 설명해주셔서 금방 이해할 수 있었습니다. 대표님이 직접 영어로 된 격언을 녹음하여 나눠주시기도 했고, 수업 때 좋은 연설이나 강의 등도 틀어주셔서 시청각 자료도 풍부하게 활용할 수 있었습니다. 그렇게 다양한 각도에서 영어와 자연스럽고 쉽게 가까워질 수 있었다고 생각합니다.

또한 마인드 수업도 포함되어 있어 아프고 쓰라리고 떠올리기도 싫었던 그 순간들보다도 앞으로 찬란하고 반짝이며 더 많은 것을 해낼 수 있는 미래 나의 모습에 포커스를 맞추고 영어가 다시 싫어질 때마다 마인드 컨트롤도 할 수 있었습니다. 아무리 긍정적으로 생각하려고 해도 혼자 해서는 한계가 있지요. 하지만 마파영 수업 때마다 대표님께서 긍정 파워를 새로 채워주시고 동기들과 서로를 격려하니 훨씬 쉽게 긍정적으로 생각할 수 있었습니다. 서로를 응원해주고 동기부여해주고 자극도 주고받을 수 있었고요. 그냥 무작정 '외워라, 해라!'라고 강요하는 수업이 아닌 수강자 스스로가 원해서 공부하게 하는 힘이 있다는 점, 그것이 마파영의 핵심이라고 저는 생각합니다.

저는 오랜 기간 영어를 싫어했습니다. 그래서 처음에 'I love English.'라는 말이 정말 와 닿지가 않았습니다. 그래서 'Love할 수

마인드
파워로
영어 먹어버리기

는 없어도 Like 정도는 되어보자. 그리고 Enjoy해보자!'라고 저만의 목표를 세웠습니다. 그렇게 꼬박 반 년을 영어로 하얗게 불태우고 맞이했던 2015년. 저는 지금 더 이상 영어를 싫어하지 않습니다. 이제는 더 이상 영어를 하는 데 거부감도 들지 않고 스스로에게 더 당당해졌습니다.

이제는 트라우마에서 꽤 자유로워져서 영어를 쓸 기회가 오면 적극적으로 참가하고 있습니다. 영어와 관련된 콘텐츠도 알아서 찾아보고 더 배워나가고 있고요. 자연스럽고 편안하게 영어로 대화하기가 현재진행 중인 제 새로운 목표입니다. 이렇게 하다 보면 예전에 일본어를 그렇게 즐겁게 좋아하는 걸 넘어서 사랑하며 배웠듯이, 영어도 언젠가는 자연스럽게 Love할 수 있을 것으로 생각합니다.

마파영 수업을 해주신 대표님, 딸을 위해 수업을 알려주신 어머니, 그리고 함께 공부한 동기들, 열심히 해준 스스로에게 사랑과 감사를 전합니다. 마파영을 듣지 않았다면, 전 계속 제 과거에 얽매여 악순환을 반복하고 있었겠지요. 혹시 저와 비슷한 경험이 있으시거나 영어에 대한 갈증이 있으신 분들은 꼭 한 발 내밀어 도전해보셨으면 합니다. 당장의 극적 변화는 없더라도 천천히 그러나 확실히 생각부터 바뀌는 놀라운 경험을 하실 수 있을 겁니다. 제 이야기가 영어로 새로운 시작의 한 발을 내딛으시려는 분들께 소소하게나마 도움이 되기를 바라며 길어진 이야기를 마무리할까 합니다. 여기까지 읽어주셔서 감사합니다.

마 파 영
9주 차!

목표는 미래를 바꾸는 것이 아니다

EAT! ENGLISH!

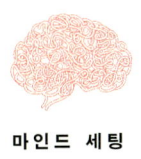

마인드 세팅

많은 사람들은 목표를 세우는 것 자체를 좋아하지 않는다.

명확한 목표를 가진 사람이 이 세상에 약 10% 정도밖에 되지 않는다고 하니 말이다. 사실 우리 스쿨의 마인드 심화 프로그램인 목표성취자Goal Achiever 과정에서 자신만의 목표를 설정하는 데에도 많이 힘들어하기도 한다. 기본과정인 마스터마인드 과정에서도 짧은 기간 동안 목표를 쓰는 것 자체를 버거워하는 경우도 있다.

왜 그럴까? "지금까지 몇 번이고 목표를 세웠지만 결국 달성하지 못했다!" "세우는 것까지는 좋았지만 바로 잊어버렸다." 등과 같이 자신이 이루지 못했던 과거의 모습들이 더 많기 때문이다. 그렇기에 무의식적으로 목표 설정 자체를 피하고 싶은 것이다. 왜 목표를 달성하기 힘든 것일까? 왜 사람들은 가다가 도중에 포기해버리는 것일까?

11년 차가 되는 조성희 마인드스쿨에 지난 10년간 수많은 사람들이 찾아왔다. 소그룹 기수만 수백 기수 가까이 진행되었고 그밖의 수많은 특강들을 진행하며 정말 많은 사람들의 삶이 변화하는 것을 보았다. 자신이 세운 목표를 세월이 가면 갈수록 더 멋지게 가꾸고 풍요로워지고 행복해지는 사람들이 있는가 하면 그렇지 못한 경우도 있다. 여러 가지 이유들이 있겠지만 가장 첫 번째는 목표를 달성하는 사람들은 바로 행동한다는 것이다.

목표를 세운 즉시 바로 그날 당장 행동에 들어간다. '그 행동을 해서 실수하면 어떡하지?'라고 생각하기 전에 그 행동을 직접 한 후에 거기서 나온 피드백을 통해 다시 수정 보완하면서 지속적으로 행동한다. 그러나 목표를 달성하지 못하는 사람들은 "이래서 안 되고 저래서 안 되고."라며 핑계를 이리저리 돌리며 멋있는 미래만 그릴 뿐 아무런 행동을 하고자 하지 않는다.

목표의 가치는 지금 현재를 얼마만큼 변화시킬 수 있는가에 의해 결정된다. 목표를 세우는 이유는 내가 만나고자 하는 미래를 실현시키기 위해 지금 어떤 행동을 하면 좋을지 명확하게 하기 위함이다. 목적지의 역할은 지금부터 자신이 어디로 갈지, 어떤 교통수단을 이용할지를 결정하게 하는 것이다.

우리는 목표로 하는 지점으로 가기 위해 지금 현재 행동을 한다. 가장 중요한 포인트는 목표가 지금 현재 내가 하고 있는 행동에 영향을 미친다는 점이다. 목표를 세움으로써 아침 기상 시간이 바뀌고 표정이 바뀌고 사람을 대하는 태도가 바뀌고 전에 하지 않던 행동들을 하게 되고 눈빛 자체가 바뀌는 그 목표로 인해서 어제까지 하지 않던 행동들을 하게 되는 것이다. 지금 현재를 바꾸는 것이 목표의 역할이다. 미래를 바꾸는 것은 지금 현재의 행동이기 때문이다. 목표는 먼 미래보다는 지금 현재를 바꾸는 것이다.

올바르게 목표를 세웠는지 어떤지는 그 내용에 의해서 결정되지 않는다. 목표를 세운 후 자신의 행동에 '어느 정도 변화가 있는지'에 의해 결정된다. **영어를 유창하게 하겠다!**는 목표를 세우고 영어로 크게 말하는 연습을 지금 당장 시작하고 입이 근질근질하다면 그 목표는 올바르게 설정된 것이다! 지금 현재 행동방식에 변화가 생겼기 때문이다. 목표가 있으면 행동에 흔들림이 없다! 뚜렷한 목표를 가진 사람은 하루 동안에 벌어지는 모든 행동이나 결단을 목표 달성을 위해 집중시키기 때문에 효율적으로 원하는 결과를 손에 넣을 수 있다. 목표는 미래를 바꾸는 것이 아니라 당신의 감정에 변화를 일으켜 지금 현재를 바꿔주는 것이다.

마파영 1기 졸업생의 소개로 2기에 등록했던 한 주부는 늘 늦게 일어나서 동네 아이 엄마들과 만나서 수다 떨며 지내는 것이 일상이었고 운동하는 것도 싫어하고 자신을 위해 다른 투자를 하지 않고 아이 뒷바라지만 하면서 지내던 분이었다. 그런데 마파영을 시작한 후 그녀는 새벽 영사를 시작했고 삶의 패턴이 완전히 바뀌었다. 그녀가 영사를 열심히 하면서 카페에 썼던 후기 중에서 일부를 발췌한다.

'드디어 첫 수업 날, 아침에 일찍 일어나는 것을 싫어하는 내가 일요일 오전에 집을 나섰다. 역삼역에 있는 마인드스쿨에 가면서 떨렸던 그날이 기억이 난다. 조성희 선생님이 직접 강의하신다니 설레고 기대가 되었다. 2기 마파영 패밀리들의 소개 시간에 나는 그동안 내가 게으르고 시간을 허비하고 살았구나 하고 반성을 하였다. 모두 직장에 다니시고 바쁜 몸으로 주말에도 영어공부를 하기 위해 왔다는 분들을 보니 앞으로 더 발전된 내가 되기 위해 노력해야겠다는 생각이 들었다.'

(…중략…)

'이번이 영어회화 학원의 마지막 기회라며 난 이번에도 안 되면 영어학원 다시는 다니지 않을 거란 결심으로 등록했다. 그래서 과제는 열심히 했고 스스로도 나의 발음이 점점 나아지고 있으며, 무엇보다도 살면서 제일 바꾸기 어렵다는 습관을 바꿨다. 아침에 일찍 일어나는 것, 운동에 등록해서 다니는 것, 영사는 이제 더 이상 부담이 아닌 몸에 밴 즐거운 습관이 되었다. 나에게는 새로운 목표와 꿈과 미래가 생겨나고 있다.

(…후략…)

살면서 제일 바꾸기 어렵다는 습관을 바꾸고 어제와 다른 행동들을 하는 것이 목표의 역할임을 잊지 말자. 승자와 패자의 차이는 간발의 차이처럼 미세하다는 말이 있다. 승자와 패자의 다른 점은 매우 큰 것처럼 보이지만 사실 매일의 작은 차이에서 온다는 것이다.

매일매일 어떻게 시간을 보내느냐, 매일 조금 더 하느냐 안 하느냐, 매일 조금 더 제대로 생각하느냐 안 하느냐, 매일 내 목표를 향해 한 가지 액션을 조금 더 하느냐 안 하느냐, 매일 마인드 세팅을 하느냐 안 하느냐……. 매일 어떤 마음을 품고 영사를 하느냐. 영사를 그냥 대충 하느냐 아니면 집중해서 나와의 예외 없는 규칙으로 지키느냐. 매일매일 볼 때는 별 차이가 없어 보이지만 그것이 모이고 모여 시간이 지날수록 엄청난 차이를 만들어낸다. 정말 중요하다.

Let's Think!

지금 나는 영어 목표를 세운 후 행동에 어느 정도 변화가 있는가? 나의 태도는 얼마나 바뀌었는가?

영어를 먹어버릴 수밖에 없는 마인드 꿀팁!

어떤 교재로 공부해야 영어를 빨리 먹어버릴 수 있을까요?

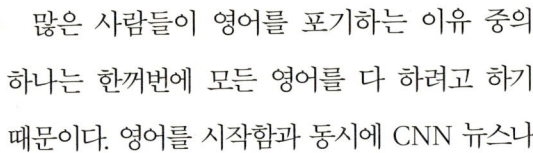

많은 사람들이 영어를 포기하는 이유 중의 하나는 한꺼번에 모든 영어를 다 하려고 하기 때문이다. 영어를 시작함과 동시에 CNN 뉴스나 라디오 방송도 들을 수 있어야 하고, 영자 신문도 읽을 수 있어야 하며, 회화도 잘 구사해야 하고, 영어로 글도 잘 쓸 수 있어야 한다고 생각한다. 이런 일들은 절대로 한꺼번에 이루어지지 않는다.

가장 쉬운 것, 유치한 것부터 시작해야 한다. 마파영 수업 첫날, 대부분의 사람들은 영어 교재의 문장들이 너무 쉽다고 생각한다. 그래서 이 책의 Unit마다 있는 체험담에서 보는 바와 같이 '뭐야, 이게 다야?'라는 생각들을 한다. 특히 학력이 높을수록, 외국에 살아본 경험이 있는 사람일수록 더하다. 이 교재는 자기의 수준과는 안 맞는다는 것이다.

우리나라에서 "How are you?"라고 물었을 때 정말 신기한 건 10대 어린이건, 50대 임원들이건, 박사이건 똑같이 뭐라고 대답하는

지 아는가? 독자 여러분도 알 것이다. "I am fine, thank you. And you?" 똑같이 대답하고 서로 보며 똑같이 웃는다. 우리나라 사람이 외국에 처음 나가 사고를 당해 머리가 피가 나고 있었다. 지나가던 외국인이 "Are you okay?"라고 물었더니 "I am fine, thank you. And you?"라고 웃지 못할 이야기가 실제로 일어나는 것이 우리 현실이다.

너무 쉽다고 말하는 사람들에게 나는 한국말로 말할 테니 그럼 영어로 해보라고 한다. 독자 여러분도 해보자. 먼저 생각해보고 답을 비교할 수 있도록 답은 맨 뒤에 두겠다.

- "이 소녀들은 누구의 급우들인가요?"
- "이 신사들은 너의 친구들인가요?"
- "저 사과들은 얼마인가요?"

이 질문에 대부분의 사람들은 girls, classmates, whose, apples, how much 등의 단어들은 떠듬떠듬 말하지만 full sentence를 바로 이야기하는 사람들은 거의 없다. 이것조차 말로 하지 못하면서 보자마자 문장이 쉽다고 얘기하는 것은 도대체 왜 그럴까? 한국의 연간 영어 교육 관련 지출액은 세계 최고 수준이다. 그러나 영어 말하기 순위는 최하위권이라는 결과는 가히 충격적이다.

우리나라 영어교육은 의사소통을 위한 영어가 아닌 시험과 성적의 도구로 전락했다는 것이다. 따라서 시험에 붙기 위해서는 말을 잘하느냐 못 하느냐에 상관없이 영어를 연구하고 공부하는 수밖에 없다. 문법적으로 따지고 형식은 무슨 형식에 해당하는지 따지는 영어는 어느새 수학 과목처럼 되어버렸다. 영어 문제풀이 전문가가 되었을지는 몰라도 영어로 말을 하는 데는 초보자 수준이다.

대부분의 대학 졸업자들이 중학교 1학년 교과서 수준의 영어 회화도 제대로 구사하지 못한다는 사실을 알고 있는가? 몇 년 전, 경희대 국가 취업 프로젝트로 마인드와 영어 인터뷰 코칭을 맡아 학생들을 가르친 적이 있다. 토익 점수가 거의 만점에 가까운데도 영어 인터뷰에서 자기소개를 떠듬떠듬 한두 마디를 땀을 흘려가며 대답하는 학생들을 보며 안타까웠다.

그리고 오랫동안 대기업에서 100% 영어로 가르쳤던 인연으로 그 회사 공채에서 영어 인터뷰 평가자로 들어간 적이 있었다. 학력도 훌륭하고 어학연수 경험도 있고 토익 점수나 토플 점수가 있는 지원자들마저 영어를 자유자재로 잘 구사하지 못한다는 사실에 놀라움을 금치 못했다.

어느 언어든지 말을 먼저 배우고 그다음에 글을 배우는 것이 순서다. 이것은 법칙이다. 영어도 말부터 먼저 배워야 한다. 그런 다음 독해나 문법 등을 배워야 한다. 그런데 우리나라는 거꾸로다. 영어로 말 한 마디 못 하는 아이에게 한꺼번에 문법과 어휘 등 영어에 대한 온갖 지식을 주입시키는 교육부터 한다. 영어를 공부하면 할

수록 끝이 없다. 말 한마디 해보지 못하고 영어에 질려버리는 것이다. 이런 영어를 누가 좋아하겠는가?

이런 식의 학습은 책을 가지고 하기 때문에 책을 덮어버리면 아무런 문장도 생각나지 않는다. 리딩 실력은 대학원 수준인 사람이 스피킹 실력은 중학교 1학년 수준도 채 안 되는 이유가 바로 이 때문이다.

일전에 모 프로그램에서 핀란드를 찾아가 길거리에서 영어로 인터뷰하는 모습을 본 적이 있었다. 놀라웠던 것은 광장시장에 있는 할머니도 거리낌 없이 자신이 팔고 있는 음식에 대해서 유창한 영어를 구사하고 있었다는 것이다. 그런데 우리나라에서는 어떤가? 외국인이 다가가기만 해도 옆에 있는 사람에게 떠넘기며 말하기를 피한다.

전체 인구 중 70% 이상이 영어 사용이 가능하고 영어 말하기 세계 3위, 교육경쟁력 세계 1위를 자랑하는 핀란드. 우리도 핀란드처럼 영어를 시험 위주의 학습에서 듣기와 말하기 위주의 소통을 위한 언어로 바뀌어야 한다. 이제 우리는 이 악순환의 고리를 끊어야 한다.

더 이상 영어를 '공부'해서는 안 된다. 이제는 단순한 '영사'를 반복해야 한다. 중학교 1학년 수준의 쉬운 것부터 아주 짧고 기본적인 문장부터 말하는 것을 반복하다 보면 눈을 감고 있어도 그 문장들이 춤을 추고 어느 순간 저절로 영어가 튀어나오게 된다. 어린아이가 아무것도 모르는 상태에서 말을 단순히 반복하다가 언어를 터득하는 것과 같이 영어도 그렇게 하면 된다. 여기에는 높은 지능도 학력도 필요 없다.

그렇기에 레벨 테스트가 있을 필요가 없다. 마파영 과정에서는 18세 고등학생부터 50대까지 같은 클래스에서 수업이 이루어진다. 외국에서 오랫동안 살다 온 사람도 있고 박사님도 계시고 대표님도 계시고 교수님도 계시다. 학력, 사회적 위치, 나이, 성별이 중요한 것이 아니라 영사를 얼마나 하느냐 안 하느냐가 중요하다. 그래서 마파영 수업 전, 레벨 테스트를 왜 안 보냐며 의아해하던 사람들은 시간이 지날수록 왜 레벨 테스트가 필요하지 않은지를 체화하며 느끼는 것이다.

교재를 선택할 때는 자신이 자주 쓰는 문장들로 영어, 한글이 따로 수록되어 있고, mp3 파일이 함께 있는 교재를 선택하는 것이 좋다. 수준은 중학교 1학년 수준의 짧은 문장들, 일상생활에서 자주 쓰는 문장들이 있는 쉬운 교재를 선택한다. 아무리 좋은 영어 교재, 영어방송, 온라인 수업들이 있어도 또 아무리 좋은 방법론이 있다 해도 본인이 영사를 하지 않으면 결코 영어로 말할 수 없다.

그러나 걱정 마라! 당신은 이 책을 가지고 있지 않은가? 모조리 먹어버리겠다는 정확한 목표를 정하고, 이 책의 마인드 파트를 주차별로 먹어버리면서 액션 플랜 시트를 함께 작성한다. 그것을 이룰 때까지 집중해서 매진하라. 이 책대로 한다면 당신은 반드시 영어를 먹어버리게 될 것이다!

앞에서 나온 세 문장에 대한 답이다.

- Whose classmates are these girls?
- Are these gentlemen your friends?
- How much are those apples?

마파영 문장 먹어버리는 방법!
한 문장당 최소 30회씩 반복

1. 처음 5회: 또박또박 정직하게 천천히 읽기
2. 5회: 좀 더 빠르게 읽기
3. 5회: 리듬감을 느끼며 읽기
4. 5회: 숨소리까지 완벽히 복사해서 네이티브처럼 읽기
5. 5회: 감정을 실어서 읽기
6. 5회: 상상하면서 읽기

배운 것 하나하나가 완전히 내 몸 세포에 체화되고
내 혀가 인식하도록 내 것으로 만들어야 한다.

마파영 영사하는 방법!

1. 한 문장당 최소 30번씩 크게 외친다! (문장 먹어버리는 방법으로 30회)
2. 한글 보고 바로 영어로 전환해서 크게 말한다!
3. 녹음한다.
4. 녹음파일을 파트너에게 보낸다.
5. 액션 플랜 시트를 매일 손으로 쓴다.
6. 위의 것을 다 했을 때, 맨 밑 마지막에 한 줄 쓰는 것으로 마무리한다. "(자신의 영어이름), 영사 completed." 먼저 영사하고 나중에 논다.

먼저 놀고 나중에 영사하면 놀 때 즐겁지도 않고
괜히 정신적으로 피곤하다.

어메이징 PT

One and Only You

by James T. Moore

세상에 오직 하나뿐인 당신

마 인 드
파 워 로
영어 먹어버리기

겨울에 내리는 똑같아 보이는 하얀 눈도 현미경으로 보면 다 다른 결정체를 가지고 있다고 한다. 나와 비슷한 성격과 외모를 가졌다 해도 우리 한 사람 한 사람은 모두 특별하고 유일하다. 그래서 이 세상에 똑같은 것은 없으며 이것은 곧 모든 사람에게 충분한 기회들이 있다는 것을 의미한다.

이 글을 읽는 독자 한 분 한 분이 다 소중한 존재이며 모두가 다르다. 우리 각자에게 충분한 기회들이 있고, 우리 모두가 풍요롭게 살 수 있으며, 공급에는 한계가 없다는 것을 기억하자. 세상은 진정 장엄하며 우리는 무한한 공급원을 활용해서 원하는 삶을 살 수 있다!

그것은 바로 나의 선택으로부터 시작된다!

Every single blade of grass
and every flake of snow
is just a *wee bit different...

There's no two alike, you know.
From something small like grains of sand.
To each gigantic star
all were made with THIS in mind:
To be just what they are!

How foolish then, to *imitate
How useless to pretend!
Since each of us comes from a MIND
whose ideas never end.

There'll only be just ONE of ME
To show what I can do —
And you should *likewise feel very proud

There's only ONE of YOU.
That is where it all starts with you, a wonderful, unlimited human being

풀잎 하나하나
눈송이 한 송이 한 송이
조금씩 서로 다르다.

이 세상에 같은 것은 존재하지 않는다.
아주 작은 모래 한 알부터
밤하늘의 거대한 별에 이르기까지
모든 것은 그렇게 만들어졌고,
그 모습 그대로 존재한다.

얼마나 어리석은가, 서로 닮으려 하는 것이.
얼마나 부질없는가, 그 모든 겉치레가.
우리 모두는 마음에서 나왔고,
마음에서 나온 생각들은 결코 끝나지 않는다.

오직 나만 존재하여 나의 가능성이 펼쳐진다.
그리고 당신도 자랑스럽게 느껴보라.
오직 나만 존재한다는 그 사실을.

모든 것은 당신으로부터 시작된다.
인간이라는 이름을 가진 무한한 그 가능성으로부터.

wee 아주 조금, 아주 약간 ex) a wee bit different 아주 조금씩 다른 | imitate 흉내내다, 모방하다 | likewise 마찬가지로

9주 차에 접어든 당신! 이제 딱 3주 남았다. 오직 하나뿐인 당신의 존재를 온전히 느끼며 영사하자! 지난주와 같이 영사할 때는 1주 차 했던 내용부터 다시 30번씩 매일 반복한다.

이제 9주 차가 끝나면 이미 1주 차의 영어 PT를 1,890번, 2주 차를 1,680번, 3주 차를 1,470번, 4주 차를 1,260번, 5주 차를 1,050번, 6주 차를 840번, 7주 차를 630번, 8주 차는 420번, 9주 차의 PT를 210번 반복한 것이다!

How AMAZING you are!

9주 차까지 이루어낸 나를 소중히 여기며 10주 차로 넘어가자!

생생 체험기

스티브 잡스보다 더 파워풀한 영어 PT를 하다

(김근, Sharon/22세/학생)

아직도 샤론이 졸업식에서 마지막 졸업식 PT로 모든 사람들의 감동을 이끌어냈던 그 순간이 기억난다. 노란 반소매 티셔츠에 작은 체구. 졸업식이라고 다른 동기들은 삐까뻔쩍 다들 멋지게 차려입고 나타난지라 사람들이 "좀 더 좋은 옷을 입고 오지 노란 티셔츠가 뭐야?" 하면서 웃었다.

그러나 그가 졸업 영어 PT의 첫 마디를 내뱉던 순간, 모두 그의 자신감과 완벽한 영어 발음, 스티브 잡스보다 더 멋진 연설을 펼쳐내는 모습에 압도당했다. 5분이 넘는 시간을 술술 외국인처럼 발표하는데 그 감동은 아직도 내 가슴 속에 찡하게 남아 있다. 영사하다가 계단에서 넘어지거나 전봇대에 부딪힌 순간들이 많을 정도로 5개월간 초몰입을 했던 결과가 어메이징한 실력으로 꽃피는 감동적인 순간이었다.

마파영 9주 차!

안녕하세요. 마파영 4기 수료생 샤론 김 Sharon Kim 입니다. 먼저 그간 저의 영어 학습과 일상생활에 생긴 변화에 대해 차분히 정리할 기회를 주신 조성희 대표님께 감사드립니다. 더불어 마파영을 수료한 지 석 달 이상 지난 지금도 서로 독려하며 영사를 이어가고 있는 4기한 분 한 분께 이 자리를 빌어 감사의 말씀을 전합니다.

　주변의 친구들 대부분이 그러하듯 저 또한 중고교 시절, 입시 고득점을 위한 독해 위주의 영어 교육을 받아오며 읽고 이해할 수 있는 영어가 말로 표현하려고만 하면 뜻대로 되지 않는 답답함을 가지고 있었습니다. 그런 제 고충을 잘 알고 계셨던 어머니께서 조성희 대표님에 관해 알려주셨고 마파영 프로그램에 참여하게 되었습니다. 첫날 서로 아무런 연이 없는 분들과 분위기가 참 어색했던 기억이 생생합니다. 적게는 네 살에서 많게는 스무 살 이상 차이가 나는 분들과 무언가를 함께해본 경험은 거의 없었지만 또래보다는 웃어른들을 편안하게 느끼는 정서 덕에 적응을 잘했던 것 같습니다.
　수업을 처음 접했을 때는, 영어가 모국어가 아닌 학습자를 염두에 둔 교재임을 고려하더라도 지나치게 쉬운 수준이 아닌지 의구심이 생겼습니다. 단순히 배운 문장들을 서른 번씩 크게 말하는 영사가 효과적인 방법인지 반신반의했던 것이 사실입니다. '내가 이런 데에 시간을 투자할 가치가 있는가?' 하는 갈등이 얼마간 계속되었던 것 같습니다. 하지만 매주 수업과 영사를 거듭하며 '말하기 영어'에서는 기본적인 어순의 매우 짧은 문장조차 정확하게 구사하는 것이 만만치 않다는 것을 절감했습니다. 이러한 경각심을 가지고 교재의 내용 한 줄 한 줄을 따져보니 결코 쉽게 보이지 않았고 '내가 정확히 말할 수 없는 표현이 무엇이지? 한 번 찾아보자.'라는 목적의식을 가지고 스스로가 명확히 아는 것과 피상적으로 알고 있는 것, 그리고 모르는 것을 철저하게 구분해내는 습관을 들였습니다. 이러한 구분을 바탕으로 이미 능숙한 표현은 더 자연스럽게 나올 수 있도록 가벼운 마음으로 연습했고 미숙한 표현은 이전보다 수월하게 나올 수 있도록 좀 더 신경을 써서 연습했습니다.

낱낱의 단어에 대한 발음을 정확히 알지 못하면 중고등학생 때와 마찬가지로 인터넷 포털의 사전 발음 기능을 이용해 반복하며 정확히 알아두었습니다. 발음의 경우, 영사 파트너로부터 제가 녹음한 파일에 대한 피드백을 자주 요청해 개선점을 전달받거나 파트너의 해당 일자 녹음파일 전체를 들으며 제가 발음하기에 불편했던 단어를 다른 사람은 어떻게 더 잘 발음하는지 자세히 따져보았습니다.

날을 거듭할수록 말할 때 편하고 들었을 때 자연스러운 결과물(녹음 파일)이 나오는 것을 체감한 이후로 매 순간의 연습과 자신에 대한 피드백은 유용하고 효과적이었음이 밝혀졌습니다. 이로부터 제게는 어떠한 외국어든 자신의 입으로 직접 소리 내어 말해본 만큼이 곧 실력이 된다는 경험적인 믿음이 생기게 되었습니다. 단순하지만 해본 사람만 아는 이 끝없는 반복법이 외국어 구사력을 모국어 수준으로 끌어올릴 수 있는 거의 유일한 길이라는 확신을 가지게 되었습니다.

한편 제가 학교에서 수강했던 교양 영어회화의 교수님께서는 학생들이 수업 외에 매주 당신의 연구실에서 일대일로 자유롭게 대화를 할 수 있도록 호의를 베풀어주셨습니다. 저는 이 시간을 일주일 동안 익힌 표현들을 자연스레 구사할 수 있는지 확인해보는 소중한 기회로 활용할 수 있었습니다. 더욱이 자신이 인지하지 못하는 중에 마치 그 표현을 원래 알고 있었다는 듯 적재적소에 튀어나오는 말들에 스스로 놀라는 흥미로운 경험도 할 수 있었습니다.

모두가 정신없이 살아가는 세상이듯 저 또한 적어도 마파영과 함께하는 동안은 매우 바쁜 나날을 보냈습니다. 학기 중 파트타임 일, 학업, 그리고 마파영 수업을 병행하며 셋 모두를 완벽하게 해내려니 많은 힘이 들었습니다. 목이 잠기거나, 만성적인 수면 부족으로 도저히 영사를 강행할 수 없거나, 영사를 몇 차례 반복했는지를 적어둔 종이를 잃어버려 처음부터 다시 해야 하는 힘 빠지는 순간에도 포기하지 않고 했습니다. 다년간 제 인생의 걸림돌이었던 '학습된 무기력'으로부터 탈출하고자 하는 마음이 매우 절박했기 때문입니다.

처음 영사를 별것 아닌 단순작업 정도로 여겼던 경솔함을 반성한 후, 당장 편안함과 '해야 할 것을 미루지 말아야 한다'는 준칙 사이에서 갈등하게 되는 순간마다 타협하지 않을 수 있었습니다. 그토록 사소하고 하찮은 것이라 여겼던 영사조차 하는 것이 힘들어 미룬다면 그 이외에 온전히 해낼 수 있는 일이 몇 가지 남지 않을 것이라는 생각이 항상 제 머릿속을 지배했습니다. 영사가(정확히는 '꾸준한' 영사가) 지난한 과정임을 뒤늦게 알게 되었지만, 애당초 스스로 가 우습게 여겼던 대상에 굴복해서는 안 된다는 생각도 매우 강했으므로 단 한 번 거르는 것조차 스스로에겐 용납되지 않았던 것 같습니다.

마파영과 함께하는 다섯 달이 매우 고된 시간이었던 것은 맞으나 스스로가 치열하게 살았다고는 생각하지 않습니다. 우리 마파영 4기에는 학생인 저를 제외하면 바쁜 회사 일 혹은 낮밤이 바뀐 업무 환경으로 출석조차 녹록지 않은 분들이 대부분이었습니다. 4기 이외의 다른 기수에 참여하신 혹은 앞으로 하실 분들 또한 이와 사정이 크게 다르지 않음을 알고 있습니다. 더불어 제가 얼마간 느낀 이러한 정도의 육체적 고통은 자신의 능력을 신장시키기 위해 누구든 반드시 거쳐야 하는 통과의례 같은 것으로 생각합니다.

나 자신은 물론 심지어 타인까지 책임지고 건사해야 할 대부분의 사회인은 이를 훨씬 넘어서는 정신적 피로를 일상적으로 겪을 것이 당연합니다. 따라서 저의 이런 단기간의 힘겨움은 그에 비할 바가 못 될 것입니다. 하지만 남이 보기에 특별할 것 없는 저의 지난 다섯 달이 제게는 각별합니다. 그 이유는 아무리 열심히 달려도 다람쥐가 쳇바퀴를 도는 것처럼 무의미했던 근 몇 년간의 정체된 삶에서 벗어나 차츰 앞으로 나아갈 수 있는 마음의 변화가 제게 생겼기 때문입니다. 영사같이 '겉으로 보기에는' 특별할 것 없는 사소한 일조차 빈틈 없이 해내려면 상당한 노력이 들어가야 함을 몸소 체험한 바, 인생사에서 우습게 볼 수 있는 것은 단 하나도 없으며 그런 중에 힘겹게 해내는 매 순간의 사소한 하나하나가 부지불식간에 쌓여 위업을 이룩하는 초석이 된다는 사실입니다. 제가 글을 쓰고 있는 현재에도 학교에서 영어 프레젠테이션을 수강하며 영어 능력이 가장 뛰어난 동료 학생들과 '겁 없이' 경쟁을 벌이고 있습니다. 그런 용기는 지난 다섯 달간 아무리 힘들어도 초심을 유지하고 매사에 긍정적으로 임할 수 있도록 힘을 주신 조성희 대표님과 마파영 4기 패밀리를 만나 하루 하루 버텨냈다는 경험에 바탕을 두고 있다 할 수 있습니다.

제가 마파영을 만난 것은 여유를 가지고 천천히 방법을 찾아보겠다던 애초 영어회화에 대한 계획에 비추어본다면 기대했던 것보다 아주 이른 시기에 해법을 찾은 것이었습니다. *하루에 '적어도 서른 번', 적지 않은 분량의 표현을 쉼 없이 되뇜으로써 제가 이전 10여 년간 사용했던 영어보다 지난 5개월간 사용한 영어가 많을 정도였다고 감히 말할 수 있습니다. 과거의 시간을 보상받거나 미래의 시간을 끌어다 쓴 듯한 느낌입니다.* 삶을 좀 더 진취적으로 바라볼 가능성을 열었다는 점에서 어떠한 것과도 바꿀 수 없는 값진 시간이었다고 감사하고 있습니다.

현재 저는 대학교 1학년의 신분으로 실력이 무르익어가는 고학년 선배들 위주의 수업 몇 개를 매우 허덕이며 간신히 따라가고 있습니다. 너무 힘든 날은 공연히 고생을 자처한 스스로에게 후회 섞인 핀잔을 주기도 하지만 높은 산과 거친 파도를 넘었을 때 느끼는 잠간의 환희만을 바라보고 있습니다. 부정하고 싶은 사실이지만, 저는 결국 삶이 '근본적으로' 행복할 수는 없으며 수많은 절망과 실의를 딛고 섰을 때의 짧은 성취감만이 행복의 전부라는 말을 인정하게 되었습니다. 우리 모두 힘든 세상을 살아가고 있지만, 그럼에도 각자의 사명에 따라 뜻한 바를 반드시 달성하는 존재가 되기를 간절히 기원하며, 인간사에 대해 기발한 통찰이 돋보이는 말을 하나 인용합니다. (아래 참조)

"Life is a tragedy when seen in close-up, but a comedy in long-shot."

인생은 가까이에서 보면 비극이고 멀리서 보면 희극이다

−찰리 채플린

이 목표는
내가 행동할
가치가
있는가?

E<small>AT!</small>
ENGLISH!

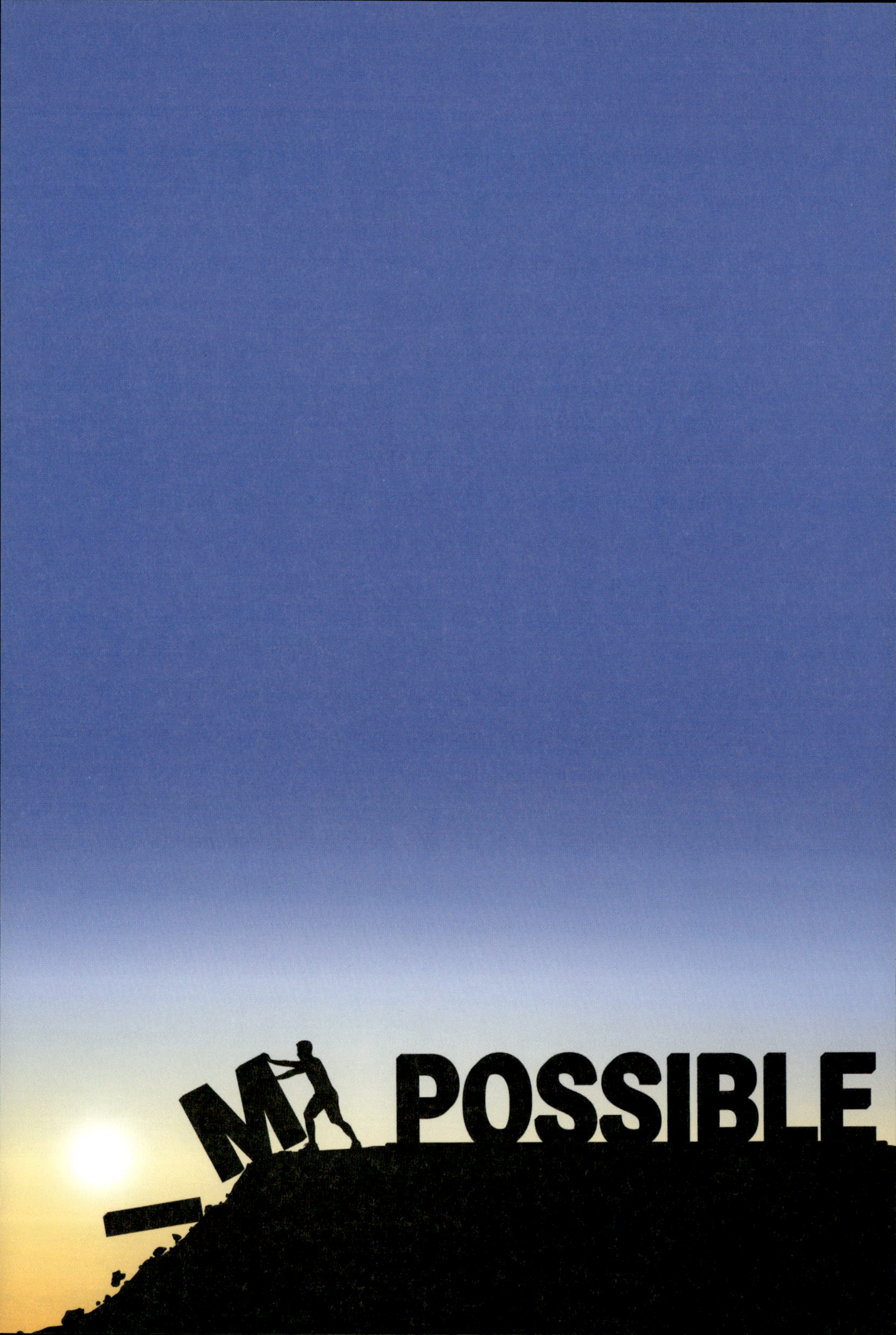
POSSIBLE

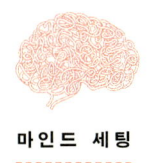

마인드 세팅

목표를 설정할 때 많은 사람들이 묻는다.

"목표 달성이 안 되면 어떡해요?" "목표를 달성하지 못할까 봐 겁이 납니다."라며 시작하기 전부터 겁을 낸다거나 "저는 이런 일은 평생 해본 적이 없어요!"라며 과거에 경험해보지 못한 일에 대해 불안해하거나 걱정한다.

이런 마음 상태면 플러스가 아닌 마이너스 진동 상태이기 때문에 화려한 목표를 세워놓았다고 하더라도 그 진동에 따라 감정이 마이너스로 변한다. 당연히 그 감정에 따라서 행동은 바뀔 수 없다. 그리고 결국 지금 현재를 바꾸는 일도 불가능해진다. 목표를 설정할 때 행동을 시작하기도 전에 실현 가능한지 아닌지를 두고 고민하는 사람들이 있다.

"3년 내 수입을 두 배로 올리다니, 그건 불가능한 일이다."

"3년 정도 지나야 기초 영어 정도는 할 수 있지 않을까?"

"1년 만에 프랑스어를 익히는 건 당연히 불가능하겠지?"

이렇게 실현 가능성을 생각하는 사람들은 왜 그럴까? 자신이 이제까지 살아온 날들을 돌아봤을 때 과거에 그 경험을 해본 적이 없기 때문이다. 자신의 패러다임 속에서 실현 가능한지 불가능한지를 판단한다. 대부분의 사람들은 자신의 패러다임 속에서 모든 것을 판단하고 결정한다. 그것에 따라 옳고 그름을 판단하고 자신이 할 수 있다, 없다 또한 판단하며 자신을 그 프레임 속에 제한시킨다. 현재는 과거와 미래를 가르는 분기점이다. 현재 무엇을 하는가에 의해 과거에 불가능했던 일이 가능해진다. 10년 후 무엇을 할 수 있을지 결정하는 것은 그 사람이 10년간 어떤 행동을 했는가에 있다.

"실현 불가능할지 모르니 안 하겠다!"라고 생각한다면 아무런 도전도 없이 목표를 달성하지 못하고 그 프레임 안에 자신을 제한시켜서 자신의 무한한 능력을 써보지 못하고 사는 대로 생각하는 인생이 된다. 실현 가능성에 대한 두려움에 갇히지 않기 위해서는 '그 목표에 행동할 가치가 있는지 어떤지'를 생각하는 편이 훨씬 효과적이다. 실현 가능한지 아닌지는 신경 쓰지 말고 '이 일이 실현되면 사회적

마 인 드
파 워 로
영어 먹어버리기

가치가 있을 것이다!' '이것을 해낼 수 있다면 나는 성장할 것이다!'와 같은 것들을 목표로 세워야 한다.

"5개월 안에 또는 5주 안에 영어를 익히는 것은 전혀 영어공부를 해본 적이 없어 할 수 있을지 잘 모르겠지만, 줄곧 도전해보고 싶기도 했고 한 마디라도 내 입으로 해보고 싶었으니 도전해보는 그 자체만으로도 가치가 있지 않을까?"

예를 들어 이렇게 생각한다면 5개월 또는 5주 안에 영어를 익히고자 하는 목표는 성립한다. 목표는 설령 그것을 달성하지 못하더라도 지금 현재의 말과 행동에 변화를 줘서 꾸준히 자신을 성장시킬 수 있는 것이어야 한다.

나는 돈이 없었고 유학 갈 수 없었던 환경은 똑같았지만 더 이상 주위 환경에 대해서 이전처럼 신세 한탄하며 슬퍼하지 않았다. 오히려 그 현실을 인정하고 내가 원하는 '영어를 먹어버리겠다!'는 목표에만 전념하기 시작하자 시간이 지날수록 내 가슴 속에는 영어에 대한 불타는 열망만이 가득했다.

1년 휴학하고 영어에 올인하겠다고 했을 때 주위 친구들은 "영어는 늦게 시작하면 아무리 잘해도 어떤 한계 이상은 늘지 않아." "고작 1년 영어에 몰입한다고 큰 성과는 기대하지 마." "굳이 휴학하면서까지 영어공부를 할 필요가 있어?" 등의 말을 했지만 그들의 말에 전혀 신경 쓰지 않았다. 예전 같으면 팔랑귀여서 가까운 친구들 말대로 고민하고 내 결정을 그들의 의견에 따라 좌지우지됐을 것이다. 그러나 이번에는 달랐다.

나는 반드시 해내고야 말겠다는 굳은 결심을 했고 끝장을 내보고 싶었다. 영어 마스터에만 집중하고 그곳에 나의 온 에너지를 쏟다 보니 친구들이 저녁 모임 자리에서 불러도, 3대 3 미팅 자리에 오라고 불러도 어디도 가지 않게 되었다. 자연스럽게 나의 생활은 영어학원, 아르바이트, 영어공부, 새벽 5시 기상, 다시 영어학원으로 아주 심플하게 변해가고 있었다.

내가 만약 '나는 유학 갈 상황도 아니고 1년 동안 영어에 몰입한다고 영어가 될지 안 될지'에 대해서 고민만 하고 있었다면, 그리고 그 불안함으로 어떤 시도도 하지 않았다면 지금의 나는 없었을 것이다. 그 1년간의 완전한 몰입이 있었기에 그 기간 나는 엄청나게 성장할 수 있었고 영어 발음이 완전히 바뀌는 놀라운 체험을 했다. 그 체험 후에 내가 할 수 있다는 것에 놀라며 지속적인 도전을 했고 나 자신을 확장시킬 수 있었다.

목표는 어제보다 오늘 내가 조금이라도 더 성장하기 위한 것이다. 내 안에 숨겨진 능력을 만나고 나 자신을 찾고 좀 더 나다워지고 시간이 지날수록 건설적인 사람이 되고, 다른 이들에게 선한 영향을 주고 더 나아가 세상을 이롭게 하는 것. 이것은 목표 때문에 가능하다.

나는 개인적으로 『중용』 23장을 늘 마음에 새긴다.

작은 일도 무시하지 않고 최선을 다해야 한다.
작은 일에도 최선을 다하면 정성스럽게 된다.

정성스럽게 되면 겉에 배어 나오고
겉으로 드러나면 이내 밝아지고
밝아지면 남을 감동시키고 남을 감동시키면
이내 변하게 되고 변하면 생육된다.

그러니 오직 세상에서 지극히 정성을 다하는
사람만이 나와 세상을 변하게 할 수 있다.

- 『중용』 23장

Q&A

영어를 먹어버릴 수밖에 없는 마인드 꿀팁!

너무 쉬워서 시시하게 느껴지는 문장도 반복해야 하나요?

언어학자들에 의하면 갓난아이가 '엄마'라는 말을 하기까지 1만 번의 반복이 필요하다고 한다. '엄마'라는 소리를 수없이 되뇌다가 어느 순간 그 소리가 무엇을 의미하는지 이해하게 되는 것이다. 수없는 반복을 통해 자신을 따뜻하게 안아주고 사랑해주는 여인이 '엄마'라는 것을 깨닫게 되는 것이다.

보통 회화학원을 보면 영어강사가 일방적으로 강의하고 수강생들은 앉아서 듣고 이해하는 시간이 더 많은데 그렇게 해서는 안 된다. 이것은 마치 수영 선생님이 학생들을 수영장에 앉혀놓고 선생님이 "자, 오른쪽 손을 들고 45도를 틀어서 그때 머리는 이쪽에 있고 다리는 이렇게 있어야 해."라고 시범을 보여주면 학생들은 실제로 물에 들어가지 않고 노트에 선생님이 말한 것들을 받아 적고 있는 것과 마찬가지다. 이렇게 수영을 배우면 실전에서 물을 만났을 때 어떻겠는가? 당연히 이론과는 다르게 허우적거리다 물만 엄청나게 먹

마인드
파워로
영어 먹어버리기

을 것이다.

나의 경우는 영사 방식으로 쉬운 문장들을 영어를 큰소리로 외치기 시작하며 발음교정도 됐고 그때그때 맞는 문장들이 자연스럽게 머릿속에 자리잡는 것을 경험했다.

시간이 지날수록 영어로 말하는 것이 즐거워져서 입이 근질거려서 외국인과 일대일 레슨을 받고 싶었다. 하지만 비싼 비용이 부담되어 '어떻게 하면 최소 비용으로 외국인과 회화를 할 수 있을까?'라는 생각을 하고 있을 때 학교에서 들을 수 있는 외국인 회화수업 프로그램 포스터가 내 눈에 확대경처럼 들어왔다. 직감적으로 '이거다!' 싶어서 바로 회화수업 신청을 하고 들어갔더니 5명 이내의 소수정예였다. 그런데 시간이 지날수록 다른 학생들의 출석률이 높지 않아 결국 나와 그 외국인 선생님과의 일대일 수업이 되어버렸다! 그때 느꼈던 그 기쁨이란! 영사로 기본기가 다져지고 나니 외국인 앞에서 긴 문장이 내 입에서 술술 나오며 나의 스피킹 실력은 나도 놀랄 정도로 향상되었다.

우리 선조들도 이 방식을 알았다. 서당에서 "하늘천 따지 검을현 누를황 집우 집주"라고 입으로 크게 소리를 내서 한문을 암기했다. 그것은 청각을 자극한다. 구강구조가 움직이며 끊임없이 얼굴 근육이 운동한다. 그리고 붓으로 글자나 문장을 완벽하게 쓸 수 있을 때까지 반복해서 손을 움직인다. 우리 선조들은 보고 듣고 말하고 쓰며 온몸을 활용하여 끊임없이 반복하는 것이었기에 언어를 구사하는 데 능숙할 수밖에 없었다.

그렇게 단련된 선비는 눈을 감고도 붓만 들면 저절로 글귀를 술술 써내려갔다. 술이라도 한 잔 들어가 기분이 좋아지면 저절로 암기한 문장이 자신의 감정에 따라 춤을 추듯 거침없이 술술 흘러나왔다. 저절로 창의적인 시구가 나오고 암기한 문자를 활용해 수없이 다양한 풍월을 읊게 되었다.

영어를 정복하기 위해서도 이렇게 해야 한다. 회화 학원에서는 강사보다 수강생들이 더 크게 많이 말해야 하는 것이다. 반복해서 끊임없이 크게 연습해야 한다. 마파영 수업에서는 마파영팸의 웃음소리와 영어 목소리가 떠나갈 듯이 들린다. 어깨를 '툭' 치면 바로 영어가 '톡' 튀어나올 만큼 연습을 많이 한다.

지금 우리는 다양한 영어 프로그램이 존재하는 환경 속에 살고 있다. 텔레비전만 켜면 어디서든지 영어방송이나 회화 강의를 볼 수 있다. 유명강사뿐 아니라 원어민 강사까지 출연하는 다양한 프로그램이 수두룩하다. 이는 아주 좋은 현상이고 학습자들에게는 정말 감사할 일이다. 그러나 영어방송을 제아무리 많이 듣는다고 해도 만족하리만큼 입이 열리는 것은 아니다. 영어방송을 안 듣는 것보다야 낫겠지만 결코 그것만으로는 해결되지 않는다. 영어 회화 프로그램을 시청하는 것과 입이 열리는 것은 별개의 문제이다.

> 영어를 터득하고자 한다면
> 고함을 질러야 한다.
> 음의 높낮이를 끊임없이
> 반복해야 한다.
> 발음의 강세를 수없이
> 반복해야 한다.

그래야 발음이 고쳐지고 영어 소리를 낼 수 있게 된다. 영어는 소리와 의미로 전달되는 언어다. 언어는 말로 수행될 때만 언어로서의 가치를 지닌다. 영어로 말이 먼저 터지도록 하라! 책을 펴놓고 눈으로만 하는 영어를 '공부'하는 행위는 이제 그만하자.

영사식 영어를 시작하라! 그리하면 당신은 영어를 사랑하게 될 것이고 당신 혀의 세포는 조금씩 영어를 먹어버리기 시작할 것이다. 눈으로만 하면 당신의 영어는 죽은 것과 마찬가지가 될 것이다. 소리 내어 영어를 말하라. 그리하면 당신의 귀가 열릴 것이다. 계속 반복하여 외치는 영어를 하라. 그리하면 당신의 발음이 좋아질 것이다. 소리 내어 영어로 부르짖어라! 그리하면 영어가 말로 살아 움직이기 시작할 것이다!

마파영 문장 먹어버리는 방법!
한 문장당 최소 30회씩 반복

1. 처음 5회: 또박또박 정직하게 천천히 읽기
2. 5회: 좀 더 빠르게 읽기
3. 5회: 리듬감을 느끼며 읽기
4. 5회: 숨소리까지 완벽히 복사해서 네이티브처럼 읽기
5. 5회: 감정을 실어서 읽기
6. 5회: 상상하면서 읽기

·배운 것 하나하나가 완전히 내 몸 세포에 체화되고
내 혀가 인식하도록 내 것으로 만들어야 한다.

마파영 영사하는 방법!

1. 한 문장당 최소 30번씩 크게 외친다!
(문장 먹어버리는 방법으로 30회)
2. 한글 보고 바로 영어로 전환해서 크게 말한다!
3. 녹음한다.
4. 녹음파일을 파트너에게 보낸다.
5. 액션 플랜 시트를 매일 손으로 쓴다.
6. 위의 것을 다 했을 때, 맨 밑 마지막에 한 줄 쓰는 것으로 마무리한다. "(자신의 영어이름), 영사 completed."
먼저 영사하고 나중에 논다.

먼저 놀고 나중에 영사하면 놀 때 즐겁지도 않고
괜히 정신적으로 피곤하다.

마 인 드
파 워 로
영어 먹어버리기

 어메이징 PT

Everyone is So Fortunate.

우리 모두가 행운아이다.

개인적으로 정말 좋아하는 안젤리나 졸리는 2013년에 아카데미 명예상-장 허숄트 인권주의상을 수상했다. 아카데미 명예상은 영화는 물론 사회에 업적을 남긴 인물에게 주는 상으로, 아카데미상과 동일한 가치를 인정받는다고 한다. 그 감동적인 연설에서 일부 발췌한다.

When I met survivors of war and famine and rape, I learned what life is like for most people in this world and how fortunate I was to have food to eat, a roof over my head, a safe place to live and the joy of having my family safe and healthy. And I realized how sheltered I have been.

And I was determined never to be that way again. We are all, everyone in this room so fortunate.

I have never understood why some people are lucky enough to be born with the chance that I had, to have this path in life and why across the world, there is a woman just like me, with the same abilities and the same desires, same work ethic and love for her family, who would most likely make better films and better speeches. Only she sits in a refugee camp, and she has no voice. She worries about what her children will eat, how to keep them safe, and if they'll ever be allowed to return home.

I don't know why this is my life and that's hers. I don't understand that but I will do as my mother asked, and I will do the best I can with this life, to be of use. And to stand here today means that I did as she asked. And if she were alive, she would be very proud.

So thank you for that.

전쟁 생존자들과 그들의 기근, 강간 등을 보았을 때, 나는 이 세상 대부분의 사람들의 삶이 어떠한가를 깨달았고, 내게는 먹을 음식이 있고, 머리 위에 지붕이 있으며, 안전한 살 곳이 있으며, 내 가족을 안전하고 건강하게 지킬 수 있어서 얼마나 다행인지 알 수 있었습니다. 또 내가 얼마나 보호를 받으며 살아왔는지를 깨달았습니다.

그리고 나는 결코 다시는 그런 식으로는 안 되겠다고 결심했습니다. 여기 있는 우리 모두는 너무나 운이 좋은 것입니다.

왜 어떤 사람들은 나와 같이 이런 인생을 살 수 있는 기회를 갖고 태어날 만큼 운이 좋고, 다른 세계에 사는 어떤 사람들은 왜 나와 같은 여성이고 같은 능력과 같은 욕망을 갖고 있고, 같은 직업 윤리를 갖고 있고, 가족을 사랑하며, 더 나은 영화를 만들고 더 멋진 연설을 할 수 있음에도 난민촌에서 발언권도 없이 사는지를 나는 결코 이해할 수 없었습니다. 이들은 아이들에게 무엇을 먹일지, 이들을 어떻게 안전하게 보호할지, 집으로 다시 돌아갈 수 있을는지를 걱정합니다.

왜 이것이 나의 인생이고 그러한 삶이 그녀들의 인생인지 나는 모릅니다. 나는 알 수 없지만, 내 어머니의 말씀처럼, 내 인생에서 할 수 있는 한 도움이 되도록 최선을 다할 것입니다. 또한 오늘 이 자리에 선 것이 어머니의 말씀을 지켰음을 의미합니다. 그녀가 살아계셨다면 매우 자랑스러워했을 것입니다.

그것에 감사합니다.

10주 차에 접어든 당신!

안젤리나 졸리가 이야기한 대로 우리는 정말 행운아이다. 살 수 있는 집이 있다는 것이. 그리고 이렇게 책을 볼 수 있는 돈과 시간이 있다는 것이. 저 멀리 누구에게는 허락되지 않은 누리지 못하는 것을 우리는 이렇게 누리고 있지 않은가?

우리가 가진 것에 감사하며 그녀의 메시지 하나하나를 느끼며 영사하자. 지난주와 같이 영사할 때는 1주 차 했던 내용부터 다시 30번씩 매일 반복한다. 이제 10주 차가 끝나면 이미 1주 차의 영어 PT를 2,100번, 2주 차를 1,890번, 3주 차를 1,680번, 4주 차를 1,470번, 5주 차를 1,260번, 6주 차를 1,050번, 7주 차를 840번, 8주 차를 630번, 9주 차는 420번, 10주 차의 PT를 210번 반복한 것이다!

이제는 1주 차는 누워서 툭 쳐도 입으로 톡 하고 나오지 않은가? 입에서 술술 나오는 내 모습이 좋지 않은가? 즐기자!

> **If one advances confidently in the direction of his dreams, and endeavors to live the life which he has imagined, he will meet with a success unexpected in common hours.**
>
> 누군가가 그의 꿈을 향해 확신을 갖고 나아가고,
> 그가 상상하는 삶을 살기 위해 노력한다면, 그는 예기치 않게 성공할 것이다.
>
> – 헨리 데이비드 소로

마인드 파워로
영어 먹어버리기

생생 체험기

영어 시낭송 대회에서 우수상을 받다!

(신정현, Hannah/고등학교 2학년)

저는 마파영 5기를 수료하게 된 신정현이라고 합니다. 저희 부모님께서는 평소 『시크릿』과 마인드 등에 관한 책을 중요시 여기셨고 저 또한 그런 부모님의 영향으로 많이는 아니더라도 책을 꾸준히 읽게 되었습니다. 그러다 조성희 선생님을 알게 되신 부모님은 선생님께서 강의를 하신다는 것을 알게 되었고 아빠와 저와 동생은 그 강연을 참석하게 되었습니다.

그 강연에서 조성희 선생님의 책에 관한 이야기도 있었으며 제 영어를 바꿔줄 마파영에 관한 이야기도 있었습니다. 마파영 이야기를 들으신 아빠가 저에게 마인드와 영어를 같이 배워보라며 마파영을 신청해주셨습니다. 저는 마파영을 하기 전 낯설기도 했고 과연 이게 나의 마인드와 영어를 진짜로 바꿔줄지에 관한 의문도 들었습니다. 이렇게 저에게는 어색하디 어색한 마파영 수업이 시작되었습니다.

사실 마파영을 다니면서 늘 즐겁고 행복했던 것만은 아니었습니다. 처음에는 몸에 배지 않는 행동을 하려고 하니 어색하고 낯설기도 했으며 큰소리로 따라하기 위해 오랜 시간 동안 목을 쓰다 보니 목도 아팠습니다. 바쁠 때나 힘들 때는 오늘은 하지 말까라는 생각도 조금씩 들기도 했습니다. 하지만 제가 만약 하루를 하지 않거나 미룬다면 그것이 하루로 그치고 그다음부터 열심히 하는 것이 아니라 시간이 지날수록 더 느슨해질 수 있다는 생각에 힘든 날에는 더 열심히 하려고 노력했습니다.

물론 제일 큰 이유는 저 자신의 마인드와 영어를 바꾸고 싶다는 생각이 제일 컸습니다. 마파영을 다니면서 크게는 아니더라도 조금씩 조금씩 변화하고 성장하는 저 자신의 모습을 보면서 묘한 성취감과 뿌듯함이 들었습니다. 그러다 영어를 평상시 사용할 수 없어 제 영어 실력을 확인할 수 없었던 제게 조금씩 성장한 저 자신의 영어 실력을 확인할 수 있는 계기가 생겼습니다. 바로 해외여행이었습니다.

물론 그 기간이 학기 중이라 학교를 빠지고 가야 하는 위험을 감수해야 했습니다. 그 위험이 학생인 제게 아주 큰 치명타가 될 수 있다는 것은 저를 포함한 저희 가족이 모두 알았습니다. 하지만 저희 부모님께서는 학교에 다니며 학교수업을 배우는 것도 중요하지만 제가 만약 여행을 통해 새로운 것을 배우고 거기서 진정한 무언가를 깨닫고 배우게 된다면 그것은 학교수업보다 어쩌면 훨씬 더 가치 있고 중요한 인생수업이 될 수 있다면서 어려운 결정을 하셨습니다.

그렇게 짧고도 길었던 3주간의 여행을 보냈습니다. 그 3주는 저에게 너무나도 소중했고 행복했던 경험이었습니다. 처음으로 여행 갔던 괌에서는 영어를 한 마디 하기가 어색했습니다. 낯설기도 했지만 과연 내가 할 수 있을까라는 불안감이 저를 지배했기 때문입니다. 3일 동안 영어를 한 마디도 못했던 저는 점점 더 자신감이 없어졌고 급기야 자책하기 시작했습니다.

그러다 저희 부모님께서 저에게 할 수 있다면서 옆에서 응원해주시고 밤에 조금씩 책을 읽고 영사를 해서 조금씩 자신감을 얻었던 저는 아빠의 권유로 그다음 숙소의 체크인과 체크아웃을 하게 되었습니다. 제가 걱정했던 바와 다르게 예상 외로 저는 거의 모든 영어를 알아들었고 난생처음 보는 사람과 영어로 대화도 하게 되었습니다. 그 후로 점점 더 자신감이 생긴 저는 부족하더라도 영어로 대화하기 위해 노력하기 시작했습니다.

저는 여행을 통해 스스로에 대해 더 깊이 알게 되었고 제 영어가 많이 성장하였다는 것을 알게 되었습니다. 저 자신이 뿌듯하게 느껴지면서 더 성장하고 발전하고 싶다는 생각이 들어 한국으로 돌아온 뒤 여행 다녀오기 전보다 더 열심히, 더 즐겁게 영사를 하게 되었습니다. 단순히 공부라고 생각하지 않고 즐겁게 하다 보니 여행을 다녀와 학교수업을 듣지 못했음에도 불구하고 중간고사에서 100점을 받았습니다.

정말 내가 할 수 있다고 생각하고 열심히 즐겁게 하다 보면 좋은 결과가 나온다는 것은 알게 되었습니다. 그렇게 시간이 흘러 가을이 되고 우연히 선생님이 영어 시낭송 대회에 참여해보라고 권유를 하셨습니다. 처음에 나가지 말까 고민도 많이 해봤지만 저에게 온 기회라 생각하고 시낭송 대회에 참가하게 되었습니다. 그리 길지 않은 시간이라 촉박했지만, 저는 시의 의미를 생각하며 제가 영사를 했던 방식으로 사람들 앞에서 영어 시낭송 하는 모습을 상상하며 수십 번이고 큰소리로 읊었습니다.

영어 시 낭송대회에서 제 차례가 되기 전에 몹시 긴장하여 머릿속에 새하얘지고 떨리기 시작했습니다. 괜한 실수를 할까 걱정도 되었습니다. 그러다 문득 마파영에서 배운 마인드가 생각났고 그동안 제가 수십 번, 수백 번 읊으며 했던 노력들이 생각났습니다. 저는 조용히 눈을 감고 제가 사람들 앞에서 당당히 시를 낭송하는 모습을 상상하며 스스로에게 마법을 걸었습니다. 그러다 보니 불안감과 긴장감은 해소되고 할 수 있다는 자신감으로 가득 차게 되었습니다.

제 차례가 되자 당당하게 앞으로 나가 제가 상상한 모습처럼 시를 낭송했습니다. 그렇게 한 차례의 실수도 없이 저는 기분 좋게 끝낼 수 있었습니다. 잘했든 못했든 결과에 상관없이 저는 제가 실수 없이 즐겁게 해냈다는 생각에 뿌듯하고 행복했습니다. 저는 생애 최초로 참여했던 시낭송 대회에서 우수상을 받았습니다. 처음부터 지금까지 저의 목표는 자연스럽게 외국인 친구와 대화하는 것입니다. 아직 저는 그 목표를 이루기에는 조금 부족하다고 생각합니다. 하지만 포기하지 않고 스스로 긍정적인 생각을 하며 제 목표와 제 꿈을 위해 노력하고 힘쓸 것입니다. 힘들고 지친 순간도 있겠지만 그 또한 하나의 성장 디딤돌이라 생각하며 물러서지 않을 것입니다.

마파영은 저에게 영어뿐만 아니라 저 스스로의 마인드도 바꿔주었습니다. 조성희 선생님 덕분에 이제 저는 절 100% 신뢰하고 늘 긍정적으로 살기 위해 노력하고 있습니다. 시련과 고통은 저희를 한 단계 성장시켜줍니다.

여러분도 포기하지 말고 스스로의 꿈과 목표를 위해 노력하시길 바랍니다.

마 파 영
11주 차!
>

몰입의 기적

EAT! ENGLISH!

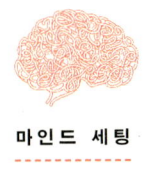

마인드 세팅

오래전 서울대
황농문 교수님의 『몰입』이라는
책을 읽고 매우 감탄했다.

그는 뉴턴이나 아인슈타인 같은 특별한 사람들만 몰입을 체험하는 것이 아니라 일반인들도 충분히 몰입의 경지에 오를 수 있다고 강조했다. 마인드를 가르쳐오면서 나는 매번 우리 내부의 무한한 잠재의식을 삶에서 이끌어내는 것이 중요하다고 이야기하는데 그것과 일맥상통하다고 생각했다. 내가 영어를 완전히 먹어버릴 수 있었던 것도 잠재의식을 끌어낸 몰입 학습을 했기에 단기간에 가능했다.

그 이후 어느 날, 황농문 교수님의 과목별 몰입 학습법을 다룬

책 『공부하는 힘』(위즈덤하우스, 2013)에서 영어 파트가 내 눈에 확대경처럼 들어왔다. 영어 학습에서 내가 늘 강조하는 부분들을 황 교수님 역시 똑같이 이야기하고 계신 것이 아닌가? 영어 몰입학습에 대해서 훌륭하게 씌어 있어 황교수님의 몰입식 영어 학습법을 발췌해 이곳에서도 나누고자 한다.

이 글을 읽으면 우리 마파영의 영사 연습방법에서 언제나 강조하는 것이 녹아 있어서 지난 10주 동안 연습했던 영사가 어떻게 암묵기억에 영향을 주고 있는지 더 깊이 이해할 수 있게 될 것이다. 자기가 기억하고 있다는 것을 자각할 수 있는 기억을 '외현기억'이라고 말하고 자신도 모르게 무의식적으로 툭 튀어나오는 것을 '암묵기억'이라고 한다.

외현 기억은 이 책의 Unit 4에서 이야기한 '의식' 파트에서 오는 것이고 암묵기억은 '잠재의식' 파트에서 오는 것으로 생각하면 되겠다.

● ● ●

외현기억과 암묵기억을 구분해서 학습해야 할 가장 중요한 과목 중의 하나가 영어이다. 어학능력 중에 말하기와 듣기 능력은 외현기억보다 암묵기억이 훨씬 더 중요한 역할을 한다. 사람들이 모국어로 이야기할 때는 '다음에 어떤 말을 해야지!'라고 의식하지 않고도 적절한 말이 자동적으로 튀어나온다. 이는 모국어에 대한 암묵기억이 발달했기 때문이다.

(…중략…)

암묵기억의 형성에서 중요한 것이 하나 있다. 쉬울수록 효과가 크다는 것이다. 예를 들면 알아듣지 못하는 영어를 아무리 많이 들어도 듣기 능력은 거의 늘지 않을 것이다. 알아들을 수 있는 쉬운 영어를 많이 들어야 듣기와 실력이 향상될 수 있다. 말하기도 마찬가지이다. 쉬운 말을 반복해서 몸에 배어야 말하기 실력이 빨리 향상된다.

성인이라도 듣기 말하기 능력을 향상시키려면 영어권 국가의 대여섯 살 어린이의 듣기 말하기 능력을 목표로 연습하는 것이 좋다. 즉 쉬운 단어로 된 단순한 문장을 자유자재로 구사하는 능력을 먼저 마스터하는 것이다. 일단 쉬운 단어로 된 단순한 문장을 자유자재로 구사할 수 있게 된 후에 쉬운 단어 대신 자신이 알고 있는 어려운 단어를 대입시키는 것은 그다지 어려운 일이 아니다. 그리고 접속사 등으로 연결시키면 단순한 문장이 복잡해지는데 이것도 크게 어려운 일이 아니다.

말하기 능력을 올리려면 단순반복해야 한다. 그러면 얼마나 반복해야 할까? 10번? 아니면 100번? 분명한 것은 이 정도 반복해서는 큰 효과가 없다. 딱 정해진 것이 없지만 한 문장을 적어도 1,000번 정도 듣고 따라하기를 권한다. 시간으로 치면 한 문장당 대략 1시간을 투자한다. 그런데 한 문장을 1시간 동안 계속 연습하는 것이 아니고 한 번에 5분 연습하고 다음 문장으로 넘어가는 식으로 한다. 한 문장을 5분씩 반복한다면 100문장 정도로 되어 있는 짧은 에피소드로 공부하면 500분이 소요될 것이다. 이것을 12번 반복하면 각 문장을 1시간씩 연습한 셈이 된다. 이는 분명 암묵기억 형성에 큰 영향을 줄 것이다. 이렇게 하면 100문장을 연습하는 데 대략 100시간 공부할 필요가 없다. 한 가지 에피소드를 연습하는 데 25시간 정도 연습하고 다른 에피소드로 넘어가는 것이 좋다. 간격을 두고 반복하는 것이 더 효율적이다.

이런 경우 4번을 반복하면 한 에피소드당 총 100시간이 걸릴 것이다. 이런 식으로 200시간만 연습한 후 외국인을 만나 대화를 하면 영어구사 능력이 확실하게 향상된 것을 확인할 수 있다. 그러나 200시간으로는 미국의 대여섯 살 어린이만큼 자유자재로 구사하기는 어렵다. 이런 방식으로 대략 1,000시간 연습을 목표로 할 것을 권한다. 그러면 100문장 정도인 에피소드 10개가 될 것이고 문장으로는 1,000문장 정도가 될 것이다.

우리가 다시 Unit 1로 돌아가서 처음부터 반복하는 것이 드러나지는 않지만 암묵기억을 충분히 발달시키고 있다는 것을 기억하자. 겉으로 드러나지는 않지만 어느 순간 때가 되었을 때 '툭' 하면 '톡' 하고 입이 뚫리는 것이다.

그래서 우리 마파영팸은 우리가 하는 교재를 자신도 모르게 통째로 자연스럽게 암기하게 된다. 우리 마파영 과정에서 Unit 1부터 Unit 12까지 완전히 먹어버리게 되면 잠을 자도 길을 가도 2,000개 이상의 문장이 눈앞에 춤추듯 아른거린다는 사람들이 많다. 어떤 20대 후반의 여성은 영어 PT 중독까지 걸릴 정도로 5개월 내내 열심이었다. 그녀는 기본 1단계 과정이 끝났을 때 3개월간 했던 몇천 문장들이 술술 입에서 튀어나와서 그 모든 내용을 메들리로 만들어 같은 기수들과 나눌 정도였다!

수업에 오는 대부분 사람들이 스케줄도 많고 바쁘게 사는 사람들이다. 매일 '영사 completed'를 하기 위해서는 그들 모두 시간을 쪼개서 자투리시간 틈틈이 연습해야 한다. 처음에 영사하는 데 4~6시간까지 걸리던 사람들도 익숙해지기 시작하면 영사하는 데 2시간 정도만 걸린다. 그 자투리 시간을 영사하는 데 활용하면서 영어는 공부가 아닌 그들의 삶의 일부로 서서히 습관화되기 시작하는 것이다.

마지막 졸업 프레젠테이션에서 놀라운 성과를 보였던 대학교 1학년 샤론 김은 그가 지난 10여 년간 사용했던 영어보다 지난 5개월간 사용한 영어가 많았다고 했으니 어학연수 1년 이상 갔다 온 효과를 보게 되는 것은 당연하다.

영어를 먹어버릴 수밖에 없는 마인드 꿀팁!
두 달 만에 '다' 될까요?

　마파영 집중반에 대해서 전화로 물어보는 사람들이 있다. 두 달 만에 영어정복이 다 될 수 있나요? 조급한 마음에 이런 질문을 하는 것은 충분히 이해한다. 몇십 년간의 영어 스트레스를 빨리 털어버리고 정말 잘하고 싶은 마음도 가득할 것이다. 그런데 그 '다' 된다는 것은 영어를 완전히 마스터해서 안 들리던 CNN 뉴스가 들리고, 말이 청산유수처럼 나오고, 영화도 자막 없이 보고, 더 나아가 TED 스피치를 할 정도까지를 바라는 것이라면 두 달 만에 '다' 할 수는 없다.

　많은 사람들이 '한방'을 바란다. 우리 스쿨에서 이뤄지는 마인드 파워 과정들에서도 한방을 꿈꾸며 환상을 품고 오는 사람들이 있다. 그러나 한방에 이루려고 하다가 체해서 한방에 훅 갈 수 있다! 스물두 살 때 영어를 먹어버리겠다는 결심과 함께 '나는 교포다!'라는 생각으로 영어를 공부할 때마다 항상 교포처럼 언제 어디서든 영어로 자유롭게 말하는 모습을 상상했다. 그 후 조지타운대에서 전 세계 어디에서나 영어를 가르칠 수 있는 TESOL 자격증을 따고 효성, 삼성, SK하이닉스, 그리고 수많은 외국기업들에서 100% 영어로 강의하면 모두들 당연히 내가 교포라고 생각했다.

내가 강력하게 '영어를 먹어버리겠다'고 결단했을 때 모든 흐름이 바뀌기 시작했다. 마인드를 공부하면서부터 끊임없이 상상하고 마인드의 법칙에 따라 영어를 사랑했기에 이 모든 것들이 가능했다고 나는 확신한다. 그런데 내가 만약 한 달 만에 '다' 해치워버리려고 했다면 나는 스트레스 받아서 어쩌면 포기했을지도 모른다! 무엇이든 한방에 해치우려는 조급함을 버려라. 영사에서 강조하는 어린아이가 사용하는 아주 간단한 표현부터, 지금 할 수 있는 것부터 시작하라. 어린아이가 모국어를 배울 때 어른들의 말을 그대로 흉내내면서 따라하듯이 처음에는 천천히 시작하라.

처음에 발음과 억양은 절대적으로 앵무새처럼 원어민을 따라 해야 한다. 따라서 듣기와 말하기 훈련을 할 때 가능하면 글자를 의식하지 않는 것이 좋다. 입술이 기억해야 한다는 기분으로 쉬운 표현의 단순한 반복을 의식적으로 노력해야 한다. 아무리 유창한 영어를 구사하더라도 발음과 억양이 틀리면 상대방이 잘 알아듣지 못한다. 그러나 발음과 억양이 정확하면 영어를 그다지 유창하게 말하지 않아도 영어를 잘하는 것처럼 들리고 듣기 좋은 영어를 하게 된다.

영사를 끊임없이 반복하는 것이 처음에는 어렵고 힘이 든다. 마파 영팸의 체험담들에서도 보면 알 수 있듯이 처음 몇 주는 목도 쉬고 입도 마르고 안 되는 발음하느라 성질도 나고 자신이 잘하고 있는 가 싶기도 하며 많이 힘들어들 한다. 영어를 이런 방식으로 하지 않은 만큼 가보지 않은 산길은 우거져 있을 수밖에 없다.

운동하지 않다가 산에 오르려면 숨이 차고 다리도 후들거린다. 당연한 현상이다. 시작할 때는 '이번에는 영어를 정복하고 말겠다'고 굳게 마음먹고 하지만 조금만 지나보라. 금방 지치고 포기하고 싶어진다. 그동안 하지 않던 것을 하려니 자연 힘이 들게 마련인 것이다. 그러나 그 우거진 산에 처음 길을 내고 그 길이 빤질빤질한 아스팔트처럼 딱딱하게 굳어질 정도로 자주 오가다 보면 완전한 길이 되는 것처럼 영어도 매일 조금씩 꾸준히 한다면 언젠가 정복할 수 있게 된다. 매일 반복하다 보면 어느 날 전체 내용이 머릿속에 훤하게 들어오고 나중에는 문장 전체가 입에서 술술 나오는 것을 체험하게 된다.

어떤 일이든 처음에 길을 낼 때가 가장 힘들고 어렵다. 하지만 영사의 반복을 통해 책 한 권 전체를 끝낸다든가 자신이 정한 분량의 영어를 마스터하게 되면 내용이 다 파악되기 때문에 가슴 뚫리는 성취감을 맛보게 된다. 그렇다고 영어가 다 된 것은 아니다. 여기서 착각하면 안 된다.

날마다 그것들을 한두 번씩 반복해서 외치며 자연스럽게 외우는 게 중요하다. 눈을 감고 책을 떠올리면 모든 문장이 그림처럼 스쳐 지나갈 때까지, 문장들이 춤추며 돌아다닐 때까지. 그래서 어느 순간 자기도 모르게 입에서 저절로 영어가 술술 나올 때까지 반복 또 반복해야 한다.

　영어는 계단식으로 는다. 아무리 연습해도 안 느는 것 같아 답답하다가 어느 날 갑자기 계단을 껑충 뛰어오르듯 느는 것을 느끼게 될 것이다.

그러므로 마파영 패밀리여!
쉬지 말고 영어로 말하라!
항상 소리 내서 말하라!
그리하면 어느새 내 입에서 자연스럽게
영어가 술술 나오기 시작할 것이다!

> We could never learn
> to be brave and patient,
> if there were only joy
> in the world.

이 세상에 기쁜 일만 있다면 용기도 인내도 배울 수 없을 것이다.

－헬렌 켈러

마파영 문장 먹어버리는 방법!
한 문장당 최소 30회씩 반복

1. 처음 5회: 또박또박 정직하게 천천히 읽기
2. 5회: 좀 더 빠르게 읽기
3. 5회: 리듬감을 느끼며 읽기
4. 5회: 숨소리까지 완벽히 복사해서 네이티브처럼 읽기
5. 5회: 감정을 실어서 읽기
6. 5회: 상상하면서 읽기

배운 것 하나하나가 완전히 내 몸 세포에 체화되고
내 혀가 인식하도록 내 것으로 만들어야 한다.

마파영 영사하는 방법!

1. 한 문장당 최소 30번씩 크게 외친다!
(문장 먹어버리는 방법으로 30회)
2. 한글 보고 바로 영어로 전환해서 크게 말한다!
3. 녹음한다.
4. 녹음파일을 파트너에게 보낸다.
5. 액션 플랜 시트를 매일 손으로 쓴다.
6. 위의 것을 다 했을 때, 맨 밑 마지막에 한 줄 쓰는 것으로 마무리한다. "(자신의 영어이름), 영사 completed."
먼저 영사하고 나중에 논다.

먼저 놀고 나중에 영사하면 놀 때 즐겁지도 않고
괜히 정신적으로 피곤하다.

마 인 드
파 워 로
영어 먹어버리기

어메이징 PT

Successful People are Optimists.

성공한 사람은 낙관주의자다

개인적으로 매우 좋아하는 브라이언 트레이시가 한국에 왔을 때 강의한 내용 중에 일부를 담았다. 이 강의를 하고 3억을 받았다고 하니, 아래 지문의 가치는 몇천만 원(?) 정도 되지 않을까? 이 메시지를 내 세포 속에 스며들 듯 영사하자! 웃으면서 영사하자!

We ask "what is the most important quality for success, happiness, and long life?"

Can you guess what the most important quality is?

Well, the answer is very simple.

In interviewing tens of thousands of successful people they find the number one quality is the quality of "*optimism". Successful people are optimists.

They're positive about themselves and their future. They think about what they want most of the time and they are what we call realistic optimist.

That means they recognize that there are a lot of problems in the world.

But they are realistic and they are optimistic about solving the problems and achieving their goals.

So what we learned is this, is that optimism is the quality of mind.

And you can compare your mind with your body in this way.

As you can have physical fitness, just as you can have mental fitness.

Now if you want to be physically fit, you exercise physically. That's how you become physically fit and you might have to exercise for a long time.

성공, 행복, 장수하는 데 있어 가장 중요한 자질은 무엇일까요?

가장 중요한 자질이 무엇인지 추측해볼 수 있으신가요?

답은 매우 간단합니다.

성공한 수만 명의 사람들을 인터뷰하는 과정에서 가장 중요한 자질은 낙관주의라는 것을 발견했습니다. 성공한 사람들은 낙관주의자입니다.

그들은 자기 자신에 대해서 그리고 그들의 미래에 대해서 긍정적입니다.

그들은 대부분의 시간에 본인이 무엇을 원하는지를 생각합니다. 그들은 소위 현실적 낙관론자들입니다.

그것은 현실적으로 세상에 많은 문제가 있음을 인정하지만 그들은 그 문제들을 해결하고 목표를 달성할 수 있다고 믿는 것에 현실적이고 낙관적입니다.

우리가 발견한 바로 낙관주의는 정신적인 자질입니다.

정신과 신체는 이렇게 비교해볼 수 있습니다.

신체적 건강이 있듯이 정신적 건강도 있습니다.

여러분이 신체적으로 건강하기를 원한다면 신체 운동을 합니다

이것이 신체적으로 건강해질 수 있는 방법입니다. 오랫동안 운동을 해야 할지도 모르지만요.

If you want to become mentally fit, which is if you want to become an optimist, you have to exercise mentally as well.

And so we find that optimists have three special ways of thinking that you can practice, and when you practice them you become an optimist.

When you become an optimist, you are happier, you are more successful, you have higher self-esteem, you like other people more, other people like you, and want to do business with you.

When you are an optimist, every door opens for you. If you are *pessimist, every door closes.

By the way, before I tell you the keys to optimism, to learning how to become an optimist, can you guess what unhappy, negative, unsuccessful people think about most of the time? Well, the answer is they think the opposite way from optimists.

Optimists think about what they want, and how to get it.

Pessimists think about what they don't want, their problems, and who's to blame.

Optimists think about the future and where they're going.

Pessimists think about the past and who hurt them in the past.

Optimists *let go of the past because they can't do anything about it.

Pessimists *hold onto the past because it's all they have. So your job is to let go of the past.

여러분이 정신적으로 건강해지기를 원한다면, 즉 여러분이 낙관주의자가 되기를 원한다면 정신적으로도 운동해야 한다는 것입니다.

우리는 여러분들이 연습해볼 수 있는 낙관적인 사람들이 가진 세 가지 특별한 사고방식을 발견했습니다.

여러분이 이 방식을 연습하면 여러분은 낙관주의자가 됩니다.

여러분이 낙관주의자가 되면 여러분은 더 행복해지고, 더 성공적이고, 더 높은 자긍심(자존감)을 가지게 되고, 다른 사람들을 좀 더 좋아하게 되며, 다른 사람들도 여러분을 좋아하고 여러분과 비즈니스를 하고 싶어합니다.

여러분이 낙관주의자가 되면 여러분을 위해 모든 문이 열립니다.

여러분이 비관주의자일 때 모든 문은 닫힙니다.

낙관주의에 대한 열쇠와 어떻게 낙관주의자가 되는지 밝히기 전에, 불행하고 부정적이며 성공하지 못한 사람들은 대부분의 시간 동안 무슨 생각을 하는지 추측해볼 수 있으십니까? 답은 그들은 낙관주의자들과는 반대로 생각한다는 것입니다.

낙관주의자들은 그들이 원하는 것과 그것을 어떻게 얻을까에 대해서 생각합니다.

비관주의자들은 그들이 원하지 않는 것, 관련된 문제들, 그리고 누구를 탓할지에 대해서 생각합니다.

낙관주의자들은 미래와 어디로 나아갈지를 생각합니다.

비관주의자들은 과거와 과거에 누가 그들에게 상처 줬는지를 생각합니다.

낙관주의자들은 과거를 보냅니다. 그들은 그것에 대해 아무것도 할 수 없기 때문에. 비관주의자들은 과거를 붙잡고 있습니다. 그것이 그들이 가진 전부이니까요. 그래서 여러분이 할 일은 과거를 보내는 것입니다.

optimism 낙관주의, 낙천주의 | pessimist 비관주의자 | let go of A A를 내보내다, A를 보내주다 | hold onto A A를 붙잡다, A를 붙들다.

11주 차에 접어든 당신!

우리가 이 책의 마인드 세팅 부분에서 반복적으로 이야기한 것을 브라이언 트레이시 역시 말하고 있다. 모든 성공한 사람들은 긍정적이고 자신이 앞으로 나아갈 미래의 모습에 집중한다. 반면 성공하지 못한 사람들은 과거의 지나간 나의 모습에 집착하고 거기서 벗어나지 못한다는 사실이다. 우리는 마파영팸이므로 앞으로 나의 모습을 보며 영어 사랑을 하기에 당연히 성공할 수밖에 없지 아니한가? 성공한 나의 모습을 그리며 웃으며 영사하자!

이제 11주 차가 끝나면 이미 1주 차의 영어 PT를 2,310번, 2주 차를 2,100번, 3주 차를 1,890번, 4주 차를 1,680번, 5주 차를 1,470번, 6주 차를 1,260번, 7주 차를 1,050번, 8주 차를 840번, 9주 차를 630번, 10주 차는 420번, 11주 차의 PT를 210번 반복한 것이다! 이렇게 보면 7주 차까지는 이미 1,000번 이상 반복하게 된 것이다. 모든 문장들이 내 입가에서 맴돌지 않는가? 이제 고지가 바로 앞이다!

지금까지 잘한 당신을 칭찬해주며 12주 차로 가자!

You can be anything you want to be, if you only believe with sufficient conviction and act in accordance with your faith; for whatever the mind can conceive and believe, the mind can achieve.

충분한 확신을 가지고 믿음에 맞춰 행동한다면, 당신은 뭐든지 될 수 있다.
왜냐하면 뭐든지 마음에 품고 믿기만 하면 이루어질 수 있기 때문이다.

-나폴레온 힐

생생 체험기

시도하지 않은 자에게 변명은 필요 없다
(Ken/46세/엔지니어)

초여름에 시작하여 5개월간의 대장정을 마치고 마파영 5기 패밀리는 어제 졸업식을 했습니다. 희로애락이 듬뿍 담긴 한 편의 영화 같은 그동안의 기억이 주마등처럼 스쳐 지나갑니다. 그 영화의 제목을 「가을의 전설」이라 붙이고 싶습니다.

욕심은 있었지만, 방법도 모르고 아무런 시도도 하지 못했던 'Before' (마파영 수강 전)

저는 국내 사회간접자본soc의 계획, 설계, 평가업무를 수행하는 엔지니어입니다. 줄곧 국내에서만 일했고 굳이 외국어 역량이 요구되지 않았기에 대학 졸업 후 20여 년간 영어공부와는 담을 쌓고 살았습니다. 영어를 읽을 수는 있으나 의사소통의 기본인 듣고 말하기는 어려운 상태였습니다.

그러다가 멘탈 붕괴 사건이 벌어졌습니다. 2014년에 아내와 미국여행을 갔을 때였습니다. 입국심사에서 간단한 질문 "What Brought you here?"조차도 곧바로 답을 하지 못하는 저 자신이 정말 한심하게 느껴졌고 자괴감에 빠져들었습니다. 한참 뒤에야 깨달았습니다. 그 심사관의 질문이 "What's the purpose of your visit?"과 같은 의미라는 것을.

고도의 어려운 단어가 필요한 대화도 아닌데 정말 뭐가 잘못된 것일까 의구심이 들었습니다. 분명 정규 교육과정을 통해 영어를 배웠는데 그 영어로는 왜 의사소통이 되지 않을까? 하지만 그 고민도 잠시. 결국 또다시 바쁜 일상에 쫓겨 영어를 마스터하기 위한 아무런 시도도 하지 못했습니다. 영어를 잘하고 싶다는 욕심만 앞섰을 뿐 이에 필요한 실천은 전혀 하지 않는 모순된 삶이 반복되었습니다.

영사로 영어 완전정복의 희망을 얻게 된 'After' (마파영 수강 후)

아내의 권유로 마파영 수업에 등록하였고 반신반의하며 첫 강의를 듣게 된 7월 초! 수업 첫날부터 충격 그 자체였습니다. 강단에 서 있는 선생님이 아닌 배우러 온 학생들이 더 말을 많이 해야 하는 수업방식. 정말 무한 반복의 연속이었습니다.

게다가 수업이 있는 일요일을 제외하고 나머지 6일 동안에도 영어와 동고동락해야만 하는 교육 시스템. 일명 영사. 일요일에 배웠던 유닛에 대해 매일 영사 파트너와 함께 무한 반복 학습한 후 서로의 영어 스피킹을 모니터링해주는 데일리 미션을 통해 영어정복에 한 걸음 한 걸음 다가갈 수 있었습니다.

  다른 영어학원에서는 수업 시간에만 영어공부를 하고 이후는 손을 놓는 경우가 대부분이라 영어능력이 향상되는 것을 기대하기 어려웠습니다. 그런데 마파영 수업에서는 조금씩 조금씩 입과 귀가 열리는 마술 같은 기적을 경험할 수 있었습니다. 물론 5개월이란 기간 동안 한결같은 초심으로 영사하기는 어려웠습니다. 사회생활, 집안일, 기타 여러 요인으로 영사하기가 어려운 순간들이 찾아왔습니다. 하지만 매주 슬럼프를 극복할 수 있도록 하는 조성희 선생님만의 마인드 교육으로 나약해질 수 있는 마음을 다잡고 다시 영사에 전념할 수 있었습니다.

  물론 영사라는 것이 처음에는 생소하고 인내심이 필요하지만 시간이 흘러갈수록 점차 숙제가 아닌 그냥 생활의 일부로 느껴질 만큼 자연스러워졌습니다. 초기에는 영사를 퇴근 후 밤에만 할 수 있다는 고정관념을 갖고 있었지만, 영사에 탄력이 붙은 이후에는 자투리 시간도 활용하게 되었습니다. 출근하기 전 아침 시간, 회사에서 점심식사 후에 잠깐씩. 24시간 중 군데군데에 영사할 수 있는 시간이 숨어 있다는 것을 깨달았습니다.

  영어로 잘 이야기할 방법! 마파영 수업에서 확실히 깨달았습니다. 한 문장 한 문장을 무한반복하고 매일매일 영어와 친구가 되어 영사하는 것입니다.

마 인 드
파 워 로
영어 먹어버리기

영어 잘하는 유럽여행 가이드 켄 김을 상상할 정도로 자신감이 생긴 'Now'

마파영을 통해서 저는 효과적인 학습방법을 체득했습니다. 이제는 내가 원하는 대로 영어로 말할 수 있을 것이라는 자신감이 생겼습니다. 앞으로 지금보다 더 잘하게 될 것이라는 믿음도 있습니다.

예전에는 영어를 몇 번 읽어보고 안 된다고 하였지만, 무한 반복을 통해 나도 모르게 암묵기억화된 영어 능력을 새삼 느끼게 되었습니다. 마파영을 체험하기 전 영어로 2문장 이상 오고 가는 대화가 어려웠던 제가 어느덧 5분 이상 영어 프레젠테이션을 하게 되고, 이제는 길거리에서 외국인을 만나도 친절한 한국인의 이미지를 심어주며 대화를 나눌 수 있게 되었습니다.

이 모든 것이 어메이징한 마파영의 힘이라고 자신 있게 말씀드릴 수 있습니다. 5개월의 과정은 끝났지만, 그동안 내재화된 습관을 통해 영사를 계속할 것이며 5기 동기들과 함께 계속 서로 격려하며 자발적으로 공부해 나갈 것입니다.

사랑하는 아내가 유럽 왕복 항공권 2매를 발권할 수 있을 정도의 항공 마일리지를 모아주었습니다. 이제 제 몫은 아내와 함께 가는 유럽 배낭여행에서 멋지게 영어로 가이드해주는 것입니다. 영어 잘하는 가이드 켄 킴의 모습! 상상만 해도 즐겁습니다.

왜 계속
실행하지
못할까?

EAT!
ENGLISH!

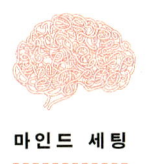

마인드 세팅

왜, 왜, 왜?
많은 사람들은 목표 달성을 위한 행동을 계속 유지할 수 없을까?

어떤 행동을 지속적으로 계속하는 것이야말로 당신이 기대하기조차 힘들던 큰 목표를 달성하게 하는 열쇠이다. 많은 사람들은 될 때까지 끝까지 하는 것에 약하다.

"고등학교 때 단어 암기를 매일 계속하려 해도 작심삼일로 끝나 버렸다."

"영어공부를 결심하고 매일 아침 1시간 일찍 회사에 가서 공부하려 마음먹었지만 1주일도 계속하지 못했다."

"매해 다이어트해야지 하고 생각하지만 결국 '보여줄 사람도 없는데 뭐.' 하고 핑계를 대며 그만둬버렸다!"

많은 성공한 사람들이 말한다. 인내심Persistence을 가져야 한다고. 나는 인내심이라는 단어를 들으면 왠지 기운이 빠진다. 왠지 희생해야 할 것 같고 의무 같은 느낌이 든다. 대부분의 사람들은 '계속' 인내심을 가져야 한다는 말을 들으면 '어렵다' '힘들다' '괴롭다' 등과 같이 하기 어렵다는 이미지를 떠올린다.

그러면 왜 사람들은 행동을 계속하는 것을 어려워하는 것일까? 그것은 싫증나기 때문이다. 처음에 하고 싶어했던 다이어트를 금방 포기하는 것은 그 다이어트 방법에 질렸기 때문이다. 사람은 의지가 약하고 감정에 민감하게 반응하는 동물이어서 즐거운 일이라면 힘들어도 계속 열심히 할 수 있다. 그러나 싫증난 일을 계속 유지하기는 어렵다. 많은 사람들이 행동을 계속 유지하기 힘든 것은 싫증났음에도 그 감정 상태로 무리하게 계속하려 했기 때문이다. 동기가 저하된 일을 계속 지속하기 어려운 것은 누구나 똑같다.

"나는 왜 이렇게 의지가 약한 거지?" 하고 자신을 책망해도 아무런 소용이 없다. 싫증난 일을 계속하는 데 힘을 쏟을 게 아니라 싫증나지 않도록 하는 데 힘을 쏟아야 한다. 계속하기에 적합한 감정을 가지고 있으면 무리 없이 편하게 행동을 계속할 수 있다.

지금까지 많은 사람들은 계속하기에 부적합한 감정을 지니고 억지로 그 행동을 계속하려 했기에 그 행동 자체에 질려버린 것이다. 지속적으로 계속하고 싶은 감정을 만들 수 있다면 영어를 먹어버리기 위해 행동을 계속 유지할 수 있다! 그래서 나는 언제나 인내심을 '사랑'이라고 표현한다.

"나는 영어공부를 계속 해야만 해!"와 "나는 영어를 사랑해!"

어떤 표현이 기분이 좋은가? 당연히 후자일 것이다.

어떤 어려움에도 아랑곳하지 않고 꿋꿋하게 자신의 길을 걸어가서 결국 위대한 것을 이룬 사람들은 하나같이 미치도록 자신의 일을 사랑했다는 공통점을 지니고 있다. 그들은 그냥 뜨듯미지근하게 사랑한 것이 아니라 정말 땀이 피로 변할 듯이 미치도록 자신의 일을 사랑했다. 그렇기에 그 일을 그럼에도 계속해나갈 수 있었다.

성공한 사람들은 자신이 사랑하는 꿈을 향해서 자신이 기꺼이 매일 해야 할 액션들에 대해서는 '예외 없는 규칙'을 고수한다. 일단 그 액션에 100% 헌신하기로 하면 예외란 전혀 없다. '오늘 하루만. 여기까지만 하자. 오늘 하루만 괜찮겠지.'라며 자신과 타협하지 않는다. 이미 내가 결정했다면 그것으로 끝이다. 무슨 일이든지 간에 그들은 꿈으로 가는 액션에 예외 없이 100% 헌신했다. 그 꾸준한 예외 없는 반복을 통해 그냥 잘하는 것에서 그치는 것이 아니라 자신을 최고로 끌어올렸던 것이다.

우리 마파영팸은 그럼에도 불구하고 영사를 하는 예외없는 규칙을 지킨다. 마인드 세팅 과정을 통해서 영어를 점점 사랑하게 되고,

자신의 입에서 술술 나오는 체험을 하며 영어를 하는 자신의 모습을 좋아하게 되고, 긍정적으로 변화하면서 홀로 하는 것이 아닌 파트너와 함께하기에 더 힘을 받고 할 수 있게 된다. 이 책을 읽는 독자 여러분은 이 책을 통해 영사를 시작하게 될 마파영팸들이 파트너가 될 것이다. 맨 첫 Unit 1에서 이야기했던 마파영팸의 정의를 기억하는가?

마파영팸: 마파영 패밀리. 영사를 하지 않으면 잠을 자지 못하는 영사에 빠져 있는 사람들. 마인드 업 영어로 자신감 있게 말하는 사람들! 내 미래에 대해서 밝은 생각을 가지고 미래의 모습을 명확히 그리고 그곳을 향해서 돌진하는 적극적인 나의 모습을 가진 모든 사람들을 칭한다.

마파영 책을 통해 마인드 세팅으로 무장하며 점점 행복해지고 자신의 모습을 좋아한 당신! 12주 동안 멋지게 성공한 당신! 첫날 썼던 당신의 모습을 기억하는가? 첫날과 지금 3개월이 지난 지금, 당신은 얼마나 성장했는가? 12주간 열심히 영사를 했다면 엄청나게 달라진 자신을 마주하고 있을 것이다. 이제 다시 새롭게 내 마음을 세팅하자.

나는 이미 목표를 이루었다!
내가 이미 이룬 모습을 마음속에 품는 것은 매우 중요하다.

'앞으로 나'의 모습
_____
_____
_____

나는 '앞으로 나(미래 나)'의 모습을 반드시 만난다.
행복해하는 나의 모습을 반드시 만난다.

이름 _____
날짜 _____

LET'S SPEAK OUT EVERYDAY!

I like myself!

All is well!

I Love ENGLISH!

I am confident when I speak ENGLISH!!

I have an open mind!

I am so happy!

I am healthy!

I am rich!

I am beautiful!

I am loved and lovable.

I feel the love, the joy, the abundance.

All the good things are coming to me today!

Today is the best day of my life!

영어를 먹어버릴 수밖에 없는 마인드 꿀팁!
『어둠의 딸, 태양 앞에 서다』에서 일부 발췌

영어 PT 공포증이 심한데 저도 극복할 수 있을까요?

미국 LifeSuccess Training에 참가했을 때 교육받은 것을 바탕으로 프로 스피커들을 포함한 코칭계에 내로라하는 전문가들 앞에서 프레젠테이션해야 했던 진땀 나던 순간이 생각난다. 나는 사람들 앞에서 말할 때 극심한 공포를 느끼는 무대 공포 증세가 있었다. 말도 많이 해보는 사람이 잘한다고 워낙 어릴 때부터 구석에서 말도 잘하지 않는 소극적인 스타일이어서 말주변도 없었고 다른 사람들 앞에서 말하는 것을 매우 꺼려 하고 두려워했다. 게다가 영어는 나에겐 모국어도 아닌 제2외국어였다. 미국과 영국의 전문가들 앞에서 프레젠테이션한다는 것이 어찌나 떨렸는지 지금도 그때 사시나무 떨듯이 긴장했던 나의 모습이 생각난다.

다른 1년 이상의 교육들보다도 나에게 가장 큰 부담으로 느껴졌던 것이 그 마지막 프레젠테이션이었다. 한국에서 비행기를 타면서부터 그 프레젠테이션에 대한 부담감과 압박감으로 속이 울렁거려서 기내식을 잘 먹지 못할 정도였다. 게다가 한국인 최초라는 것이 부담스럽기도 했다. 여러 외국인들 앞에서 한국을 알리는 것이기도 했기 때문에 잘하고 싶은 그리고 잘해야겠다는 압박감이 컸다.

그래서 연습할 때마다 자연스럽게 웃으면서 당당하게 말하는 나의 모습을 상상했다. 3개월간 매일 상상하면서 프레젠테이션 연습을 했다. 앞에 곰 인형들을 놓고 청중이라고 생각하며 당당하게 이야기하는 나의 모습을 지속적으로 상상하며 연습했다. 사실 너무 떨려서 그날이 오지 않기를 바랐다. 무대 위에 오르기 직전을 아직도 생생히 기억한다. 손에 땀이 나고, 입술이 바싹바싹 마르면서, 머리가 하얘지고, 심장이 너무나 빨리 뛰어서 바운스 바운스 튀어나올 지경이었다.

심호흡하며 내가 상상했던 모습을 명확하게 다시 그리고 그렸다. 나의 차례가 되기 전, 내 앞에 미국에서 이미 컨설턴트로 10년을 활동한 남자의 완벽한 프레젠테이션을 보니 부담감은 더 높아지고 있었다. 그의 PT가 끝나고 나의 차례가 되어 걸어나가는 동안 다리가 후들거리고 휘청거려 쓰러질 것만 같았다.

"Hello, everyone! I am so happy to have such an amazing opportunity today. My name is……."

약간의 떨리는 목소리로 처음을 시작했다. 그런데 놀라웠던 것은 첫 문장을 떼고 나니 상상하면서 연습했던 그대로 술술술 말이 나오기 시작했다. 그리고 말을 하면서 긴장이 풀리고 자연스러워지고 편안해지는 나 자신이 느껴졌다. 그곳에 있는 청중들과 가슴으로 소통했고 어떤 사람들은 웃고 끄덕이며 열렬한 호응을 보여주었다. 내 프레젠테이션이 끝났을 때 뜨거운 박수를 받았고 내 바로 앞에서 완벽한 프레젠테이션을 했던 미국 남자보다 더 높은 평가를 받았다. 나중에 많은 사람들이 나에게 와서 "It was such an amazing presentation!"이라며 칭찬을 아끼지 않았다. 그때의 희열감이란 말로 표현할 수가 없다.

내가 가장 두려워했던 스피치, 그것도 100명이 넘는 외국인들과 전문가들 앞에서 영어로 발표하고 나니 다른 웬만한 것은 크게 느껴지지 않을 정도였다. 곰돌이 인형들이 청중이라고 상상하며 연습했던 그 순간들이 없었다면 대성공을 거두지 못했을 것이고 나는 평생 무대 공포증 속에서 살아갔을 것이다.

나의 멘토가 했던 말을 떠올렸다.

Do it AFRAID!
두려운 것을 하라!

왜 두려운 것을 하라고 했는지 가슴 절절히 느껴졌다. 내가 머물러 있는 안전하고 편안한 박스를 나와서 내가 가장 두려워하는 것에 도전할 때 한계를 깨고 내 안에 있는 몰랐던 능력과 가능성을 볼 수 있다는 것을 가슴으로 깨달았던 귀한 경험이었다.

운동선수들도 언제나 상상력을 활용한다. 이미지 트레이닝은 '상상 속의 연습'이라는 의미로, 예전에는 스포츠계에서 부각되기 시작하여 지금은 여러 분야에서 그 중요성을 인식하고 있다.

미국 일리노이 대학의 농구팀을 대상으로 한 달 동안 실험한 적이 있다. 선수들을 3팀으로 나누어 A팀은 슈팅연습을 했고, B팀은 연습하지 않았으며, C팀은 매일 30분 동안 마음속으로 공을 던져 득점하는 장면을 상상하도록 했다. 한 달이 지난 후 놀라운 결과가 나왔다. B팀은 진전이 없었고 A팀과 C팀은 25%의 향상을 보였던 것이다.

베이징올림픽의 금메달리스트이자 여자 역도 세계 신기록을 보유한 장미란. 국제대회에 출전한 그녀는 경기에 임하기 전에 무엇을 할까? 대기실에서 연습 삼아 바벨을 들고 있을까? 경쟁 선수의 경기를 지켜볼까? 모두 아니다. 장미란 선수는 조용히 의자에 앉아 눈을 감는다. 장미란 선수는 평소 훈련할 때마다 눈을 감고 경기장에서 자신이 어떻게 할지를 머릿속에 그려보았다고 한다.

그녀는 KBS 인터뷰에서 이렇게 말했다. "저는 경기 전날 잠자리에 드는 과정에서부터 다음날 경기를 마치고 걸어나가는 순간까지의 모든 장면을 시나리오를 쓰듯 머릿속에서 매일매일 그려봅니다." 그녀는 실제 경기 전에 상상 속에서 무수히 연습했던 것이다. 그리고 그 상상은 현실이 되었다. 마음으로 그린 그대로, 자신이 그려온 시나리오 그대로 그녀는 세계 챔피언이 되어 있었다.

골프천재 타이거 우즈는 심리적으로 부담이 큰 2미터 거리의 퍼팅을 250회 이상 연속해서 성공시키는 연습을 했다고 한다. 주목할 점은 퍼팅 전에 공이 홀 속으로 들어가는 상상을 계속했다는 것이다.

이러한 사례들은 '이미지 트레이닝'이 결과에 얼마나 중요한 영향을 미치는지를 보여준다. 우리가 머릿속에 이미지를 마치 현재 일어나고 있는 듯이 그려보면 실제와 같은 효과가 나타난다는 것을 보여주고 있다.

우리의 잠재의식은 현재와 미래를 구분하지 못한다. 따라서 지금 현재처럼 미래를 느끼고 머릿속에 이미지를 선명하게 그릴수록 그 이미지가 실현될 가능성이 점점 더 높아지는 것이다. 많은 스토리와 연구결과들이 입증하고 있다.

"성공의 이미지를 머릿속에 더욱 강하게 그릴수록 성공 가능성이 높아진다."

영어 프레젠테이션!

자신의 성공의 모습을 마음속에 명확하게 그리고 영사 방식으로 연습하면 된다.

세계적으로 유명한 스피커들 역시 연습량이 어마어마했다고 한다. 스티브 잡스는 프레젠테이션 연습에 치열하기로 유명했다. 하루에도 여러 시간, 한 주에도 여러 날을 연습했다. 그리고 결국 세계무대에서도 손꼽히는 카리스마 CEO로 거듭났다. 많은 사람들이 깨닫지 못하는 사실이 있다. 잡스의 프레젠테이션은 누워서 떡 먹는 것처럼 참 쉬워 보인다는 건데 사실은 그만큼 노력했기 때문이다!

모국어도 이렇게 열심히 연습하는데 영어로 프레젠테이션은 얼마나 연습해야겠는가? 평창 올림픽 영어 프레젠테이션으로 유명한 나승연 씨도 자신이 한 연습은 1년 반 동안 했던 게 전부 연습이었기 때문에 1,000번은 넘었을 거라고 할 정도니 연습, 연습, 연습이다. 마음속에 이미지를 각인시키고 영사 방식으로 영어 PT 연습을 한다면 언젠가는 영어 PT 또한 먹어버리게 될 것이다!

마파영 문장 먹어버리는 방법!
한 문장당 최소 30회씩 반복

1. 처음 5회: 또박또박 정직하게 천천히 읽기
2. 5회: 좀 더 빠르게 읽기
3. 5회: 리듬감을 느끼며 읽기
4. 5회: 숨소리까지 완벽히 복사해서 네이티브처럼 읽기
5. 5회: 감정을 실어서 읽기
6. 5회: 상상하면서 읽기

배운 것 하나하나가 완전히 내 몸 세포에 체화되고
내 혀가 인식하도록 내 것으로 만들어야 한다.

마파영 영사하는 방법!

1. 한 문장당 최소 30번씩 크게 외친다! (문장 먹어버리는 방법으로 30회)
2. 한글 보고 바로 영어로 전환해서 크게 말한다!
3. 녹음한다.
4. 녹음파일을 파트너에게 보낸다.
5. 액션 플랜 시트를 매일 손으로 쓴다.
6. 위의 것을 다 했을 때, 맨 밑 마지막에 한 줄 쓰는 것으로 마무리한다. "(자신의 영어이름), 영사 completed." 먼저 영사하고 나중에 논다.

먼저 놀고 나중에 영사하면 놀 때 즐겁지도 않고
괜히 정신적으로 피곤하다.

 어메이징 PT

LOVE

사랑하라

스티브 잡스가 죽기 전 마지막으로 남긴 말이라고 했다. 그런데 사실 이 글은 타이완에서 출판된 『Say It Before It's Too Late: the Last Words of New Yorkers』라는 책에 실린 글이다. 스티브 잡스가 한 말은 아니지만 삶에 대한 깊은 울림이 있는 글이다.

I reached the *pinnacle of success in the business world. In others' eyes, my life is an *epitome of success. However, aside from work, I have little joy. In the end, wealth is only a fact of life that I am accustomed to.

At this moment, lying on the sick bed and recalling my whole life, I realize that all the recognition and wealth that I took so much pride in, have paled and become meaningless in the face of impending death.

In the darkness, I look at the green lights from the life supporting machines and hear the humming mechanical sounds, I can feel the breath of god of death drawing closer.

Now I know, when we have accumulated sufficient wealth to last our lifetime, we should pursue other matters that are unrelated to wealth...

Should be something that is more important: Perhaps relationships, perhaps art, perhaps a dream from younger days ... Non-stop pursuing of wealth will only turn a person into a twisted being, just like me. God gave us the senses to let us feel the love in everyone's heart, not the *illusions brought about by wealth.

The wealth I have won in my life I cannot bring with me. What I can bring is only the memories *precipitated by love.

나는 비즈니스 세상에서 성공의 끝을 보았다. 타인의 눈에 내 인생은 성공의 상징이다. 하지만 일터를 떠나면 내 삶에 즐거움은 많지 않다. 결국 부는 내 삶의 일부가 되어버린 하나의 익숙한 '사실'일 뿐이었다.

지금 병들어 누워 과거 삶을 회상하는 이 순간, 나는 깨닫는다, 정말 자부심 느꼈던 사회적 인정과 부는 결국 닥쳐올 죽음 앞에 희미해지고 의미 없어져 간다는 것을.

어둠 속 나는 생명 연장 장치의 녹색 빛과 윙윙거리는 기계음을 보고 들으며 죽음의 신의 숨결이 다가오는 것을 느낄 수 있다.

이제야 나는 깨달았다－생을 유지할 적당한 부를 쌓았다면 그 이후에는 부와 무관한 것을 추구해야 한다는 것을……

그 무엇이 부보다 더 중요하다면: 예를 들어 관계 아니면 예술, 또는 젊었을 때의 꿈을…… 끝없이 부를 추구하는 것은 결국 나 같은 비틀린 개인만을 남긴다. 신은 우리에게 부가 가져오는 환상이 아닌 만인이 가진 사랑을 느낄 수 있도록 감각을 선사하였다.

내 인생을 통해 얻는 부를 나는 가져갈 수 없다.

내가 가져갈 수 있는 것은 사랑이 넘쳐나는 기억들뿐이다.

That's the true riches which will follow you, accompany you, giving you strength and light to go on.

Love can travel a thousand miles. Life has no limit.

Go where you want to go. Reach the height you want to reach. It is all in your heart and in your hands.

What is the most expensive bed in the world? — "Sick bed"...... You can employ someone to drive the car for you, make money for you but you cannot have someone to bear the sickness for you.

Material things lost can be found. But there is one thing that can never be found when it is lost — "Life".

When a person goes into the *operating room, he will realize that there is one book that he has yet to finish reading — "Book of Healthy Life".

Whichever stage in life we are at right now, with time, we will face the day when the curtain comes down. Treasure love for your family, love for your spouse, love for your friends... Treat yourself well. Cherish others.

그 기억들이야말로 너를 따라다니고, 너와 함께하고, 지속할 힘과 빛을 주는 진정한 부이다.

사랑은 수천 마일을 넘어설 수 있다. 생에 한계는 없다.

가고 싶은 곳을 가라. 성취하고 싶은 높이를 성취해라. 이 모든 것이 너의 심장과 손에 달려 있다.

이 세상에서 제일 비싼 침대가 무슨 침대일까?-"병들어 누워 있는 침대이다…….". 너는 네 차를 운전해줄 사람을 고용할 수 있고, 돈을 벌어줄 사람을 구할 수도 있다. 하지만 너 대신 아파줄 사람을 구할 수는 없을 것이다.

잃어버린 물질적인 것들은 다시 찾을 수 있다.-하지만 '인생'은 한 번 잃어버리면 절대 되찾을 수 없는 유일한 것이다.

한 사람이 수술실에 들어가며 본인이 끝까지 읽지 않은 유일한 책을 깨닫는데 그 책은 바로 '건강한 삶'에 대한 책이다.

우리가 현재 삶의 어느 순간에 있던, 결국 시간이 지나면 우리는 삶이라는 극의 커튼이 내려오는 순간을 맞이할 것이다. 가족 간의 사랑을 소중히 하라. 배우자를 사랑하라, 친구들을 사랑하라, 너 자신에게 잘 대해줘라. 타인에게 잘 대해줘라.

> pinnacle 정점, 절정 | epitome 전형, 완벽한 본보기 | illusion 환영, 환상 | precipitated 침전된, 스며든 | operating room 수술실

드디어 마지막 12주 차!

이제 12주 차가 끝나면 이미 1주 차의 영어 PT를 2,520번, 2주 차를 2,310번, 3주 차를 2,100번, 4주 차를 1,890번, 5주 차를 1,680번, 6주 차를 1,470번, 7주 차를 1,260번, 8주 차를 1,050번, 9주 차를 840번, 10주 차를 630번, 11주 차는 420번, 12주 차의 PT를 210번 반복한 것이다!

지금쯤 모든 문장들이 내 머릿속에서 춤추고 있지 않은가? 내 입가에서 당신의 영어가 입에서 맴돌고 있지 않은가? 어떤 한 가지 행동을 12주 동안 매일 하게 되면 완전한 습관이 된다. 12주 차 동안 꾸준히 영사했다면 분명 영어 사랑 습관이 당신의 매일에 스며들었을 것이다. 이제 그 습관을 계속 이어간다면 진정한 고수 마파영팸으로 거듭나게 될 것이다.

마인드 업! 자신감 업! 영어 실력 업!된 당신! 성공한 나의 모습을 그리며 앞으로도 웃으며 쭉 영사하자! 자신의 생각을 거리낌없이 영어로 어디서든 말하고 있는 자신을 발견할 것이다. 앞으로 미래에 펼쳐질 멋진 앞으로 나의 모습을 가슴 속에 품고 매일 영사를 한다면 당신은 이전과 완전히 다른 삶을 살게 될 것이다! 마음 근육과 영어 스피킹 근육이 단단해지면서 당신은 더욱 찬란하게 빛날 것이다!

12주간 수많은 그럼에도 불구하고 해낸 당신!!
인생의 빛나는 주인공이 된 당신께
뜨거운 박수와 축하를 보낸다!
How AWESOME you are!!

마인드 파워로
영어 먹어버리기

생생 체험기

영어 PT 열 줄 발표도 힘들었던 내가 몇 페이지도 술술!
(서기원, Elsa/38세/바이어)

2015년은 정말 나에게 정말 뜻깊은 한 해이고 잊을 수 없는 한 해이다. 어떻게 하면 영어 프레젠테이션을 잘할 수 있을까? 저 사람은 어떻게 저렇게 말을 잘할까? 항상 마음속에서 갈구하는 것이 있었다. 어느 날 인터넷에서 영어 프레젠테이션 그리고 관심을 두던 마인드 파워를 찾아보다 연관 검색어에서 마인드스쿨이란 이름을 발견했다.

"오! 이건 뭐지?" 하면서 사이트를 보게 되었고 영어도 배우고 마인드도 공부하고 이거 정말 내가 찾던 것이네 하고 바로 5분 안에 결정하고, 딸이 아직 어린 관계로 남편에게 동의를 구하여 바로 등록을 하게 되었다. 무슨 이유에서인지는 모르겠지만 "난 이거 꼭 해야 해. 내 인생에서 정말 중요한 거야." 단호하게 이야기했고 남편도 선뜻 동의해주었다.

그렇게 등록한 마인드스쿨. 첫날 갔더니 대학 때 다녔던 회화 학원하고는 전혀 다른 느낌이었다. 잔뜩 기대를 하고 수업을 들으러 간 첫 주. '오, 내가 알고 있던 수업 방식이 아니네. 영어 문장을 계속 반복하네. 나 맞게 온 거야? 5개월이나 지속할 수 있을까? 수업 선택을 잘 한 것일까?' 하는 여러 가지 생각을 했다.

둘째 주, '아! 바로 이 방법이구나! 왜 이 방법을 모르고 있었을까?' 그리고 왜 그렇게 매번 사람들이 빨리 포기하는지, 대표님은 국내에서 성인이 된 후에는 어떻게 공부를 해야 하는지 검증된 방법을 보여주셨다. 그래 이제 방법을 찾았으니 열심히 달려보자.

셋째 주부터 "아 일요일이 너무 즐겁다!" 중얼중얼 반복되는 영어도 재미있다. 아침잠이 많던 나는 앉아서 하면 졸음이 몰려와서 얼굴에 물을 뿌리고 새벽에 밖으로 나갔다. 처음에는 사람들이 오면 조용하다가 안 보이면 중얼중얼 대며 했다가 나중엔 그냥 보나 안 보나 신선한 공기를 맡으며 즐겁게 운동하면서 영사를 했다. 부지런해진 내 모습에 나조차도 놀라웠다. 가족들은 가끔 이상하게 생각하기도 했다. 혼자 중얼중얼 대고 잠 많던 사람이 일찍 일어나니까. 수업을 들으신 분들은 다 아시리라.

여행을 가지 않아도 책을 읽고 영어공부를 하고 삶이 참 즐거워졌다. 이런 걸 충만함이라고 하는 것인가. 이젠 영어공부(?)라고 하는 것도 좀 생소해졌다. 공부가 아닌 그냥 생활의 일부라고 해야 하나? 그냥 간식 먹는 것처럼 매일매일 조금씩 먹으면 되는 것이다. 내가 봐도 신기할 따름이다. 이전에는 작심일주라고 해야 하나, 기분이

들쑥날쑥 그냥 여러 가지를 많이 들으면 된다고 생각을 했지만 지속하는 것이 어려웠다. 오래전 직장을 구한 이후로는 이렇다 할 영어를 공부해본 적이 없었다.

'외국인을 만나야 영어가 는다.'는 생각만 했던 내가 이렇게 한국에서 완벽하게 문법을 구사하며 말하는 법을 배웠다. 그리고 그것을 지속적으로 하는 방법을 배웠다. 지속적으로만 하면 10년 후 나의 모습은 정말 많이 바뀔 것이라는 확신이 든다. 프레젠테이션도 마찬가지이다. 연습하지 않으면 절대로 잘할 수 없다는 것을. 처음에는 10줄을 암기해서 사람들 앞에서 발표하는 것도 쉽지 않았으나 지금은 몇 페이지도 할 수 있는 나의 모습을 보고 놀라웠다.

달팽이의 모습이 딱 그려졌다. 조금씩 조금씩 매일매일. 그렇게 꾸준히 가기 위해서는 마인드 세팅이 가장 중요한 것임을 알았다. 5개월간 하면서 가끔 기분이 처질 때도 있었지만 그럴 때마다 동기들에게 힘을 얻고 대표님께서 마인드를 업시켜주면서 지속할 수 있었다. 마인드 세팅을 해서 영어를 배우면 다른 어떤 일도 목표를 성취할 수 있을 거란 생각이 든다. 목표는 다르지만 방법은 다 같은 원리이니까.

영어를 하면서 가장 중요한 것은 마인드인 것 같다. 내가 왜 이걸 해야 하는지 목표의식을 명확하게 심어주고, 그 방법을 설명해주고, 성취할 수 있도록 이끌어주기 때문에 마파영 과정을 배우면 자신도 모르게 모든 면에서 자신감이 생기고 도전할 수 있으리라 생각이 든다. 개인적으로 회사에서 여러 번 새로운 기회를 제안받은 일이 있었다. 그럴 때마다 현재도 만족스럽다고 생각하며 도전을 고사하였다. 하지만 이건 나 스스로 자신감이 없었던 이유인 것 같다. 마인드 수업을 듣고 나서 나는 완전히 바뀌었다. "네, 하겠습니다!" 하는 나의 모습에 나도 매니저들도 놀랐다. 그리고 오늘 새로운 기회가 나에게 다가왔고 2016년은 한국이 아닌 싱가포르에서 맞이하는 새로운 해가 될 것이다.

이제 시작이다! 마지막 졸업 프레젠테이션을 마치고 다시 열정이 솟구쳐 올랐다. 돌아오는 차편에서 바로 밴드를 결성하고 스터디 커리큘럼을 짜고……. 남편은 오지랖이라지만 난 이런 내가 참 좋다. 이것이 나를 이끄는 또 하나의 에너지이다. 수업은 끝났지만 조 대표님께 예쁜 씨앗을 받아온 것이라는 생각이 든다. 나무를 키우는 방법과 씨앗을 받아왔으니 이젠 잘 키워봐야겠다. 큰 세상 밖으로 나가서, 그리고 좀 더 자라면 나 또한 더 많은 씨앗을 다른 이에게 나누어주는 그날을 고대하며…….

에필로그

마파영 개정판으로 드디어 독자 분들과 만날 수 있다니 너무나 기쁘고 감격스럽다. 새로운 개정판을 오랫동안 기다려주시고, 마파영 표지 투표에 뜨거운 응원을 주신 덕분에 더욱 예쁜 표지로 새롭게 만나 뵐 수 있어 기쁘다.

고요한 새벽 내가 바라왔던 꿈의 서재에 앉아 눈앞에 펼쳐진 세계지도를 보고 있노라니, 지난날에 겪었던 아픔의 시간들과 수많은 도전과 깨짐 그리고 여러 시도와 추락의 시간들이 주마등처럼 스쳐 지나간다. 마인드 파워에 대해 공부하지 않았다면 나는 매일매일 한숨을 푹푹 쉬며 내 신세 한탄만 하며 어둠 속 초라한 들러리로 생을 마감했을 것이다. 스물두 살, 인생 처음으로 가졌던 간절했던 목표, '영어를 먹어버리겠다!'는 강력한 결단이 없었다면 지금의 나는 없었을 것이다.

내 인생에 180도 반전을 만들어주었던 '마인드 파워'와 '영어.' 수년에 걸쳐 별의별 방법을 다 써서 공부하고 스스로에게 적용해보고 이리저리 좌충우돌하며 여러 시행착오를 통해 만들어진 결실이라 더욱 소중하게 느껴진다. 오랜 기간의 테스트와 스터디, 연구, 개발 등이 녹아져 피와 땀이 밴 책이니만큼 수많은 독자 분들께 영어 실력 향상뿐 아니라 더 나아가 인생의 주인공으로 비상하실 수 있도록 도움을 주는 책이 되기를 기도한다.

마인드
파워로
영어 먹어버리기

마인드와 영어, 이 두 가지는 떼려야 뗄 수 없는 관계다. 이 두 가지를 오랫동안 연구하고 가르친 전문가로서 독자들에게 최상의 자료를 통해 실질적인 도움을 드리고 싶은 마음에 메시지 하나하나, 책 속의 사진과 구성과 내 목소리로 직접 녹음한 어메이징 PT 파일까지 모든 정성을 담았다. 『마인드 파워로 영어 먹어버리기』가 영어공부에 한 맺힌 독자분들의 갈증에 오아시스 같은 책이 되리라는 신념으로 하루 빨리 완성하고 싶은 마음에 한 달을 넘게 하루에 3시간 이상 잠을 잔 날이 없다. 미친 몰입으로 나 자신을 가열차게 몰아붙였다.

　'마파영'이 특허도 받고 '마파영' 과정을 통해 정말 많은 분들이 변화된 삶을 체험하는 것을 보며 더할 나위 없이 행복하다. 마파영 과정들을 통해 지난 7년간 너무나도 많은 마파영 패밀리분들의 기적들을 목격했다. 영어 실력 향상은 둘째 치고 마인드 파워 수업을 통해 인생 전체가 변화하는 일들이 기수마다 일어난다. 이 책에 들어간 열네 개의 사례는 일례일 뿐이다. 마파영 수업 첫날 자신감 없던 모습들은 온데간데없이 사라지고 유창한 영어 실력과 빛나는 눈빛으로 영어 프레젠테이션을 하는 변화된 모습들을 지켜보고 있으면 가슴 속에서 뜨거운 무엇인가가 올라오며 코끝이 찡해진다.

　기수마다 놀라운 결과들을 보며 나는 마파영을 확장시켜 더 많은 사람들에게 실질적인 도움을 주어야겠다고 결심했다. 이 책도 그 결심 중의 하나이다. '마인드 파워로 세상을 이롭게 한다'는 조성희 마인드스쿨의 사명대로 '마파영'을 통해 더 많은 사람들이 영사 방식을 통해 행복하고 즐거운 진짜 영어를 말할 수 있도록 돕고 싶다. 말 한마디 못하는 시험 위주의 우리나라 영어교육에 새로운 패러다임을 제시하는 데 도움이 되는 역할을 하고 싶다. 더 나아가 마인드 공부를 통해 더 많은 사람들이 마인드 파워의 중요성을 이해하고 적용해 인생의 주인공으로서 자신답게 생각한 대로 살아갈 수 있도록 돕고 싶다.

영어 실력 업! 마인드 업! 자신감 업!된 마파영 패밀리로 진정 거듭난 당신! 진심으로 축하의 박수를 보낸다! 마인드 파워로 영어를 먹어버리기를 12주 동안 습관화했다면, 당신은 마인드 파워로 당신이 원하는 인생도 창조할 수도 있다! 잊지 말자! 근본적인 마인드가 바뀌기 시작하면 인생에 수많은 놀라운 변화들이 나타나기 시작한다는 사실을! 당신이 그 선택을 한 순간부터 모든 것들이 바뀌기 시작한다!

앞으로 인생의 주인공으로 행복하게 비상할 당신께 뜨거운 박수를 보낸다!

Special Thanks to...

이 책의 출간에 아낌없는 도움을 주신 많은 분들께 감사함을 전한다.

어메이징한 책이 나올 수 있도록 물심양면으로 도움을 주신 클라우드나인 출판사의 안현주 대표님, 책 속 사진 콘셉트부터 촬영까지 꼼꼼히 챙겨주고 아름다운 사진을 만들어주신 더웨이스타일랩의 임태은 대표님과 도우 부장님께 감사의 마음을 전한다.

이 책을 내기까지 뜨거운 응원과 끊임없는 지지를 보내주었던 마인드 파워 패밀리와 우리 마인드 파워 코치님들, 자신들의 성공사례를 정성스럽게 써주신 열네 분께 깊은 감사를 전한다.

그리고 지금의 나를 있게 해주셨고 언제나 내게 무조건적인 신뢰와 지지, 사랑을 보내주시는 아버지와 어머니께 존경과 사랑을 보낸다.

뜨거운 사랑과 응원을 담아
조성희

추가적인 도움을 받고 싶으신 분들은 '조성희 마인드스쿨' 네이버 카페에 오세요. 마인드 파워 패밀리에 대한 여러 사례와 동영상, 마파영 팁들을 만나실 수 있습니다.

부록

영어를 먹어버리는 마파영팸의 어메이징 마파영 플랜
- 사용설명서

	항목	비고 (특이사항, 느낌, 기록)
날짜		매일 그날 날짜를 쓴다. 매일 기록하는 것을 기억하자!
나의 목표		목표는 명확하게 종이에 써야 내 마음속에서 구체적으로 활동하기 시작한다. 영어를 잘하게 되었을 때, 당신은 어디서 무엇을 하고 있는가? 그 모습을 가능한 자세히 현재시제로 표현하자. 매일 나에게 각인시키자.
이달의 목표		영어에 대한 명확한 목표를 위해 이번 달 목표를 정하자.
나는 왜 영어를 먹어버리려고 하는가?		왜 영어를 먹어버리기를 원하는지를 진지하게 생각해봐야 한다. 영어를 해야 한다고 하니까 무작정 친구 따라 시작하면 당연히 예전의 패턴으로 돌아갈 수밖에 없다. 다이어트든 영어든, 그 어떤 것이든 '왜' 하는지 분명한 사람은 끝까지 하게 되어 있다.
어메이징 마법의 액션	항목	비고 (특이사항, 느낌, 기록)
	____시 기상	모든 성공한 사람의 공통점은 새벽기상이다. 영어를 먹어버리기 위해서는 기존보다 일찍 일어나야 한다. 새벽 5시 기상을 원칙으로 하지만 처음에 너무 무리가 된다면, 지금 일어나는 시간보다 1시간씩 차츰 앞당기는 것을 추천한다.
	릴랙스와 영어 목표 상상	당신이 원하는 영어 목표를 힘을 빼고 상상하는 시간을 잠깐이라도 가진다. 가장 좋은 시간대는 잠자리에 들기 직전과 아침에 일어난 즉시! 잠재의식에 가장 맞닿을 수 있는 시간대에 이미 내가 영어 목표를 이루었다고 완전히 느끼는 것이 무엇보다도 중요하다. 잠재의식은 현재와 미래를 구분하지 못하기 때문에 우리가 미래를 현재처럼 느껴버리면 그것을 이루기 위해 필요한 모든 것들을 끌어온다는 것을 기억하자!

마인드 파워로
영어 먹어버리기

	항목	비고(특이사항, 느낌, 기록)
어메이징 마법의 액션	자기암시, 목표 크게 선포	틈틈이 나 자신에게 자주 외쳐준다! 본문에서 자기암시를 강조했으니 다시 한 번 참조한다. 영사하다가 힘 빠지거나 갑자기 하고 싶지 않은 기분이 들 때 다시 나에게 말해준다. "나는 영어를 사랑한다!" "나는 자신감 넘친다!" "나는 영어로 말하는 것이 즐겁다!" 당신의 목표를 크게 외쳐도 좋다. 크게 외치면 다시 가슴 저 끝에서 용솟음치는 힘이 올라올 것이다. 영어로 쓸 만한 자기암시 문구를 찾아도 좋아!
	오늘 감사한 일 3가지	1. 하루에 감사한 일 3가지 이상씩 쓴다. 감사의 파워는 엄청나다. 감사일기를 쓰기 시작하면서 더 많이 웃고 삶 전체가 바뀌었다는 마파영팸이 얼마나 많은지 모른다. 감사하는 것도 습관이다. 외부환경에 관계없이 항상 감사하는 마음을 가지고 좋은 것들에만 집중하는 방법을 익혀야 한다. 머리로 아는 것이 아니라 직접 실천해봐야 그 진가를 느낄 수 있다. 몸에 밸 때까지 감사하기를 직접 실천한다면, 이것의 대단한 위력에 놀랄 것이다. '조성희 마인드스쿨' 네이버 카페에서 매일 AM 감사 프로젝트 진행되고 있으니 감사일기를 온라인에서 함께 실천한다면 그 파워는 더더욱 커질 것이다.
		2
		3
	문장당 최소 30회 크게 외치기 자세한 내용은 본문 p.49-52를 참조한다.	한 문장당 30회 기본 반복 1. 처음 5회: 또박 또박 정직하게 천천히 읽기 2. 5회: 좀 더 빠르게 읽기 3. 5회: 리듬감을 느끼며 읽기 4. 5회: 숨소리까지 완벽하게 복사해서 네이티브처럼 읽기! 5. 5회: 감정을 실어서 읽기 6. 5회: 상상하면서 읽기
	한글 → 영어로 크게 말하기 자세한 내용은 본문 p.53을 참조한다.	한글파일을 보고 영어가 바로 바로 입으로 크게 나올 때까지 연습한다.

어메이징 마법의 액션	녹음하기 자세한 내용은 본문 p.54를 참조한다.	영사하는 방식으로 원어민 발음의 강세, 인토네이션 등을 앵무새처럼 따라하듯이 30번씩 크게 연습한 후에 녹음한다. 하루라도 어제 한 내용이라고 30번 연습을 거르지 않는다. 무조건 30번 연습 후에 녹음한다. 한글파일을 보고 영어로 녹음한다.
	녹음파일 파트너에게 보내기 자세한 내용은 본문 p.55를 참조한다.	파트너가 없다면 친구나 가족 중 한 사람에게 보내도록 한다. 내 녹음파일과 원어민의 녹음파일이 어떻게 다른지 들어보고 점검해본 후 보낸다.
	Action Plan 완성하고 사진 찍어 파트너에게 보내기	명확한 계획을 가지고 있는 사람은 거의 없다. 영어를 먹어버리기로 결심했다면, 이 Action을 매일하고 Action plan sheet를 매일 작성하는 것이 나와의 예외 없는 규칙이 되어야 한다.
금일 점검	평가 및 결론	위의 것을 다 했을 때, 맨 밑 마지막에 한 줄 쓰는 것으로 마무리한다. "(자신의 영어 이름), 영사 completed."라고 쓰고 지키지 못했다면 왜 그랬는지 리뷰를 한다.
내일의 결심		영어를 먹어버리기 위해 오늘의 리뷰를 통해 내일의 결심을 쓴다. 반성했다면 뒤돌아보지 말고 다시 결심대로 행하면 된다. 자책할 필요도 걱정할 필요도 없다.

액션 플랜 시트를 매일 손으로 쓴다. 나와의 예외 없는 규칙을 지킨다! 첨부된 마파영팸의 Amazing Action Plan sheet를 매일 작성한다.

목표는 명확하게 종이에 써야 내 마음속에서 구체적으로 활동하기 시작한다. 영어를 즐겁게 정말 잘하고 싶은가? 이 글을 읽고 있는 바로 지금, 당장 펜을 들고 Amazing Action Plan sheet를 쓰자. '적자생존'이다!

1주 차에서 쓰는 것이 중요하다고 말했던 것을 기억하자. 아무리 좋은 아이디어나 계획도 쓰지 않으면 거기서 끝난다.

이 세상에 명확한 목표를 가지고 있지만 실제로 쓰고 자주 보는 사람은 3% 정도밖에 되지 않는다. 이 3%가 자신의 목표의 90% 이상을 이룬다고 하니, 쓰고 자주 보는 것이 얼마나 중요한지를 다시 한 번 기억하자.

그러기에 마파영팸의 성공률은 자연스럽게 높을 수밖에 없다.

의식에 지속적으로 각인된 같은 메시지는 잠재의식에 스며들 수밖에 없고 그것은 자연스럽게 결과로 나타날 수밖에 없다.

마인드 파워로 영어 먹어버리기

초판 1쇄 발행 2020년 6월 18일
초판 6쇄 발행 2024년 12월 16일

지은이 조성희
펴낸이 안현주

기획 류재운 **편집** 안선영 김재열 **브랜드마케팅** 이민규 **영업** 안현영
디자인 표지 최승협 본문 장덕종

펴낸 곳 클라우드나인 **출판등록** 2013년 12월 12일(제2013-101호)
주소 우) 03993 서울시 마포구 월드컵북로 4길 82(동교동) 신흥빌딩 3층
전화 02-332-8939 **팩스** 02-6008-8938

값 17,000원
ISBN 979-11-89430-76-4 03320

* 잘못 만들어진 책은 구입하신 곳에서 교환해드립니다.
* 이 책의 전부 또는 일부 내용을 재사용하려면 사전에 저작권자와 클라우드나인의 동의를 받아야 합니다.

* 클라우드나인에서는 독자 여러분의 원고를 기다리고 있습니다.
  출간을 원하시는 분은 원고를 bookmuseum@naver.com으로 보내주세요.

* 클라우드나인은 구름 중 가장 높은 구름인 9번 구름을 뜻합니다. 새들이 깃털로 하늘을 나는 것처럼 인간은 깃펜으로 쓴 글자에 의해 천상에 오를 것입니다.